特殊教育相关服务概论

李　欢◎主　编
王苗苗　郭晓倩　马小卫◎副主编

TESHU JIAOYU XIANGGUAN FUWU GAILUN

北京师范大学出版集团
BEIJING NORMAL UNIVERSITY PUBLISHING GROUP
北京师范大学出版社

图书在版编目(CIP)数据

特殊教育相关服务概论/李欢主编．—北京：北京师范大学出版社，2021.12

全国高等院校特殊教育专业精品教材

ISBN 978-7-303-27085-9

Ⅰ.①特…　Ⅱ.①李…　Ⅲ.①特殊教育—高等学校—教材　Ⅳ.①G76

中国版本图书馆 CIP 数据核字(2021)第 129673 号

营销中心电话　010-58802135　010-58802786
北师大出版社教师教育分社微信公众号　京师教师教育

TESHU JIAOYU XIANGGUAN FUWU GAILUN

出版发行：北京师范大学出版社　www.bnupg.com
北京市西城区新街口外大街 12-3 号
邮政编码：100088

印　　刷：保定市中画美凯印刷有限公司
经　　销：全国新华书店
开　　本：787 mm×1092 mm　1/16
印　　张：13.75
字　　数：313 千字
版　　次：2021 年 12 月第 1 版
印　　次：2021 年 12 月第 1 次印刷
定　　价：42.00 元

策划编辑：王剑虹　　　　责任编辑：周　鹏
美术编辑：焦　丽　　　　装帧设计：焦　丽
责任校对：郑淑莉　　　　责任印制：赵　龙

丛书编委会

总　序

经过两个多世纪的发展，特殊教育已逐渐形成自己的学科体系，具备独特的研究范畴及研究方法。党和国家一直关心和支持特殊教育的发展。2016 年 8 月，国务院印发的《“十三五”加快残疾人小康进程规划纲要》特别指出，要“大力推行融合教育，建立随班就读支持保障体系，在残疾学生较多的学校建立特殊教育资源教室，提高普通学校接收残疾学生的能力，不断扩大融合教育规模”。2017 年 7 月，教育部等七部门联合印发了《第二期特殊教育提升计划(2017－2020 年)》，该计划是巩固一期成果、进一步提升残疾人受教育水平的必然要求，是推进教育公平、实现教育现代化的重要任务，是增进残疾人家庭福祉、加快残疾人小康进程的重要举措。2017 年 1 月，国务院对《残疾人教育条例》进行修订，修订后的条例强调保障残疾人教育机会平等、积极推进融合教育、加强对残疾人教育的支持保障，体现了国家对残疾人平等受教育权的尊重、对残疾人的关爱以及对残疾人公平接受教育机会、融入社会的关切。该条例的修订也是我国残疾人教育发展的新突破、新起点、新征程。

特殊教育对于残疾儿童和少年而言，是促进社会化发展、提高生活质量的必要途径。同时，特殊教育解决的不仅是残疾人的个人问题，更是家庭问题和社会问题。特殊教育的发展水平是社会文明和科学进步的体现，具有重要的社会效益。现代社会的特殊教育被纳入全民教育体系，不再单纯是一种福利式、慈善型教育，而是专业化教育。发展特殊教育是推进教育公平、实现教育现代化的重要内容，是坚持以人为本理念、弘扬人道主义精神的重要举措，是保障和改善民生、构建社会主义和谐社会的重要任务。

从特殊教育的发展史来看，它走过了一条从隔离到回归主流再到融合的道路，一些发达国家的特殊教育现在已经到了融合的阶段。从 20 世纪 90 年代开始，越来越多的教师、学生家长、法律工作者、各级行政管理人员都在不断地表达这样的希望：创造一个融合的社会环境，所有的儿童都可以进入普通学校接受有质量的教育。这导致发达国家的教育政策发生了巨大的改变。而我国的特殊教育发展也具有自己的特色，存在着相应的问题。尽管近几十年来我国的特殊教育发展迅速，但仍需要指出：相较于普通教育，特殊教育的理论研究和学科建设还较为薄弱，发展还不均衡，经费短缺，办学条件亟待改善，办学规模远不能满足社会发展要求，教师队伍还有待进一步加强，具有中国特色的特殊教育学科体系还不够完善。可见，我国的特殊教育还面临着艰巨的变革与发展任务，需要一代又一代特殊教育工作者的不断努力和进取。

为了进一步完善我国的特殊教育体系，发展具有中国特色的特殊教育，更好地满足残疾儿童少年对更公平、更高质量的特殊教育的需求，本丛书汇集国内知名专家，从特殊教育体系、不同类型特殊儿童教育、特殊教育相关服务以及西方先进特殊教育研究等不同板块来编写较为系统、完善、前沿的特殊教育教材，一方面促进特殊教育学科的发展，另一方面也为新生的特殊教育力量提供坚实的知识和实践基础。最后，期待在未来的日子里，残疾人进入普通学校学习的障碍会越来越少，我国的教育系统能够越来越自觉地给包括残疾学生在内的所有学生提供有质量的教育，也期待我们的教育可以满足每一个孩子的需要。

肖　非

前　言

随着我国特殊教育事业的发展，进入特殊教育学校或者普通学校就读的特殊儿童数量逐步增加，其障碍类型更加多元，特殊教育需求也越发复杂。为了使特殊儿童获得更好的发展，在满足其基本教育需求的同时，还需要为其提供合适的康复训练、心理健康服务、卫生保健以及休闲娱乐等特殊教育相关服务。特殊儿童实际接受的特殊教育相关服务质量，在很大程度上取决于特殊教育相关服务团队的水平，特殊教育相关服务的跨学科合作已成为特殊教育领域研究和实践的重点。本书对特殊教育相关服务的政策保障、服务团队、服务实践和服务内容及标准进行了系统、深入的阐述，以期为我国特殊教育工作者、研究者、特殊儿童家长等提供参考。

本书共分为四章。第一章为特殊教育相关服务的政策保障，主要介绍了国内外特殊教育法律法规所规定的特殊教育相关服务内容、服务对象、服务团队、服务方式和服务经费等。第二章为特殊教育相关服务团队的构成与角色，主要介绍了团队的构成、团队成员的角色、团队的合作与沟通。第三章为特殊教育相关服务的实践，主要介绍了特殊教育相关服务对象的界定、服务流程、服务模式、服务管理及经费管理、典型案例。第四章为特殊教育相关服务内容及其标准，主要介绍了听力服务、言语语言治疗、物理治疗、作业治疗、心理咨询、社会工作、翻译服务、休闲娱乐、卫生保健、交通服务、定向行走、辅助技术及辅具。

本书是团队合作的成果，编委会成员及其撰写分工情况为：第一章——李欢(西南大学)、黄文桥(重庆医科大学)；第二章——吴宏宇(西南大学)、李昭君(西南大学)、彭燕(广东省深圳市南山区龙苑学校)、刘园(广东省深圳市龙华区润泽学校)；第三章第一节——汪甜甜(北京师范大学)，第三章第二节和第四节——林佳英(广东省珠海市特殊教育学校)、龙艳林(广东省深圳市南山区龙苑学校)，第三章第三节和第五节——王梦溪(四川省成都市金牛区特殊教育学校)；第四章第一节和第二节——马小卫(山东省滨州医学院)，第四章第三节和第九节——郭晓倩(陕西省西安市儿童福利院)，第四章第四节和第五节——王苗苗(新疆师范大学)，第四章第六节、第七节和第八节——杨爱佳(俄罗斯莫斯科国立师范大学)、李翔宇(澳门大学)，第四章第十节和第十二节——齐培育(海南师范大学)，第四章第十一节——蒋宇(广东省深圳市龙华区润泽学校)。

由于编者水平有限，难免有所疏漏，本书内容有待不断修改完善，恳请读者朋友们批评指正!

李　欢

西南大学田家炳教育书院

2021年7月19日

目　　录

第一章

特殊教育相关服务的政策保障

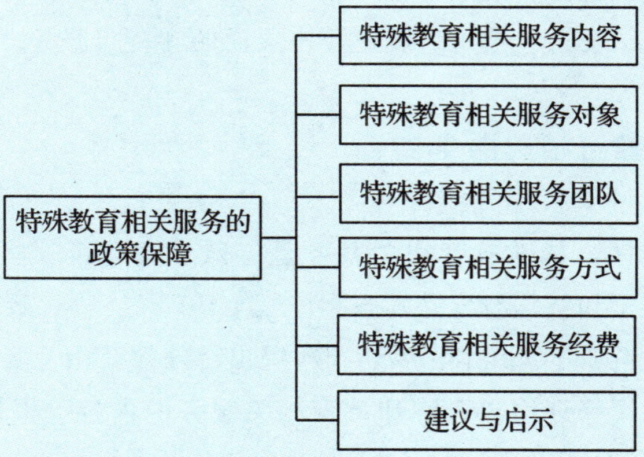

从教育目的上说，特殊儿童是指那些需要特殊教育和特殊教育相关服务才能实现其潜能的人。① 特殊儿童之所以需要特殊教育和特殊教育相关服务，是因为他们在感觉、肢体、认知、情绪或沟通等一个或多个方面与其他大多数学生存在着显著不同。这些不同在病因、程度以及对教育的影响上有着很大区别，且这些影响因个体的年龄、性别和生活环境的不同也会有明显的差异，以致任何一个特殊儿童的案例虽然都能在某些方面代表特殊儿童，但在其他方面不具有代表性。正是这种异质多样的特殊性以及自然蕴含着的特殊教育需求，构成了特殊教育及其相关服务的依据。②

第一节
特殊教育相关服务内容

特殊教育相关服务在不同的国家有不同的名称：美国和新西兰两国称为特殊教育相关服务，英国称为非教育服务(non-educational services)，加拿大称为支持服务(support service)。在我国不同地区也有不同称呼：在我国台湾地区称为特殊教育相关服务，香港地区称为支援服务。虽然称谓不统一，但都是针对特殊儿童的需要，为其发展提供的医疗、教育、交通、技术、就业等多层面的支持与服务。

一、国外特殊教育相关服务内容

在发达国家和地区，特殊教育相关服务是特殊教育政策、法规的重要组成部分，特殊教育相关服务甚至和特殊教育并驾齐驱。③ 自 1975 年《所有残疾儿童教育法》(Education for All Handicapped Children Act)首次提出特殊教育相关服务的定义以来，美国特殊教育法案的每一次修订均包含特殊教育相关服务的内容。根据 2004 年《障碍者教育促进法》(Individual with Disabilities Education Improvement Act)的定义。特殊教育相关服务是指为了帮助特殊儿童从教育中受益，依据特殊儿童的需求，为其提供的发展性、矫正性和支持性服务。当前美国的特殊教育相关服务包括：听力服务、言语语言病理服务、作业治疗、物理治疗、心理服务、学校社会工作服务、咨询服务、儿童早期鉴别与评估、医疗服务、翻译服务、定向行走、娱乐、学校健康服务和学校护理

---

① [美]丹尼尔·P. 哈拉汉、詹姆士·M. 考夫曼、佩吉·C. 普伦：《特殊教育导论(第 11 版)》，肖非等译，5 页，北京，中国人民大学出版社，2010。

② 叶元：《美国特殊教育相关服务研究》，硕士学位论文，华东师范大学，2011。

③ 苏峰：《20 世纪 80 年代以来新西兰特殊教育服务政策研究》，硕士学位论文，西北师范大学，2014。

服务、交通服务、辅助技术服务等。①

英国于2014年颁布了《特殊教育需要和残障者条例》(The Special Educational Needs and Disability Regulations)，要求地方当局提供辅助设施和服务，以确保特殊儿童和青少年与同龄人相比不会处于显著劣势。其特殊教育相关服务项目主要有：言语语言治疗、物理治疗、作业治疗、心理健康服务、轮椅服务、社区设备、儿童社区护理及医疗服务、成人医疗服务、实习和就业支持服务、听力服务、咨询服务、社会护理服务。②

作为世界上为数不多的全民高福利国家之一，新西兰建立了完善的特殊教育相关服务体系。相关服务作为特殊教育的有机组成部分，在每一项特殊教育政策、法案中都得到了充分体现。其服务项目包括视觉障碍支持服务、语言障碍支持服务、听觉障碍支持服务、肢体残疾支持服务、特殊儿童的早期干预服务、地方和学校卫生资助、交通服务、学习支持服务、意外创伤支持服务、制订个别化教育计划(individual educational program，IEP)、资源分配、对复杂行为和多需求的特殊儿童实施的混合模型的支持服务等。③

二、国内特殊教育相关服务内容

我国现行的特殊教育政策和法规中尚未明确提出“特殊教育相关服务”的概念，但是各类相关概念在多个政策法规之中均有提及。④ 近年来，特殊教育学校对特殊教育相关服务的需求非常强烈，尤其是在招收各类中重度残疾及多重残疾儿童的特殊教育学校，特殊教育相关服务扮演着非常重要的角色。2018年修正的《中华人民共和国残疾人保障法》第四条指出：“国家采取辅助方法和扶持措施，对残疾人给予特别扶助，减轻或者消除残疾影响和外界障碍，保障残疾人权利的实现。”《第二期特殊教育提升计划(2017—2020年)》提出了教育方面的服务措施，例如，为残疾儿童提供半日制、小时制、亲子同训等多种形式的早期康复教育服务，普通高等学校应积极招收符合录取标准的残疾考生，进行必要的无障碍环境改造，支持普通高校、开放大学、成人高校等面向残疾学生开展继续教育，支持各种职业教育培训机构加强残疾人职业技能培训。2017年颁布的《残疾预防和残疾人康复条例》对残疾人康复服务做出了规定，例如，国

---

① 叶元：《美国特殊教育相关服务研究》，硕士学位论文，华东师范大学，2011。

② “The Special Educational Needs and Disability Regulations 2014”，http：//www.legislation.gov.uk/uksi/2014/1530/part/4/made，2019-05-26.

③ The Ministry of Education，“Speical Education Service and Support”，http：//www.minedu.govt.nz/NZEducation/EducationPolicies/SpecialEducation/Services And Support.aspx，2019-05-26.

④ 张伟锋：《医教结合：特殊教育改革的可行途径——理论依据、相关概念的探析》，载《中国特殊教育》，2014(9)。

家建立残疾儿童康复救助制度，逐步实现0～6岁视力、听力、言语、肢体、智力等残疾儿童和孤独症儿童免费得到手术、辅助器具配置和康复训练等服务。我国香港地区特殊教育相关服务体系较完善，内容主要包括：预防、鉴定及评估服务，医疗康复、教育康复、社会康复服务，职业康复服务，通道设施、交通及康复科技服务，康复工作人员人力规划及训练服务，听力服务，语言障碍治疗服务，心理学服务，专业教师培训、咨询服务，社交、康复及文化活动、学校支援服务，立法措施和公立教育活动，等等。①

第二节
特殊教育相关服务对象

一、国外特殊教育相关服务对象

根据美国《残疾人教育法》(Individuals with Disabilities Education Act，IDEA)的规定，接受特殊教育相关服务的对象必须同时满足以下3个条件：(1)年龄为0～21岁；(2)具有以下13种障碍类别中的一种或多种：学习障碍、智力障碍、情绪障碍、多重障碍、听觉障碍、肢体障碍、视觉障碍、自闭症(即孤独症)、聋—盲、创伤性脑损伤以及发展迟缓、言语语言障碍、其他健康障碍。(3)有相关服务的需要。②

1981年，英国在教育法中正式承认了“特殊教育需要”概念，并取消了对残疾的传统分类方法，扩大了特殊教育相关服务的范围。“特殊教育需要儿童”是指：与大部分同龄人相比较，学习上存在较大困难的儿童；身心有残疾，不能适应普通教育设施和资源的儿童；存在上述两种中的任意一种或者没有得到特殊教育相关服务的儿童。③

按照新西兰相关法律的规定，在新西兰学校接受特殊教育相关服务的对象必须满足以下条件：(1)新西兰公民或长居者；(2)年龄为0～21岁；(3)具有以下障碍类别中的一种或多种，如学习障碍、听觉障碍、视觉障碍、自闭症、聋盲者、言语语言障碍、智力障碍、肢体障碍、情绪障碍、多重障碍、创伤性脑损伤以及发展迟缓、其他健康

---

① 香港特别行政区政府教育局：《小学“全方位学生辅导服务”》，https：//www.edb.gov.hk/attachment/tc/teacher/student-guidance-discipline-services/projects-services/student-guidance-services/comprehensive-student-guidance/20200316_web_guide_csgs_TC.pdf，2021-03-10。

② 叶元：《美国特殊教育相关服务研究》，硕士学位论文，华东师范大学，2011。

③ 张秀：《英国特殊教育立法的演进及对我国大陆地区特殊教育的启示》，硕士学位论文，陕西师范大学，2014。

障碍；(4)有特殊教育需要。他们可能有以下困难，如听力困难、用母语交谈或对母语理解困难、行走困难、肢体困难、行为障碍、学习困难，不能和其他孩子以同样的方式学习。①

二、国内特殊教育相关服务对象

虽然我国现行政策法规中尚未明确特殊教育相关服务的对象，但相关政策中多以传统的几类残疾群体作为服务对象。根据《中华人民共和国残疾人保障法》的定义，残疾种类包括视力残疾、听力残疾、言语残疾、肢体残疾、智力残疾、精神残疾、多重残疾和其他残疾。有学者提出，特殊教育对象的定义表面上是一个学术问题，实际上是一个实实在在的操作问题②，只有明确特殊教育相关服务对象的资格，才能更好地满足特殊儿童的实际需要。因此，传统的残疾儿童服务类别已经很难满足多类特殊儿童的相关服务需求，孤独症谱系障碍、精神障碍、学习障碍等不容易被外界察觉和重视的“隐形残障”(invisible disability)尚未纳入其中，急需进一步扩大特殊教育相关服务对象的类别。我国香港地区特殊教育相关服务对象范围较广，划分为下列 9 类：特殊学习困难、注意力不足/过度活跃症、自闭症、言语障碍、智力障碍、听觉障碍、肢体伤残、视觉障碍、精神障碍。③

第三节
特殊教育相关服务团队

一、国外特殊教育相关服务团队

美国《残疾人教育法》规定，特殊教育相关服务团队主要由联邦政府、州政府以及特殊教育相关服务专业团队三层体系构成。(1)联邦主要起指导和监督的作用，通过制定法律法规、进行调查研究以及拨付经费对特殊教育相关服务产生宏观影响。联邦教育部设立特殊教育项目办公室，负责管理和监督特殊教育与特殊教育相关服务的法律

---

① 苏峰：《20 世纪 80 年代以来新西兰特殊教育服务政策研究》，硕士学位论文，西北师范大学，2014。

② 刘全礼：《论我国特殊教育的对象问题》，载《中国特殊教育》，2016(6)。

③ 香港特别行政区政府教育局：《全校参与模式融合教育》，https：//www.edb.gov.hk/attachment/tc/edu-system/special/policy-and-initiatives/Information%20sheet%20on%20IE%20tc.pdf，2019-05-26。

政策及其项目计划的具体执行情况。(2)各州政府承担相关服务的主要责任，直接领导和实施本州的相关服务，并拥有自主管理权。各州的特殊教育机构和相关机构共同负责管理与调控本州中小学教育中的特殊教育及特殊教育相关服务。(3)特殊教育相关服务专业团队包括听力师、言语语言治疗师、作业治疗师、物理治疗师、社会工作者、心理工作者、咨询顾问、医师等特殊教育相关服务人员和辅助人员。此外，《残疾人教育法》还对特殊教育相关服务人员和辅助人员的专业资格进行了明确的规定。具体如下：(1)必须有州政府颁发或者承认的资格证书、执照、注册或者满足其他可匹配的要求。(2)特殊教育相关服务人员在证书有效期内在各自专业领域内提供服务。(3)依据各州的法律法规，允许准特殊教育相关服务人员和辅助人员在经过适当培训与指导的情况下辅助提供相关服务。同时规定各州必须确定提供特殊教育和特殊教育相关服务人员，包括辅助人员的必要的人事任职资格。州立法者应制定法规条例，详细规定特殊教育相关服务人员的学位、许可证或者资格证以及其他要求。此外，还必须在特殊教育和特殊教育相关服务的规定中确定怎样使用辅助人员或助理。①

英国的《特殊教育需求和障碍实施规程：0～25岁》(Special Educational Needs and Disability Code of Practice：0 to 25 Years)规定，特殊教育相关服务团队由政府、学校和相关机构组成。(1)地方政府负责为特殊儿童和青少年提供整合安排。(2)各级学校由特殊教育需要协调员(Special Educational Needs Coordinators)负责，为特殊儿童提供额外的学习支持，必要时提供相关服务。(3)相关机构，如英国国民健康服务中心(National Health Service，NHS)、成人和儿童社会关怀机构(Adult and Children's Social Care)等，负责为特殊儿童提供教育、健康和护理计划(Education，Health and Care，EHC)，确保护理和支持的有效性。其中，教育、健康和护理计划是为25岁以下有更复杂需求的儿童和青少年提供的护理计划。② 该计划中的特殊教育相关服务人员包括儿科医生、精神病医生、护士和联合健康专家，如作业治疗师、言语语言治疗师、康复训练师、物理治疗师和心理学家等。③

新西兰特殊教育相关服务团队包括教育部、特殊教育相关服务委员会、特殊教育教师、相关服务专家团队以及相关组织五层。(1)教育部负责密切联系和特殊教育利益相关的一系列机构与个体，例如：有特殊儿童的父母及其他家庭成员；学校校长和董

① 叶元：《美国特殊教育相关服务研究》，硕士学位论文，华东师范大学，2011；U. S Department of Education Office of Special Education Programs，"IDEA Regulations"，https：//www. gpo. gov/fdsys/pkg/USCODE-2011-title20/pdf/USCODE-2011-title20-chap33. pdf，2019-05-26.

② Department of Education，"The Special Educational Needs and Disability Regulations 2014"，http：//www. legislation. gov. uk/uksi/2014/1530/part/4/made，2019-05-26.

③ Department of Education，"SEND Code of Practice：0 to 25 Years"，https：//assets. publishing. service. gov. uk/government/uploads/system/uploads/attachment _ data/file/398815/SEND _ Code _ of _ Practice _ January _ 2015. pdf，2019-05-26.

事会；教育的各个组织部门；残疾和家庭组织部门；其他政府、社会部门，如卫生部、司法和社会发展部。(2)特殊教育相关服务委员会负责分发教育设施，并为有高需求的儿童和年轻人，包括行为、交流、感官和学习有困难者提供一系列的服务，服务通过学校、家庭、儿童教育中心送达。(3)特殊教育教师负责评估特殊儿童的需求；针对特殊儿童的需求，向学校、家长、家庭群体、照护者、教育部工作人员、医疗专业人员进行咨询；基于特殊儿童的需要和课程的要求制订课程计划与活动；采取适合的教学方法，提供适当的资源，以满足特殊儿童的需求；传授特殊儿童新技能，巩固已有的技能；撰写特殊儿童评估报告；帮助特殊教育工作者制定时间表。(4)相关服务专家团队，包括言语语言治疗师、早期干预教师、心理学家、特殊教育顾问、物理治疗师、作业治疗师、聋儿顾问、引导式教育者、手语翻译者、传媒通信者、音乐治疗师、毛利人顾问、太平洋岛民顾问等①，负责为特殊儿童提供各项具体服务。(5)相关组织，如新西兰融合教育协会(Inclusive Education Association)、新西兰自闭症协会(Autism Association)等，负责为特殊教育相关服务的开展提供额外支持。②

二、国内特殊教育相关服务团队

在我国“医教结合”实验项目广泛推进的背景下，《关于加强特殊教育教师队伍建设的意见》《教育部关于实施卓越教师培养计划的意见》等特殊教育教师相关政策中提出了“复合型特殊教育教师”的培养，即既掌握特殊教育学相关知识，又了解多种特殊儿童康复知识的全能型教师。③ 因此，相比之下，我国的特殊教育相关服务团队超过了美国、英国和新西兰等国的特殊教育相关服务团队的范围，即既包括医生和各类治疗师等特殊教育相关专业人员，也包括特殊教育教师、教育管理人员等教育专业人员。当前，我国的特殊教育相关服务团队主要由教育、民政、卫生以及残疾人联合会等不同部门的工作人员构成。但是，由于参与特殊教育相关服务的人员较为多元，可能会导致服务团队各层级组织协调不够清晰，职责分工不够明确，特殊教育相关服务管理体系不够完善，不利于教育问责的顺利开展。此外，我国应该更高效、系统地组织特殊教育相关服务团队，为特殊儿童提供更为全面协调的相关服务。因此，立法或政策应该明确规定特殊教育服务团队的专业性和合作性。④ 我国香港地区特殊教育相关服务团

---

① The Ministry of Education, “Ministry of Education Funded Support and Service for Learners with Special Education Needs/Disabilities”, http://shapingeducation.govt.nz/wp-content/uploads/2012/09/SpecialEducationOverview.pdf, 2019-05-26.

② 苏峰：《20世纪80年代以来新西兰特殊教育服务政策研究》，硕士学位论文，西北师范大学，2014。

③ 朱楠、王雁：《“复合型”特殊教育教师的培养——基于复合型的内涵分析》，载《教师教育研究》，2015(6)。

④ 肖非、傅王倩：《多学科合作是特殊教育发展的必由之路——兼论“医教结合”的特殊教育发展政策》，载《现代特殊教育》，2015(8)。

队主要由教育局、教育心理学家、学校三个层次构成。(1)教育局秉持及早识别、及早支援、全校参与、家校合作、跨界协作五个基本原则，向有特殊儿童的学校提供额外资源、专业支援和教师培训，协助学校照顾特殊儿童。① (2)教育心理学家受教育局委派，为有学习、情绪或行为问题的特殊儿童直接提供评估服务。② (3)学校根据特殊儿童需要以及教育心理学家的评估结果，为特殊儿童提供三层支援。第一层支援是通过优化课堂教学，及早帮助有轻微或短暂学习困难的特殊儿童；第二层支援是为有持续学习困难的特殊儿童安排额外支援，如课后辅导等；第三层支援是为个别有持续及严重学习困难的特殊儿童提供个别化的加强支援，包括制订个别化教育计划。③ 学校的特殊教育需要统筹主任带领由教师、家长和特殊教育相关服务人员(言语语言治疗师、教育心理学家、咨询师等)组成的特殊儿童支援小组，有策略地计划、推行、监察、检查和评估各项支援措施及资源运用，拟定支援计划，推动家校合作，并加强与有关各方(如专业人士、社区资源提供者和家长)的联系。④

第四节 特殊教育相关服务方式

一、国外特殊教育相关服务方式

美国《残疾人教育法》规定：特殊教育相关服务以全面的、多学科的和跨部门的方式，由特殊教育相关服务人员、教师与家长共同合作，以团队的方式为特殊儿童提供服务。援助者应为特殊儿童及其家长提供广泛的、协调的、多学科的以及机构间协办的早期干预系统。⑤ 特殊教育相关服务的团队模式可以分为三种：多学科(multidisciplinary)合作、学科间(interdisciplinary)合作以及跨学科(transdisciplinary)合作。多学

---

① 香港特别行政区政府教育局：《小学全方位学生辅导服务》，https://www.edb.gov.hk/attachment/tc/teacher/student-guidance-discipline-services/projects-services/student-guidance-services/comprehensive-student-guidance/20200316_web_guide_csgs_TC.pdf，2019-05-26。

② 香港特别行政区政府教育局：《校本教育心理服务指引》，https://www.edb.gov.hk/tc/sch-admin/admin/about-teaching/guideline-sch-based-services/index.html，2019-05-26。

③ 香港特别行政区政府教育局：《特殊教育需要统筹主任》，https://www.edb.gov.hk/attachment/tc/edu-system/special/support/wsa/pro-support/senco/EDBC9_2017_C.pdf，2019-05-26。

④ 香港特别行政区政府审计署：《审计署署长第七十号报告书》，https://www.aud.gov.hk/chi/pubpr_arpt/rpt_70.htm，2019-05-26。

⑤ 陈蔚：《美国残障者教育法律体系探析》，载《教育学术月刊》，2011(2)。

科合作的服务模式中，各特殊教育相关服务人员在其专业领域内独立工作，各自提供自己的专业服务，并按照专业性质对服务进行检查评估，每个特殊教育相关服务人员只对自己的服务负责。在学科间合作的服务模式中，各特殊教育相关服务人员虽然单独地对服务对象实施评估、制订计划、提供服务，但在此过程中，特殊教育相关服务人员会就服务对象的情况进行讨论和沟通。在跨学科合作的服务模式中，无论是对服务对象进行评估、制订服务计划还是在实施服务的过程中，特殊教育相关服务人员都会分享不同领域的知识和不同的意见，并且充分地沟通合作，互相支持，专业之间的界限逐渐淡化。特殊教育相关服务人员学习彼此的知识技能，在很大程度上能提高全面服务的能力。在这种模式中，特殊教育相关服务人员之间有了真正的互动，除了能够分享各自的评估结果，还可以共同讨论服务的方案。具体来看，特殊教育项目的实施通常包括五个阶段：鉴定、评估、制订个别化教育计划、实施个别化教育计划和评估结果。其中，个别化教育计划必须明确包括特殊儿童所需的特殊教育相关服务。① 个别化教育计划小组必须考虑每个特殊儿童所需的辅助技术设备和特殊教育相关服务，如果特殊儿童有特殊教育相关服务的需求，则应该在个别化教育计划的相应部分填写特殊教育相关服务的内容、时间、地点等信息。②

英国的特殊教育相关服务以特殊儿童的特殊需要为依据，根据需求程度确定特殊教育相关服务的方式。《特殊教育需求和残障者条例》规定，学校的特殊教育需要协调员确定并协调满足特殊儿童的特殊教育需求，必要时提供特殊教育相关服务，包括帮助特殊儿童更加适应学校的课程、设施和课外活动，选择、监督和培训特殊儿童的学习支持助理等。若学校无法满足特殊儿童的特殊教育相关服务需要，地方当局将通知特殊儿童的父母在6周内决定是否进行教育、健康和护理需求评估。地方当局根据教育、健康和护理需求评估的证据，充分考虑特殊儿童及其父母意愿，制订教育、健康和护理计划。内容涵盖特殊教育需要、医疗需求、社会照顾需求、辅助技术需求等各个方面。计划执行后，地方当局必须定期审查教育、健康和护理计划的情况，对不符合和不恰当的计划进行修改，重新评估和更新该计划。③ 2018年英国教育部数据显示，有教育、健康和护理计划的特殊儿童在普通学校就读的比例为6.3%，在特殊学校就读的比例也已达到44.2%，且呈逐年增长的趋势。④

新西兰的特殊教育相关服务以团队合作模式展开，重视充分发挥家长的参与权。

① 叶元：《美国特殊教育相关服务研究》，硕士学位论文，华东师范大学，2011。

② 刘坤：《二战后美国特殊教育立法的演进及其对我国的启示》，硕士学位论文，河北大学，2009。

③ Department of Education, "The Special Educational Needs and Disability Regulations 2014", http://www.legislation.gov.uk/uksi/2014/1530/part/4/made, 2019-05-26.

④ Department of Education, "Special Educational Needs in England", https://www.gov.uk/government/statistics/special-educational-needs-in-england-january-2018, 2019-05-26.

2014年的《残障服务》(The Physical Disability Service)指出，若特殊儿童有特殊教育相关服务需求，家长可在新西兰教育部网站中搜索“The Physical Disability Service”(身体残疾服务)，下载并填写申请表。学校的特殊教育需要协调员或副校长参与协助，将申请表发送给当地特殊教育团队或学校服务提供者专家(Specialist School Provider, SSP)。随后，残障服务的治疗师对特殊儿童进行全面评估，确定干预的目标、优先事项、所需资源、时间表以及相关人员的责任，有关内容纳入特殊儿童的个别化教育计划中，并由学校、家庭及特殊教育部门共同合作、实施和监控。①

二、国内特殊教育相关服务方式

由于我国的特殊教育相关服务由教育系统、残联系统和卫生系统等不同系统共同参与，因此我国的特殊教育相关服务方式在不同系统中存在着一定差异。② 在我国特殊教育发展历程中，曾经历过卫生、教育等系统彼此相对封闭、相互分离的阶段，即康复治疗服务主要由医院承担，特殊教育主要由教育机构提供，系统之间分工明确，但合作不足。③ 近年来，我国多项政策法规中均强调不同系统及各类特殊教育相关服务人员之间的合作，以满足特殊儿童的个别化教育需求。例如，《教育部关于加强残疾儿童少年义务教育阶段随班就读工作的指导意见》规定，各地教育行政部门要加强与发展改革、民政、财政、人力资源和社会保障、卫生健康、残联等有关部门的协调，制订专项工作计划，形成工作合力，共同推动随班就读工作。但是，各部门或者特殊教育相关服务团队中的人员应该如何分工、如何协作，我国的各项政策文本中还未做出明确规定。因此，我们可以借鉴美国、英国和新西兰的特殊教育相关服务方式的以下特点，以便我国特殊教育相关政策能进一步完善。一是以障碍程度为依据：英国根据特殊儿童的障碍程度和需求程度确定特殊教育相关服务的方式，为不同障碍程度的特殊儿童提供不同强度的支持与服务。二是以个别化教育计划或教育、健康和护理计划为主要载体，特殊教育相关服务内容贯穿评估、制订、执行、审查和更新的各个环节，明确规定了服务项目、流程、人员与时间。三是以团队合作为主要方式。不仅重视政府、学校、家长和特殊教育相关服务人员的分工协作，而且重视相关服务人员学科内和学科间的合作。四是重视特殊教育需要协调员的重要作用。英国、新西兰均在学校中设立特殊教育需要协调员，强调其在协调特殊儿童需求、家长诉求、特殊教育相关服务

---

① “The Physical Disability Service”, http://www.education.govt.nz/school/student-support/special-education/the-physical-disability-service/, 2019-05-26.

② 高飞：《日本特殊教育行政管理及启示》，载《教育理论与实践》，2016(33)。

③ 张伟锋：《医教结合：特殊教育改革的可行途径——实施背景、内涵与积极作用的探析》，载《中国特殊教育》，2013(11)。

人员工作中发挥的纽带作用。我国港台地区由于特殊教育起步较早，特殊教育相关服务较为成熟。香港地区的特殊教育相关服务以三层支援模式为主，支援层级由其就读学校根据特殊儿童的支援需要，并考虑教育心理学家的评估后决定。其中，第三层支援中要求为有严重学习困难的儿童及其他特殊儿童提供个别支援，包括制订个别化教育计划。以言语语言治疗服务为例，其特殊教育相关服务流程包括识别语言障碍的儿童、评估语言能力、制订个别化教育计划，以及定期检查特殊儿童进度和支援成效四个步骤。教师通过日常观察和交谈，识别怀疑有语言障碍的儿童，在取得家长的同意后，特殊教育需要统筹主任联系言语语言治疗师，对特殊儿童进行评估和治疗。在诊断出该儿童的语言障碍问题和程度后，治疗师为其制订个别化教育计划，内容包括治疗目标、模式和安排，以及学校与家长的配合等事宜。在计划实施后，治疗师定期检查学生的进度和支援的成效，以修订治疗计划或决定学生能否出组。① 我国台湾地区的特殊教育相关服务以专业团队合作进行为原则，特殊教育相关服务专业团队的合作方式及运作程序包括：(1)由特殊教育相关服务专业团队成员共同先就个案讨论，后进行个案评估，或由各专业团队成员先分别实施个案评估，后共同进行个案讨论，得出评估结果。(2)特殊教育相关服务专业团队依前期评估结果，确定特殊教育相关服务的重点及目标，完成个别化教育计划的拟订。(3)个别化教育计划经核定后，由特殊教育相关服务专业团队执行及追踪。学校(园、所)及机构提供的特殊教育相关服务，应在特殊儿童个别化教育计划或个别化支持计划中说明。学校(园、所)及机构可向特殊教育资源中心申请提供特殊教育相关支持服务，或向各主管机关申请经费补助。

第五节
特殊教育相关服务经费

一、国外特殊教育相关服务经费

美国政府教育财政拨款为联邦、州、地方的三级管理体制。各州特殊教育及其相关服务经费主要有两个来源：一是联邦补助款，二是州和地方财政。当前有些地区也

① 香港特别行政区政府教育局：《校本言语语言治疗服务指引》，https：//www. edb. gov. hk/sc/sch-admin/admin/about-teaching/guideline-sch-based-services/index. html，2019-05-26；香港特别行政区政府审计署：《审计署署长第七十号报告书》，https：//www. aud. gov. hk/chi/pubpr _ arpt/rpt _ 70. htm，2019-05-26。

开始寻求第三方经费来源，如社会保险、医疗补助等。① 1975 年的《所有残疾儿童教育法》规定：所有残疾儿童都能获得免费的、公立的、合适的教育。这开启了为残疾儿童投入大量补偿性教育经费的篇章。2000—2017 年的预算案中，美国联邦政府对特殊教育及其相关服务的经费投入逐年增加。从 2000 年的 45 亿美元左右，历经十几年的发展，经费增长了 2 倍左右，2017 年增长到约 120 亿美元。在此过程中，美国通过以下三大方面保障经费使用的精准性：一是以专项拨款的方式限制经费的使用范围，例如，联邦的特殊教育经费资助范围涵盖了特殊教育及其相关服务的各个方面，对服务项目进行细致的分类，使教育经费能够定向、精准地被使用；二是各级政府的特殊教育经费的使用范围有严格的界限；三是联邦政府的特殊教育经费与州的特殊教育经费是不能混用的。②

英国教育部于 2012 年 3 月出台了《学校经费投入改革：朝向更加公平的投入体制》(School Funding Reform：Next Steps Towards A Fairer System)，将专项拨款(dedicated grant)划分为学前教育区、学校区、高需求区三个部分，其中高需求区主要指特殊儿童。政府注重在特殊教育领域建立支持对象涵盖 0～25 岁特殊人群的特殊教育经费投入制度，为他们的医疗康复、社会护理、心理咨询等提供经费支持。③ 据英国教育部统计，英国特殊教育经费占地方教育经费总投入的比例已达到 12%～15%。④ 从资金管理来看，地方当局负责为在融合环境和专业环境中有高需求的儿童与青少年提供充足资金。作为正常预算规划的一部分，校长和管理机构应该清楚地了解学校可用的资源，确定利用资源支持特殊儿童的方式和方法。⑤

新西兰特殊教育及其相关服务经费拨款至学校，以支持特殊儿童，每个学校的拨款金额由学校已有的特殊儿童的数量确定。学校基于特殊儿童的需求，灵活地利用特殊教育拨款资金，可购买特殊儿童所需的资源和材料，还可用于培训教师，为心理学家、行为顾问、物理治疗师或其他专家提供额外服务，聘用额外的教师或教师助手，等等。⑥ 2017 年新西兰教育部数据显示，新西兰生均特殊教育及其相关服务经费高达 1.07 万美元，其中，教育系统的特殊教育相关服务合作经费合计约为 49.5 亿美元，心

---

① 叶元：《美国特殊教育相关服务研究》，硕士学位论文，华东师范大学，2011。

② 傅王倩、陆莎、肖非：《美国特殊教育经费投入机制述评》，载《中国特殊教育》，2016(8)。

③ 陈时见、施祖毅、杜琳：《英国特殊教育服务体系改革及其主要经验》，载《外国教育研究》，2014(4)。

④ 王颖、喻炜婷、王建民：《中国特殊教育的投入与产出：基于面板数据的潜变量增长模型分析》，载《教育与经济》，2015(6)。

⑤ "SEND Code of Practice：0 to 25 Years"，https：//assets. publishing. service. gov. uk/government/uploads/system/uploads/attachment _ data/file/398815/SEND _ Code _ of _ Practice _ January _ 2015. pdf，2019-05-26.

⑥ The Ministry of Education，"How Special Education Works"，http：//www. education. govt. nz/assets/Documents/Ministry/Publications/Annual-Reports/2017-MOE-Annual-Report-web. pdf，2019-05-26.

理健康服务经费合计约为235.4万美元。①

二、国内特殊教育相关服务经费

我国颁布的《第二期特殊教育提升计划(2017—2020年)》规定：在落实义务教育阶段特殊教育学校生均公用经费6 000元补助标准基础上，有条件的地区可以根据学校招收重度、多重残疾学生的比例，适当增加年度预算。加大残疾学生资助力度。义务教育阶段在“两免一补”的基础上，针对残疾学生的特殊需要，统筹资源，倾斜支持残疾学生，提高补助水平。对家庭经济困难的残疾学生实行高中阶段免费教育。学前教育和高等教育阶段优先资助残疾学生，逐步加大资助力度。建立完善残疾学生特殊学习用品、教育训练、交通费等补助政策。② 近年来，我国特殊教育经费虽有增长，但占国家财政性教育经费比重仅为0.58%③；特殊教育学校用于购置固定资产设备、购建基础设施的“公用部分”支出比例增加较多，但影响教师人才队伍建设和专业化发展的“个人部分”支出却明显下降④。因此，在经费的合理配置上，可能还需进一步完善。根据我国香港地区的《残疾歧视条例》及《教务实务守则》，《审计署署长报告书：第七十号报告书(二零一八年四月)》规定：拨付学习支援津贴以支援特殊儿童。学校可运用学习支援津贴做下列相关服务用途：(1)通过外购服务（如校本学习支援计划、行为辅导、言语治疗等)，与其他专业人员协作。(2)购置学习资源和器材，以促进有特殊教育需要学生的学习。举例而言，学校可购置按学生能力分类的读本或视听软件，以加强有特殊学习困难或有语言障碍的学生的读写能力。(3)举办学习或共融文化活动，从而鼓励同辈接纳和照顾特殊儿童。(4)加强家校合作，例如，组织家长义工队，为学生提供伴读计划。⑤

---

① The Ministry of Education, “Annual Report 2017”, http: //www.minedu.govt.nz/NZEducation/EducationPolicies/SpecialEducation/ServicesAndSupport/HowSpecialEducationWorks.aspx, 2019-05-26.

② 教育部、国家发展改革委、民政部等:《第二期特殊教育提升计划(2017—2020年)》, http: //www.moe.gov.cn/srcsite/A06/s3331/201707/t20170720_309687.html, 2019-05-26。

③ 整理自教育部财务司、国家统计局社会科技和文化产业统计司:《中国教育经费统计年鉴(2017)》, 95～322页, 北京, 中国统计出版社, 2018。

④ 赵小红、王丽丽、王雁:《特殊教育学校经费投入与支出状况分析及政策建议》, 载《中国特殊教育》, 2014(10)。

⑤ 《审计署署长报告书：第七十号报告书(二零一八年四月)》, https: //www.aud.gov.hk/sc/pubpr_arpt/rpt_70.htm, 2021-11-15。

第六节
建议与启示

一、建立系统化、可操作的特殊教育相关服务政策

国际特殊教育相关服务的经验表明，特殊教育相关服务政策的制定和完善对特殊教育的发展具有非常重要的意义。虽然我国现行的特殊教育政策中尚未明确“特殊教育相关服务”的概念，但多项特殊教育的政策法规均对特殊教育相关服务的人员配置以及服务内容等进行了规定。教育、残联、卫生等不同部门颁布的政策可能着力点不同，导致现行的特殊教育相关服务政策不够系统和完善，因此，我国应建立和完善特殊教育相关服务政策体系。首先，立足现阶段特殊教育相关服务发展的实际需要，在特殊教育各项政策法规中引入“特殊教育相关服务”的概念，对特殊教育相关服务内容、服务对象、服务团队、服务方式、服务经费等一系列内容做出系统、全面的阐述。其次，教育、民政、卫生等各部门和残疾人联合会应合作研制配套政策和措施，支持和保障特殊教育相关服务的落实。最后，加强特殊教育相关服务人员的资格证书制度建设。很多国家都对特殊教育相关服务人员资格有明确规定，要求特殊教育相关服务人员必须持证服务。例如，美国有统一的言语语言治疗师、物理治疗师、作业治疗师资格认证制度。而我国目前仍以“康复治疗”笼统地囊括所有专业，导致人才培养严重落后，严重影响了临床服务质量和康复水平。因此，必须通过国家职业法规建设，将言语语言治疗师、听力师等列入职业大典。

二、纳入“隐形障碍”类别，扩展特殊教育相关服务范围

明确的服务对象是特殊教育相关服务工作开展的基础。目前，我国仍以传统的几类残疾儿童作为特殊教育相关服务的对象，与国际特殊教育相关服务对象有一定区别。据统计，美国 6～21 岁学习障碍的发生率在所有障碍类别中居于首位，所占比例达 38.8%。发生率如此高的特殊儿童类型，却尚未纳入我国法定的特殊儿童类别，导致其评估和干预措施十分缺乏。有学者对我国 30 所普通小学进行调查发现，有“特殊需求”儿童的学校占到 85%以上，高达 65.6%的学校有情绪、行为、心理问题的学生，

高达 84.4%的学校存在学生的学习问题。[①] 因此，我国应坚持一切从特殊儿童的实际需要出发，扩大特殊教育相关服务对象的范围，规范特殊教育相关服务对象的资格，为特殊教育相关服务的落实奠定基础。

三、构建多层次、协作化的特殊教育相关服务模式

多国政策规定，特殊教育相关服务应依据特殊儿童的障碍程度，以团队合作为主要方式，以特殊教育需要协调员为纽带，将特殊教育相关服务内容纳入个别化教育计划中执行。我国多项政策法规均强调教育、卫生、残联等多系统及各类特殊教育相关服务人员的合作，以满足特殊儿童的个别化教育需求。但是，特殊教育相关服务团队中的专业人员应该如何分工、如何协作，在我国的各项政策文本中还有待进一步明确规定。我国可借鉴美国、英国及新西兰的先进经验，基于我国国情，建立本土化的特殊教育相关服务模式。首先，应根据学生需要确定特殊教育相关服务的方式。例如，采取美国《残疾人教育法》所提出的干预反应模式(Responsive To Intervention，RTI)，依据特殊儿童障碍程度构建学校多层次服务系统。其次，要加强特殊教育相关服务人员学科内和学科间合作，重视政府、学校、家长和特殊教育相关服务人员的协作，发挥残疾人专家委员会、特殊教育资源中心的重要作用，不断提高特殊教育相关服务水平。再次，应以个别化教育计划为载体，落实"一人一案"，在评估、制订、执行、审查和更新的各个环节将特殊教育相关服务作为一项重要内容纳入其中，明确规定服务项目、流程、人员与时间，增强服务的有效性。最后，明确特殊教育需要协调员与资源室教师的职责，充分发挥其在协调特殊儿童需求、家长诉求、特殊教育相关服务人员工作中的桥梁和纽带作用。

四、培养多学科、专业化的特殊教育相关服务团队

我国特殊教育最突出的薄弱环节之一是专业人才缺乏以及人才培养机制不健全，其中，语言治疗、心理治疗、作业治疗等专业人才极端缺乏。[②] 以言语语言治疗师为例，2017 年美国每 100 万居民中有 480 个通过言语语言听力协会(American Speech-Language-Hearing Association，ASHA)认证的言语语言治疗师。[③] 而 2017 年的研究数

---

① 刘全礼：《随班就读教育学——资源教师的理念与实践》，5～9 页，天津，天津教育出版，2007。

② 杨广学：《培养多学科人才，建设特殊教育综合服务体系》，载《现代特殊教育》，2009(9)。

③ Amerian Speech-language-Hearing Association，"Speech-Language Pathologist Supply Varies by State"，https：//leader. pubs. asha. org/article. aspx？ articleid＝2608134，2018-09-30.

据显示，我国约 14 亿人口中语言康复机构及企业的康复人员仅有 10 200 人。[①] 近年来，随着障碍类型的多元化以及障碍程度的日益加重，我国急需一批高素质、专业化的特殊教育相关服务人才，以应对特殊教育领域新的挑战。因此，要加强我国特殊教育相关服务人员队伍建设，在招收特殊教育专业的学校开设选修或双学位课程，提升特殊教育教师的综合服务能力，实施特殊教育相关服务人员资格证书制度，吸引相近专业人员参与特殊教育相关服务，在特殊教育教师在职培训中开设特殊教育相关服务专业课程，满足特殊儿童的多样化需求。

五、保障特殊教育相关服务经费投入、管理和使用的有效性

国际特殊教育相关服务经验表明，加大经费投入、灵活管理经费、保证经费使用的定向性和精准性是特殊教育相关服务有效开展的重要保障。首先，国家应提高财政性经费投入水平，从战略和国家层面重视特殊教育的发展，提高特殊教育经费在教育经费中所占的比重。我国特殊教育经费投入占比仅为 0.4%，远低于美国等发达国家；生均经费 6 000 元也远低于新西兰的 1.07 万美元，特殊教育的需求与供给不平衡问题尤为突出。例如，聋生助听设备的维护、更换由于缺乏相应的经费支持而难以满足其需求。其次，通过专项拨款的方式加大对特殊教育相关服务的扶持力度，在特殊教育经费中划定特殊教育相关服务的项目，如早期干预、职业康复、辅助技术、生活服务等。最后，加强经费使用的合理性及规范性。增加特殊教育教师以及特殊教育相关服务人员的经费使用比例，适当减少购买商品和服务等公用部分支出，落实“以生为本”的原则，依据学生需求，协调和完善经费的使用。

本章小结

特殊教育相关服务是衡量特殊教育发展水平的指标之一。本章运用文本分析和比较研究的方法梳理美国、英国、新西兰及我国的特殊教育相关服务政策，从特殊教育相关服务内容、服务团队、服务对象、服务方式、服务经费五个方面进行比较分析，总结各国特殊教育相关服务政策的特点。针对国内外相关服务政策的比较结果，我们提出了建立系统化、可操作的特殊教育相关服务政策，纳入“隐形障碍”类别，扩展特殊教育相关服务范围，构建多层次、协作化的服务模式，培养多学科、专业化的特殊教育相关服务团队，保障特殊教育相关服务经费投入、管理和使用的有效性的建议。

---

① 廖敏、高立群：《美国语言康复业快速发展的法规保障及其启示》，载《语言战略研究》，2017(5)。

复习思考题

一、单项选择题

1. 障碍学生之所以需要特殊教育及其相关服务，是因为他们在感觉、肢体、(　　)、情绪或沟通等一个或多个方面与其他大多数学生存在显著不同。

A. 心理　　B. 表情　　C. 外貌　　D. 认知

2. 美国在以下哪份法律文件中首次提出了特殊教育相关服务的定义？(　　)

A. 1965 年的《初等与中等教育法案》

B. 1970 年的《残疾人教育法》

C. 1975 年的《所有残疾儿童教育法》

D. 2002 年的《不让一个孩子掉队法案》

3. 根据美国《残疾人教育法》的规定，接受特殊教育相关服务的对象必须同时满足 3 个条件，其中不包括(　　)。

A. 不存在特殊教育需要

B. 属于 13 种障碍类别中的一种或多种

C. 有特殊教育相关服务的需要

D. 年龄为 0～21 岁

4. 新西兰特殊教育相关服务团队主要有四类，包括教育部、特殊教育相关服务委员会、(　　)和其他相关组织。

A. 特殊教育教师　　B. 普通学校教师

C. 幼师　　D. 机构教师

二、简答题

1. 美国特殊教育相关服务的方式是什么？

2. 新西兰特殊教育相关服务团队包括哪些成员？

3. 简述我国香港特别行政区特殊教育相关服务的内容。

三、论述题

请具体以某一个国家为例，谈一谈该国特殊教育相关服务政策对我国有何启示。

第二章

特殊教育相关服务团队的构成与角色

特殊教育相关服务团队的构成与角色
- 特殊教育相关服务团队的构成
- 特殊教育相关服务团队成员的角色
- 特殊教育相关服务团队的合作与沟通

特殊教育相关服务团队旨在以团队合作的方式，为特殊儿童提供特殊教育专业服务。在我国，特殊教育相关服务团队的成员包括医生、治疗师和社工等特殊教育相关专业人员，也包括特殊教育教师、普通教育教师、教育行政人员等普通教育专业人员。特殊教育相关服务团队是提供特殊教育服务的主体。特殊教育相关服务团队可以为特殊儿童提供哪些方面的服务？团队成员具体有哪些？其所扮演的角色、提供的服务重点是什么？他们是采用什么方式，如何相互协作，促进特殊儿童的发展的？本章主要从特殊教育相关服务团队的构成、团队成员的角色和团队的合作与沟通三个方面出发，分别阐述以上问题。

第一节 特殊教育相关服务团队的构成

一、特殊教育相关服务团队的定义

特殊教育相关服务团队是依照特殊儿童的学习需要，由相关的专业人员组合而成，共同合作，为学生提供统整性的特殊教育及特殊教育相关服务的群体。德鲁克(P. Drucker)认为，团队是一些互补并为负有共同责任的统一目标和标准而奉献的少数人员的集合。团队工作代表了一系列鼓励倾听、积极回应他人观点，为他人提供支持并尊重他人兴趣和成就的价值观念。①卡曾巴赫(J. R. Katzenbach)指出，团队就是由少数有互补技能，愿意为了共同的目的、业绩目标和方法而相互承担责任的人组成的群体。② 团队具有以下特征：(1)为了实现某一目标，由知识技能互补、相互协作的若干个体组成的正式群体，所有成员都对目标的实现负有共同的责任。(2)在该团队中，每个成员都对完成任务发挥着不同程度的作用。(3)每个团队成员和其他成员的工作都是密切相关的，彼此之间的工作绩效相互依赖，因此成员间的协同工作是区别于个人的工作的。(4)团队成员乐于学习，重在行动，积极反馈。③ 由此可见，特殊教育相关服务团队是指来自教育、医疗、康复、社会工作等多种专业人员彼此之间相互支援，通过协调、合作的方式为特殊儿童提供服务，从而满足各类特殊儿童个别化服务需求的专业化团队。

---

① ［美］P. 德鲁克等：《未来的管理》，李小刚等译，152～153页，成都，四川人民出版社，2000。

② ［美］乔恩·R. 卡曾巴赫等：《团队的智慧——创建绩优组织》，侯玲译，3页，北京，经济科学出版社，1999。

③ 张迪：《有效沟通与团队合作》，120页，上海，上海交通大学出版社，2017。

二、特殊教育相关服务团队的成员

在第一章中，我们介绍了各国的特殊教育相关服务团队的构成，他们之间有一定的差别。我国的特殊教育相关服务团队包括特殊教育教师、普通教育教师、教育行政人员等普通教育专业人员；还包括为特殊儿童及其教师与家长提供发展性、矫正性和支持性服务的特殊教育相关专业人员，具体有：(1)医生；(2)康复人员，包括言语语言治疗师、物理治疗师及其他的专业治疗师；(3)社会工作者；(4)心理学家、职业辅导人员、定向行走专业人员；(5)其他特殊教育相关服务人员；等等。值得注意的是，由于不同学生的特殊教育需要不同，其特殊教育相关专业团队成员可以依据学生的实际需要进行调整。例如，听觉障碍儿童的特殊教育相关服务团队中，言语语言治疗师可能发挥了最重要的角色；而视觉障碍儿童的特殊教育相关服务团队中可能并不需要言语语言治疗师，定向行走训练师则必不可少。

三、特殊教育相关服务团队成员的职责与要求

特殊教育相关服务团队最需要考虑的因素之一是向儿童提供什么样的特殊教育、康复服务、咨询服务等满足特殊儿童的需求。团队还必须依据特殊儿童实际需要，对服务计划进行修改或为学校工作人员提供帮助。当特殊教育教师、普通教育教师、学校管理人员、特殊教育相关服务人员以及家庭和社区机构进行咨询和协作时，特殊教育相关服务团队的主要任务包括：(1)讨论特殊儿童的需要和解决这些需要的方法；(2)发现学习和行为问题并参与功能性行为评估(functional behavior analysis，FBA)和积极行为干预计划(positive behavior intervention plan，PBIP)的制订；(3)帮助特殊儿童顺利完成从幼儿园到小学、小学到中学、中学到高等教育等转衔时期的过渡，作为学生转衔的媒介；(4)运用通用设计学习原理(universal design for learning，UDL)，对所有学生进行个别化教学，并根据学生的需要调整课程和作业；(5)为同事评估学生的学习和行为需要提供直接帮助，共享资源、教学材料和教学理念；(6)设计和实施个别化教育计划；(7)服务于课程委员会、教科书委员会、课外活动委员会和学校咨询委员会；(8)从事观察、评估和评价活动，与教育工作者、学生及其家庭和社区一起跟进教育问题；(9)与其他教育专业人员和可以满足学生需求的机构建立联系。①

---

① Dettmer Peggy，Ann Knackendoffel and Linda P Thurston，*Collaboration*，*Consultation*，*and Teamwork for Students with Special Needs*，Upper Saddle River，NJ，Pearson，2013，pp. 11-12.

第二节 特殊教育相关服务团队成员的角色

有效的特殊教育相关专业服务必须是每个团队成员为了满足特殊儿童的教育需要这一共同的目标而相互依靠、相互支持。一个和谐、有效的团队应该明确界定每个成员的角色。为了更好地满足特殊儿童的特殊教育相关服务需要，每个小组成员都要发挥自己的作用。如果每个人的作用模糊不清，那反倒会阻止团队为特殊儿童建立一个支持性的、积极的学习环境来达到教育目的。①下面将分别说明每个专业成员在团队中扮演的角色。由于家长在特殊教育相关服务中也扮演了极其重要的角色，这里也将介绍家长的角色。但应该注意的是，特殊儿童家长并不是特殊教育相关服务团队的成员。②

一、教育专业人员

(一)特殊教育教师

由于特殊教育教师具有特殊教育的专业知识与技能，通过日常交流、教学对特殊儿童情况与需求最了解，因此在团队运作中起主导作用。特殊教育教师可以在很多方面为特殊教育相关服务团队提供重要信息和经验。例如，如何调整普通教育课程以帮助特殊儿童学习；特殊儿童在普通教室或其他环境中获得成功所需要的辅助设备与服务；如何调整测试，使特殊儿童能够展示其所学到的内容，以及设计能够满足特殊儿童独特需要的个别化教学的其他方面。除了协助制订个别化教育计划以外，特殊教育教师还要负责计划的实施。特殊教育教师可在资源室或特殊班级中教育特殊儿童，也可与普通教育教师一起合作教学，为满足特殊儿童的独特需求贡献自己的专业知识。③

由于特殊教育教师在团队运作中起主导作用，在与一名或多名其他专业人员协商或合作的情况下，特殊教育教师必须具备扎实的专业知识基础。特殊教育教师还应了解其他专业，才能为学生做适当的转介并提供充分的资讯，同时担任团队成员间的沟

---

① 雷江华、方俊明：《特殊教育学(第二版)》，47页，北京，北京大学出版社，2016。

② 徐云、徐晨欣、朱旻芮：《家长执行式干预在自闭症儿童家庭中的应用》，载《中国临床心理学杂志》，2019(3)。

③ 牛悦：《美国〈残疾人教育法〉中的个别化计划研究》，硕士学位论文，浙江师范大学，2018。

通桥梁，进而整合专业意见，并且将专业意见融入教学之中。

1. 了解其他专业

了解其他特殊教育相关服务人员的能力和才能，并充分利用他们的专业知识。他们的多种学科观点有助于为特殊儿童提供最合适的转介服务。如果特殊教育教师对其他专业缺乏正确的认识，很容易造成服务的空白、重叠甚至矛盾。①

2. 提供相关信息

当学生确认需要特殊教育相关服务时，特殊教育教师有责任向特殊教育相关服务人员提供必要的信息，进行专业间的协调。因此，特殊教育教师与每一个特殊教育相关服务人员保持密切的沟通是非常必要的。

(1)给每一个学生的特殊教育相关服务人员发送信息并自我介绍，提议组织会面。在信件中阐述会面目标，包括协调服务的中心及重点，避免服务冲突，沟通交流以及个别化教育计划的开发。同时，向特殊教育相关服务人员提供学生的具体情况及需求，有助于他们掌握学生的基本问题及服务重点。

(2)与特殊教育相关服务人员取得联系，组织会面。在会面中，与特殊教育相关服务人员讨论学生的服务计划、服务目标、期望、与父母的沟通以及今后的合作。同时帮助特殊教育相关服务人员了解学生所在环境，以期学生能得到更恰当的服务。

(3)从特殊教育相关服务人员那里尽可能多地了解学生的具体问题、病因(原因)和预后(结果)，在日常教学中将这些情况纳入教学设计中考虑。② 同时，将教学设计、教学内容、学生课堂表现与学业水平反馈给特殊教育相关服务人员，共同探讨教学设计及服务内容是否适合学生，是否需要进一步优化。

(二)普通教育教师

如果特殊儿童在普通教育环境中接受教育，那么该儿童的特殊教育相关服务团队必须至少包括一名普通教育教师。普通教育教师应非常熟悉特殊儿童所在年级的普通教育课程内容以及儿童应达到的水平，而且可以在团队会议上谈论儿童应学习的内容以及如何进行教学。这些信息有助于团队成员对儿童在普通教育环境中接受教育，并取得进步所需要的辅助设备和服务做出正确判断。普通教育教师也可以向其他成员说明在帮助特殊儿童学习普通教育课程、参与课外活动或非学术活动以及实现个别化教育计划的目标时，自己需要哪些方面的支持与帮助。

---

① Michael Giangreco, Patricia Prelock and Richard Reid, et al., "Roles of Related Services Personnel in Inclusive Schools", in Thousand J S and Villa R A, *Restructuring for Caring and Effective Education: Piecing the Puzzle Together*, Baltimore, Brookes Publishing, 1999, pp. 360-388.

② Pierangelo R and Giuliani G, *Teaching in A Special Education Classroom*, Thousand Oaks, Corwin Press 2008, pp. 11-38.

(1)普通教育教师能够监控儿童的进步情况，发现没有进步或进步较大的儿童时，应及时提醒其他成员，重新收集信息，对计划进行调整。

(2)普通教育教师必须参加关于如何调整普通教育课程的讨论和决定，以确保特殊儿童能够更好地融入普通教育环境中。但普通教育教师不需要全程参与或出席每一次会议，是否参与或出席主要取决于儿童的需要以及会议的具体内容和目的。

(3)根据具体情况，如果普通教育教师不负责服务计划中某一部分内容的实施，如特殊儿童的物理治疗，便可不参加该部分内容的讨论和决定。普通教育教师的参与情况应由学校和特殊儿童的家长一起讨论和决定，应在不影响计划制订的情况下做出决定，以减轻普通教育教师的负担。①

(三)教育行政人员

教育行政人员在特殊教育相关服务团队的计划制订中起着举足轻重的作用。因为他们对学校的可用资源了如指掌，重要的是他们有权分配和使用这些资源。教育行政人员的参与，可以使会议的讨论建立在学校可用资源的基础之上，使计划内容的制订不脱离实际，也不会因为学校资源不足等问题而无法实现。此外，学校代表的参与能够使教育行政人员更清晰地了解为特殊儿童提供个别化教育需要哪些相关资源做保障，他们需要为特殊儿童的教育与发展提供什么样的服务与支持。这不仅有助于教育行政人员根据实际情况改进工作，还能够为特殊儿童教育的发展提供有力的保障。②

首先，由于教育行政人员工作的特殊性，他们需要对普通教育和特殊教育的法律和政策有详细的了解，这样有助于解释与特殊儿童有关的法律和政策。同时教育行政人员可以在实践中发现问题，为政策的制定与实施提出建议；开展评价和研究活动时体现新的重点，吸收新的知识，不断提高特殊教育指导和特殊教育服务的质量。

其次，教育行政人员需要制定合作方案，确保特殊儿童能够进入和参与普通课程，并将特殊儿童的课程成绩纳入一般课程标准，设计和实施旨在改进教学内容和实践的专业发展和建设性评价程序，使特殊儿童得到充分发展。同时，教育行政人员可以合理编制预算，使用各种技术来加强资源和程序的管理，确保资源的高效和有效分配。此外，教育行政人员应根据需要进行特殊教育相关服务的指导、协调和协商，指导所有从事特殊教育事业的人员工作，制定并实施工作人员发展方案，如在职教育或继续教育。

再次，教育行政人员应为特殊儿童及其家庭发声，以满足他们的需要。在公开交流、信任和相互尊重的基础上，制定特殊儿童的教育决策。教育行政人员可以倡导特殊儿童及其家庭参与问责，执行问责的程序，以确保特殊儿童及其家庭从中获益。同

---

①② 牛悦：《美国〈残疾人教育法〉中的个别化计划研究》，硕士学位论文，浙江师范大学，2018。

时教育行政人员应实施对特殊教育计划及实践的持续评估，以保证其对特殊儿童的服务效果。

最后，教育行政人员要与多方加强合作。他们需要在行政和教学环境中进行咨询和合作，参与共同决策，为特殊儿童提供支持，确保教学工作顺利开展。他们既要进行行政管理，确保管理人员、教学人员和特殊教育相关服务人员之间的沟通顺畅；又要与特殊儿童及其家庭持续沟通，发展家庭教育和其他支援方案，促进特殊儿童从出生到成年的教育和其他项目的无缝过渡。①

（四）特殊教育科研人员

特殊教育科研人员，即从事有关特殊教育的科学研究工作的专业人员。② 特殊教育科研人员目前有以下三类。一是大学的特殊教育学系和专业的教师。他们既是培养特殊教育教师的教师，也是高层次的特殊教育科研人员。他们的研究内容以理论为主，走在学术的前沿。二是专门的特殊教育研究机构和县（区）级以上特殊教育研究机构的研究人员。他们的研究内容是特殊教育一线教师遇到的教育教学以及管理方面的问题。三是直接在第一线的特殊教育学校或特殊班级里从事教学的教师。为了提高教育质量，他们中的一些教师也参与到特殊教育的研究中来。③

二、学生家长

特殊教育相关服务团队根据特殊儿童的身心发展需要，为其制订个别化教育计划，离不开家长的参与。在美国，自 1975 年《所有残疾儿童教育法》颁布以来，父母就被公认为是个别化教育计划小组的重要成员。父母不仅清楚地了解其孩子的优势与劣势，还对孩子与众不同的特点非常熟悉，他们提供的关于孩子的信息有助于增强个别化教育计划的针对性和有效性。同时，父母也是个别化教育计划实施的重要支持者，在提供家庭资源、保证计划内容在学校外的实施、观察和记录儿童在家中的表现等方面发挥着不可替代的重要作用。可以说，特殊儿童父母的参与是个别化教育计划能够顺利制订并发挥作用的重要推动力量。④

（1）为团队成员提供信息。第一，家长可在讨论中介绍孩子的兴趣、好恶以及学习风格，指出哪些目标对他们及其孩子而言是最重要的，与其他成员分享他们对促进孩子教育发展的关注点和建议，也可表达其对孩子未来发展的期望。家长的参与是对政

---

① Council for Exceptional Children, *What Every Special Educator Must Know: Ethics, Standards, and Guidelines for Special Education*, 5th ed., 2004.

②③ 方俊明：《特殊教育学》，456、458 页，北京，人民教育出版社，2005。

④ 牛悦：《美国〈残疾人教育法〉中的个别化计划研究》，硕士学位论文，浙江师范大学，2018。

府办教育的有力督促，可以促进特殊教育机构办学条件的改善。第二，家长可以提供有关孩子在家庭生活、学习情况方面的真实信息，以便评估鉴定小组对孩子各方面情况做出客观的综合评估，从而保障孩子根据实际情况接受适当教育的正当权利。①

(2)家长的参与决策权。除了为个别化教育计划的制订提供信息以外，美国《残疾人教育法》还赋予父母一定的决策权。在美国，个别化教育计划小组在做出任何关于特殊儿童的决定之前必须征求父母的意见，在得到父母的知情同意和书面签字之后，个别化教育计划方可生效。父母有权拒绝接受个别化教育计划中的部分或全部内容。教师应定期向特殊儿童的父母汇报计划的进展情况，父母有权请求对个别化教育计划进行修订和调整。②

(3)通过家校合作形成教育合力。第一，家长可以通过家庭教育和辅导等减轻教师的压力，还可以针对特殊儿童在家庭中的表现做一些交流，帮助教师提供更有针对性的教育干预。第二，家长可以将学校教育拓展到家庭当中。特殊儿童的学习进度较慢，获得知识与技能所需的时间较长，因而要格外重视特殊教育的连续性，家庭教育在其中发挥了重要作用。家长不仅可以帮助儿童巩固知识，还可以引导儿童将所学知识应用到家庭以及社会情境当中，提高其知识迁移能力和适应能力的发展。

(4)促进特殊儿童身心健康发展。第一，促进特殊儿童身体的正常发育，增进其健康。包括：指导并带领特殊儿童锻炼身体，促进特殊儿童基本动作的协调发展，提高机体的功能，增强体质，补偿缺陷。第二，养成特殊儿童良好的生活习惯和培养其生活技能。家长是孩子的首任教师，家长最熟悉孩子的日常生活要求，家长应教给孩子生活自理能力，为他们适应社会和独立生活奠定基础。第三，养成特殊儿童良好个性。特殊儿童由于认知发展的特殊性，需要家长在生活中做出更好的表率，给孩子树立好的榜样，让孩子养成乐观、豁达、坚韧不拔、积极向上的品质。第四，促进特殊儿童的社会性发展。家庭是孩子最早接触的社会环境之一。家长是孩子最初的社会交往对象。家长应竭力让孩子接触社会、认识社会，同时借此为孩子建立人际交往圈。③

三、特殊教育相关专业人员

特殊教育是一个涉及医疗保健、教育训练、社会就业等问题的系统工程。特殊教育的实施需要家庭、学校、社会相互配合。④有研究者指出，咨询与合作是团队服务的两个特征。在合作的过程中，各特殊教育相关服务人员要根据自己的专业知识承担相

①④ 方俊明：《特殊教育学》，483、21页，北京，人民教育出版社，2005。

② 牛悦：《美国〈残疾人教育法〉中的个别化计划研究》，硕士学位论文，浙江师范大学，2018。

③ 雷江华、方俊明：《特殊教育学》，36～37页，北京，北京大学出版社，2016。

应的职责，同时保持良好的沟通与互动，彼此间相互学习，增长自己的能力。①

(一)专业医师

医师资格考试合格并依法领有医师资格证书者，可进行特殊儿童的评估与诊断，进行一般性的健康检查、史料收集、针对性的特殊检查等②，以便及时发现问题儿童，确定儿童身心发展的障碍与潜能，作为制定策略的基础。

(二)作业治疗师

作业治疗(occupational therapy，OT)，又称“职能治疗”(中国台湾地区)或“职业治疗”(中国香港地区)，是针对患者的功能障碍，从日常生活活动、手工操作劳动或文体休闲活动中，选出一些针对性强，能恢复患者减弱了的功能和技巧的作业，然后患者按照指定的要求进行训练，以逐步恢复其功能，从而提高患者的生活能力，使其能自理生活和进行学习。③

培训特殊儿童作业治疗师，是为了使作业治疗师能促进特殊儿童的运动、游戏、社交、适应和感知能力的发展。作为特殊教育相关服务人员，作业治疗师可以支持特殊儿童尽可能独立地发挥作用并从其教育项目中受益。下面的案例可以说明作业治疗师所提供的支持。

A是一个患有唐氏综合征的3岁男孩，因此他被认定有资格接受特殊教育。由A的父母、学前普通教育教师和幼儿特殊教育工作者组成的个别化教育计划小组针对A的情况制订个别化教育计划。计划制订过程中，作业治疗师向团队成员提供A目前功能水平的信息，以帮助团队做出决定。作业治疗师所提供的评估信息不是用来确定作业治疗的单独目标，而是用来帮助确定A可能需要哪些服务，以及如何将这些服务结合起来以支持A的发展。作业治疗师提供的信息基于多种来源，包括正式和非正式评估、观察、访谈和记录审查。

根据作业治疗师和其他人员提供的信息，该小组确定了六个教育优先事项。这些优先事项将转化为A的个别化教育计划目标：(1)维持与同龄人的社会互动；(2)提出要求(如食物、玩具、活动、人)；(3)安全饮食；(4)独立着装技能；(5)物品的功能性使用(如玩具、蜡笔、其他课堂材料)；(6)增强步行和下楼梯的平衡能力。

A需要哪一种支持服务并受益于他的教育计划，是由团队决定的。为了做出明智的决定，每个团队成员都会审查评估期间收集的信息。作业治疗师将注意力集中在父

---

① Dyck N, Dettmer P and Thurston L P, *Special Education Consultation Skills Project*, Manhattan, Kansas, State University, College of Education, unpublished manuscript, 1985.

② 王辉：《特殊儿童教育诊断与评估(第2版)》，9页，南京，南京大学出版社，2015。

③ 何侃：《特殊儿童康复概论》，96页，南京，南京师范大学出版社，2015。

母、教师和其他专家(包括物理治疗师和言语语言治疗师)提供的与家庭选择的教育目标和学前课程相关的信息上。尽管作业治疗师的技能与A的大部分教育项目有关，但团队决定，作业治疗师只需满足A的部分教育需求，因为团队其他成员可以在必要时更恰当地为A提供所需的支持。[①]

(三)言语语言治疗师

特殊儿童的言语语言治疗是由言语语言治疗师提供的旨在改善个体交流功能、提高其生活质量的服务。其主要内容有：(1)鉴别有言语或语言障碍的儿童；(2)诊断和评估具体的言语或语言障碍；(3)转介给医生或其他专业人员进行言语语言治疗；(4)提供言语语言治疗服务，防止产生沟通障碍；(5)为家长、儿童和教师提供咨询服务，引导他们关注言语和语言障碍。[②] 言语语言治疗师主要协助老师解决学生在口腔功能、吞咽、构音、语畅、嗓音、语言理解、口语表达和沟通辅具的使用等方面的问题。

言语语言治疗师到校服务时，首先应该进入班级或在下课时观察学生的情形，了解学生在自然情境中与他人沟通互动或参与课程的表现，接着进一步处理学生的问题。如果学生确实需要单独评估或进行个别训练时，治疗师可与老师先沟通，请老师安排一间安静的教室或一个独立空间，来减少外界的干扰和影响。B的案例说明了言语语言治疗师所提供的服务。

B是一名有流畅性障碍(俗称“口吃”)的14岁高中新生。这种障碍由于书面语言的挑战而变得复杂。B在幼儿时期因为说话晚而第一次接受了语言干预。他对干预反应良好，到幼儿园结束时，不再需要言语语言治疗师的直接服务。但他在整个小学期间继续遇到语言流畅性的问题。在六年级时，人们注意到B很难形成发展书面叙述的想法。言语语言治疗师提供了直接的和课堂上的干预，以促进B流利的口头和书面表达。

当B的团队开会讨论他来年的目标时，考虑了直接言语干预的教育相关性和必要性。他的个别化教育计划包括两个主要的目标：(1)通过创造一个“友好的环境”来增加B对课堂讨论的成功参与；(2)在不同的体裁中扩展他的书面语言技能(如叙事、描述、说明、说服)。到目前为止，B的团队成员已经清楚地确定了特殊教育相关服务支持的内容。

在小组讨论的基础上，小组决定言语语言治疗师的角色应该从直接的服务提供者转变为合作伙伴，他将支持B的普通教育教师。会议商定了以下几个方面，以便为B创造一个友好的环境。

---

① Michael Giangreco, Patricia Prelock and Richard Reid, et al., “Roles of Related Services Personnel in Inclusive Schools”, in Thousand J S and Villa R A, *Restructuring for Caring and Effective Education: Piecing the Puzzle Together*, Baltimore, Brookes Publishing, 1999, pp. 360-388.

② 叶元:《美国特殊教育相关服务》，硕士学位论文，华东师范大学，2011。

(1)言语语言治疗师和指导顾问计划与B九年级的所有老师会面。B决定在那次会议上向新老师展示他的口吃行为，因为他的口吃对陌生人来说并不容易发现。

(2)在言语语言治疗师的支持下，B将与他的老师合作，帮助新老师理解哪一种支持水平将有助于确保他能舒适地参与课堂讨论。

(3)B的言语语言治疗师将继续与指导顾问沟通，以确保B的老师和B本人对干预服务感到满意。

(4)言语语言治疗师将继续在每个季度为新想法的集思广益提供支持。①

(四)学校心理学家

儿童心理治疗主要是指对有情绪、行为及认知障碍的儿童进行直接的心理诊断与治疗，包括评估偏差行为的成因与病理机制、心理测验的施测与测验结果的解释、心理治疗与康复计划的设计与执行，以及为教师和家长提供间接的心理治疗服务。

美国《残疾人教育法》规定心理服务的主要内容如下：(1)实施心理的和教育的测试以及其他评估；(2)解释评估结果；(3)获取、整合、解释与学习相关的儿童行为和状况；(4)与其他工作人员商量实施学校项目计划，以满足儿童通过心理测验、面谈和行为评估所表现出来的特殊需要；(5)计划和管理一项心理服务方案，包括对儿童和家长的心理咨询；(6)帮助开发积极行为干预策略。②

从历史上看，学校心理学作为一种特殊教育相关服务的实践，受到心理学家角色界定的严重限制。绝大部分学校心理学家的时间都花在决定学生特殊教育资格的有关评估活动上。这使得学校心理学家几乎没有时间提供属于学校心理学范围内的其他类型的服务。尽管评估仍然是学校心理学家服务的重要方面，但在融合教育学校，服务重点转变为学生成功所需的程序开发、监测和支持。以下案例可以说明学校心理学家所提供的支持。

C被诊断为注意缺陷多动障碍(attention deficit hyperactivity disorder，ADHD)，处于小学到初中的转衔阶段。这位学校心理学家在小学时曾与C合作过。在C上小学的最后一年的春天，他受邀参加了一次中学转衔会议。会议采取了一个不同的流程，C的现任课堂老师和特殊教育教师概述了C的学习优势以及他面临的挑战。C的母亲分享了她对C以前学校经历的感受，并描述了她在家里面临的一些挑战。最重要的是，C描述了他喜欢的学习情境和活动以及那些对他来说很难的情境与活动。这些信息用于帮助团队确定C的学习目标。此外，团队还明确了他对参加普通教育课程和一般服务

---

① Michael Giangreco，Patricia Prelock and Richard Reid，et al.，“Roles of Related Services Personnel in Inclusive Schools”，in Thousand J S and Villa R A，*Restructuring for Caring and Effective Education*：*Piecing the Puzzle Together*，Baltimore，Brookes Publishing，1999，pp. 360-388.

② 叶元：《美国特殊教育相关服务》，硕士学位论文，华东师范大学，2011。

需要的期望。

一旦做出了这些基本的决定，团队就会思考："C 需要什么样的支持才能在中学取得成功并实现他的个别化教育计划?"正是在这一点上，学校心理学家的许多不同知识与技能被认为与其他学科的技能一样，可以满足 C 的特殊教育需求。小组决定 C 和学校心理学家一起向工作人员提供关于注意缺陷多动障碍的一般信息。此外，针对 C 症状的药物治疗，学校心理学家将开发一个行为数据收集系统，供 C 的老师和家长使用。这些数据将使医生能够做出知情的诊断，调整用药剂量，以达到最佳效果。此外，学校心理学家将定期采访 C，以了解 C 对自己的学术和社会功能的洞察力。

学校心理学家将通过转衔支持机构来促进机构间对 C 的支持。C 的案例突出了学校心理学家的时间、技能和努力如何集中于为特殊儿童提供关键支持。由此可见，学校心理学家可以努力将工作扩展到传统角色边界之外，从而获得更高的工作满意度。①

(五)物理治疗师

物理治疗(physical therapy)的具体内容通常包括处理一些肌肉强度、运动性和姿势方面的问题。学校里有资质的物理治疗师可能会做以下工作：(1)提供治疗，以增强关节功能、肌肉强度、可动性和耐力；(2)处理粗大运动技能方面的问题，粗大运动技能依赖于与身体移动和关节活动范围相关的大肌肉；(3)帮助改善学生的姿势、步态和身体意识；(4)监测助行器和设备的功能、适宜性与适度利用情况。②

例如，D 在学校里有一些独特的需求，因为她患有脑瘫(严重痉挛性四肢瘫痪)。她的手臂姿势是痉挛的，但躯干、颈部和臀部有很强的伸展性，所以，她一直存在对身体的治疗和运动与定位的需求。

D 的优先事项是：(1)学会做出选择；(2)参与个人休闲活动；(3)独立完成任务；(4)识别对象、图片和符号；(5)发起和维持社会互动。特殊教育相关服务团队根据 D 的个人需要和她所在学校的普通教育课程，共同确定了除个别化教育计划中的优先事项之外的其他几项拟获得的学习成果。其中，一些额外的学习成果包括回答是或否的问题，表达"更多"，学习完成课堂作业，使用计算机。

D 的团队考虑了使用协作过程的服务支持需求。该协作过程旨在确保服务具有教育相关性和必要性。对于物理治疗师来说，这意味着与团队一起确定支持需求。他们确定，物理治疗服务计划包括每月 5 小时的物理治疗服务；一旦某些服务到位，服务时间可能减少到每月 2 小时。

---

① Michael Giangreco, Patricia Prelock and Richard Reid, et al., "Roles of Related Services Personnel in Inclusive Schools", in Thousand JS and Villa RA, *Restructuring for Caring and Effective Education: Piecing the Puzzle Together*, Baltimore, Brookes Publishing, 1999, pp. 360-388.

② 叶元：《美国特殊教育相关服务》，硕士学位论文，华东师范大学，2011。

（六）听力检查师

听力检查师旨在帮助个体改善听力损失状况，防止相关损害发生。听力检查师主要协助老师解决学生在听力、听知觉、助听器的选配及使用、教室声响环境改善等方面的问题。

听力检查师的主要工作内容有：(1)鉴定听力损失儿童；(2)检测听力损失的范围、性质和程度，包括转介给医生或其他专业人员进行听力康复；(3)提供康复训练活动，如语言康复、听力训练、唇读、听力评估以及语音保护；(4)创造和实施项目，以防止听力损失；(5)为儿童、家长和教师提供咨询服务，引导他们关注听力损失；(6)测定每组或每个特殊儿童的需要，选择并提供合适的帮助，评估这些帮助的效果。①

（七）社会工作者

社会工作者利用系统的专业知识为社会的每一个公民争取他们应有的权利，为需要帮助的公民提供情感、经济等方面的帮助。他们致力于改善个人、群体和社会环境，为个人、群体和社区发展提供服务，以解决社会问题为己任。一名社会工作者需要通过合法注册，并有专业执照才能上岗。②

美国《残疾人教育法》明确指出了学校社会工作服务所包含的内容：(1)为特殊儿童准备社会或发展历程记录；(2)为儿童和家庭提供团体和个体咨询服务；(3)与父母及其他人员合作，共同解决儿童生活环境（家庭、学校、社区）中影响儿童适应学校生活的种种问题；(4)组织学校和社区资源，使儿童在他的教育计划里能够尽可能有效地学习；(5)帮助开发积极行为干预策略。社会工作服务有时会和咨询以及心理服务有重叠之处。③

（八）其他特殊教育相关服务人员

一是定向行走服务人员，帮助学生适应学校、家庭和社区的环境，并且能够在其中安全移动。该服务由定向和移动专业人员提供，其内容包括：(1)空间和环境概念，使用多感官接收到的信息（声音、温度、振动等）建立、维持或重新获得方位和行进的路线（例如，利用交通灯的声音过马路）；(2)使用盲杖补偿看路的能力或者作为那些没有视力的学生的一种安全地熟悉环境的工具；(3)理解并使用残余视力和远距离低视力援助；(4)其他概念、技术和工具。④

二是娱乐活动服务人员。娱乐活动可以由学校的人员如体育老师、娱乐治疗师、

---

①③④　叶元：《美国特殊教育相关服务》，硕士学位论文，华东师范大学，2011。

②　雷江华、方俊明：《特殊教育学》，44～45页，北京，北京大学出版社，2016。

转衔专员进行管理，或者由社区机构或团体如特殊奥林匹克运动会等组织。许多娱乐活动也可以作为障碍青少年转衔计划中正式的一部分，或者合并到某些适应性体育课程项目中。学校健康服务和护理服务的内容可能涉及各种情况，包括特殊喂养、清洁式间歇导尿、吸痰处理、气管造口术管理、分配药物，为学生的在校安全制订计划，防止其在学校日常活动中受到伤害。例如，时常给学生换体位，防止生褥疮；针对学校所有护理人员，提供慢性疾病的处理指导和教育与技能培训。

三是交通服务人员。交通服务的内容包括：到校与离校的交通服务，进入学校建筑和到建筑周围的交通服务，运送特殊儿童所必需的专用设备，如专用的或经改造的巴士、电梯、坡道。如果交通服务对于提供免费、合适的教育是必要的，而且对于获得其他服务包括非学术的和课外的活动是公平的，那么交通服务就应该作为特殊教育相关服务予以提供。一般而言，如果学区为普通儿童提供交通服务，那么他们必须同样为特殊儿童提供该服务。然而，即使学区没有为普通儿童提供交通服务，他们也会被要求为特殊儿童提供该项服务。将交通作为一项必要的特殊教育相关服务的决定，必须由个别化教育计划小组在具体分析问题的基础上做出，即由每个特殊儿童的需求决定。

四是翻译服务人员，主要为听觉障碍儿童、聋—盲儿童提供服务。其内容包括：为聋或重听儿童提供口语直译服务、提示性语言直译服务、手语翻译服务和解释性翻译服务以及转录服务，如实时交流翻译和语音转换为文本；提供聋—盲儿童所需的特殊翻译服务。

第三节 特殊教育相关服务团队的合作与沟通

对于与普通教育教师、特殊教育相关服务专业人员、管理人员、辅助教育人员、家庭和社区成员不断互动的人来说，良好的沟通是至关重要的。沟通是专业人员之间合作与协作的基础。问题和冲突是生活中不可避免的元素，也是学校合作中不可避免的元素，良好的沟通技巧有助于问题和冲突的解决，无效的沟通会产生误解和不信任。信任、承诺和有效的互动是建立无冲突关系的关键。建立团队合作需要构建预期的目标并指向预期的结果。在为教师和学生建立合作模式做准备时，学校教育者和家庭教育者(家庭成员)应该在目标规划阶段的早期表达他们的观点和担忧，所有的专业人员都应该共同参与制订计划的框架，明确所需的资源，并确定评估结果的方法。①

一、精准定位，优势互补

特殊教育是一个系统工程，特殊教育相关服务团队的每一个成员都有自己的责任和义务。特殊教育相关服务人员的角色源于学生需求，服务内容和服务方式都是根据学生的需求来确定的。特殊教育相关服务人员为学生提供的一系列服务都应该是有针对性的，是可以用来满足学生需求的。② 因此，每一个特殊教育相关服务人员都应当精准定位，清楚自己在团队中的角色地位，牢记使命，各司其职，做好本职工作。

此外，各特殊教育相关服务人员来自不同的领域，有不同的知识背景，应在团队合作中尊重他人表达不同专业观点的权利；利用对个体差异的理解，在教育环境中架起沟通的桥梁，处理冲突。每个成员应当善于倾听他人的观点，试图理解他人的想法和意义；在发现问题和解决问题时问问别人的意见，鼓励大家一起合作。② 因为这有一种优势互补、取长补短、最大限度地提高服务质量的作用。

二、加强沟通，长久合作

特殊教育教师、普通教育教师、学生及其家庭之间的相互支持和交流，对特殊儿童在融合教育中取得成功至关重要。因此，特殊教育工作者必须具有专业的沟通和互动技能。有了良好的沟通和互动技能，团队成员将能够更有效地协作解决问题。因为建立融洽关系是建立合作关系的关键，为了成为有效的沟通者，特殊教育相关服务人员应了解各种协作、咨询和合作教学的方法，建立融洽关系。

一方面，特殊教育相关服务人员可以通过与学校中的各个角色进行对话，明确合作、咨询的期望，减少团队之间可能发生的分歧或冲突；另一方面，在校人员、家长和其他成员之间建立相互作用的网络，这些人可以作为特殊儿童的导师、监督员和独立的学习促进者，在推动学生发展的同时，提升自己的专业能力。③ 总而言之，我们要建设一支团结合作、有效沟通、互信互助、高效率的队伍，以最少的人力资源和物质资源为特殊儿童提供适宜且优质的服务。

---

① Dettmer Peggy, Ann Knackendoffel and Linda P Thurston. *Collaboration, Consultation, and Teamwork for Students with Special Needs*, Upper Saddle River, NJ, Pearson, 2013, pp. 15-28.

②②③④ Dettmer Peggy, Ann Knackendoffel and Linda P Thurston. *Collaboration, Consultation, and Teamwork for Students with Special Needs*, Upper Saddle River, NJ, Pearson, 2013, pp. 15-28.

三、以生为本，促进发展

特殊教育相关服务团队所提供的服务应当以学生的需求为导向，以学生为主体。因此，团队的每个成员都应全面了解学生的基本情况，从专业的角度提出建议并与团队进行充分沟通，以学生的发展为共同目标。在合作中，不要等着别人来找你咨询、合作，而要积极、主动，以解决学生问题为导向。同时，应鼓励辅助人员分享他们对学生行为和学习的想法，并在适当的时候将这些想法纳入教学计划。鼓励团队的每个成员分享关于一个问题的知识和看法，以便建立一个坚实的框架来讨论这个问题。④ 通过成员之间的良好沟通与合作，充分利用各种专业资源，发挥团队的整体功能。团队成员在不断的磨合和碰撞中加深对彼此以及学生的了解，不断调整合作方案，细化和优化服务，共同促进学生的全面发展。

本章小结

本章主要围绕特殊教育相关服务团队的构成、团队成员的角色、团队的合作与沟通三个方面进行论述。特殊教育相关服务专业团队的成员包括特殊教育教师、普通教育教师、教育行政人员和其他相关专业人员。其中，特殊教育相关服务的其他专业人员包括专业医师、作业治疗师、言语语言治疗师、学校心理学家、物理治疗师、听力检查师、社会工作者，以及职业辅导、定向行走等专业人员。每位专业人员都发挥着不同的功能，相互配合，进一步提升为特殊儿童提供的服务质量。

复习思考题

一、简答题

1. 特殊教育相关服务团队可以为特殊儿童提供哪些方面的服务？

2. 物理治疗师、作业治疗师、言语语言治疗师提供的服务内容有哪些？

二、论述题

1. 结合你所在地区的实际情况，谈谈你对本地区特殊教育相关服务团队建设的想法。

2. 结合特殊教育相关服务人员主要服务内容的学习，谈谈你对特殊教育相关服务人员培养途径与方向的看法。

第三章

特殊教育相关服务的实践

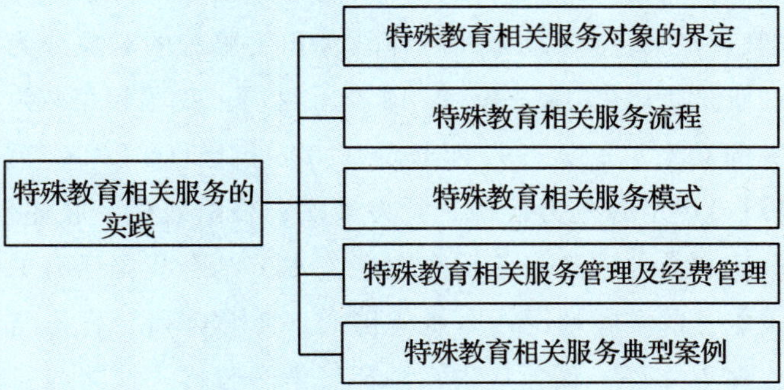

特殊教育相关服务的实践是特殊教育相关服务的核心环节。清晰的特殊教育相关服务流程、恰当的特殊教育相关服务模式、完善的特殊教育相关服务管理以及充足的特殊教育相关服务经费，都是保障特殊教育相关服务质量的重要因素。我国特殊教育相关服务的对象是如何界定的？特殊教育相关服务的流程包括哪些环节？特殊教育相关服务有哪些具体模式？特殊教育相关服务如何进行管理？特殊教育相关服务的经费从何而来？本章将从以上问题出发，通过五个小节的内容对特殊教育相关服务的实践进行具体阐述，并提供一些可参考和借鉴的典型案例。

第一节 特殊教育相关服务对象的界定

特殊教育相关服务的对象即有特殊教育需求的儿童。美国、英国、新西兰等发达国家将“具有特殊教育相关服务的需要”作为判定特殊教育相关服务对象的一项重要标准。美国《残疾人教育法》将特殊教育和特殊教育相关服务的对象分为学习障碍、视觉障碍(包括全盲)、听觉障碍(包括全聋)等 13 类。目前，我国相关政策中并未明确界定特殊教育相关服务的对象，多以 1990 年通过、2008 年修订、2018 年修正的《中华人民共和国残疾人保障法》规定的视力残疾、听力残疾、言语残疾、肢体残疾、智力残疾、精神残疾、多重残疾和其他残疾者为服务对象。本节结合我国已有的规定，以及当前我国特殊教育相关服务的实际情况，对视觉障碍、听觉障碍、言语与语言障碍、肢体障碍、智力障碍、多重障碍、孤独症谱系障碍、学习障碍、情绪与行为障碍 9 大类障碍及其特殊教育相关服务对象进行简要介绍。

一、视觉障碍者

视觉障碍，也称为视力障碍、视力残疾、视力损伤、盲等，是指因为各种原因导致视力低下并且不能矫正或视野缩小，以致影响其日常生活和社会参与。视觉障碍一般包括盲与低视力两类。在教育上，对盲与低视力的界定一般采取功能性的观点，即从教育目的来看，盲生是必须采用点字盲文或读屏软件来进行阅读的视觉障碍学生，而低视力学生多是指通过放大版的印刷字体即可进行阅读的视觉障碍学生。

二、听觉障碍者

听觉障碍，也称为听力障碍、听力残疾、听力损失、聋、重听等，是指因为听觉系统某一部位发生病变或损伤，导致不同程度的听觉功能减退，而造成语言言语交往困难，以致影响日常生活和社会参与。在听力残疾的分类上，可依据不同标准进行划分。依据听力损失程度分类，可分为聋和重听。依据听力损失部位分类，可分为传音性听觉障碍、感音性听觉障碍和混合性听觉障碍。依据听力损失发生的时间分类，可分为先天性听觉障碍和后天性听觉障碍、学语前听觉障碍与学语后听觉障碍。不同类型的听觉障碍儿童所需的特殊教育相关服务不尽相同。

三、言语与语言障碍者

戴维·克里斯特尔认为，语言(language)是社会群体言说或书写行为背后的抽象系统，或个人掌握的关于这个系统的知识；言语(speech)则是指说话人在实际情境中说出的具体话段。① 语言障碍是指儿童所掌握的语言学知识系统与其年龄发育不相符，明显落后于同龄正常发展儿童，属于语言符号系统理解和使用上的异常。言语障碍是指儿童说话时出现反常现象，包括发声、构音以及语流等方面的异常，妨碍其正常交际的进行，如失语症、口吃等。《特殊教育辞典(第3版)》也认为言语障碍是指“超过正常限度的言语异常”②。据报道，我国有7%～10%的儿童在语言发育上低于正常标准，有3%～6%的儿童存在语言感受或表达障碍，并极易对日后的阅读和书写产生消极影响。③

四、肢体障碍者

肢体障碍，又称为肢体残疾，是指因为四肢残缺或四肢、躯干麻痹、畸形，导致人体系统不同程度的功能丧失或功能障碍。其主要困难表现为行走与运动障碍。2011年我国实施的《残疾人残疾分类和分级》按照残疾对多种动作技巧的影响程度，将肢体残疾分为一级、二级、三级和四级。肢体障碍人士在日常独立生活中存在不同程度的障碍，常见的肢体障碍有：四肢瘫，截瘫，偏瘫，脊柱强(僵)直，上肢或下肢部分或全

---

① [英]戴维·克里斯特尔：《现代语言学词典(第4版)》，沈家煊译，197页，北京，商务印书馆，2000。
② 朴永馨、顾定倩、邓猛：《特殊教育辞典(第3版)》，261页，北京，华夏出版社，2014。
③ 沈晓明、桂永浩：《临床儿科学(第2版)》，15页，北京，人民卫生出版社，2013。

部缺失，单手或双手拇指或其他四指缺失，侏儒症，等等。

五、智力障碍者

智力障碍，又称为智力残疾、智力落后等。我国常用的智力障碍的定义是《残疾人实用评定标准(试用)》中的定义："智力残疾是指人的智力明显低于一般人的水平，并显示适应行为障碍。"《残疾人实用评定标准(试用)》根据智商(IQ)和社会适应行为将智力障碍分为四类：一级智力残疾(极度)IQ 在 20 以下，二级智力残疾(重度)IQ 为 20～34，三级智力残疾(中度)IQ 为 35～49，四级智力残疾(轻度)IQ 为 50～69。美国智力与发展性障碍协会于 2010 年发布的《智力障碍：定义、分类与支持系统》(Intellectual Disability：Definition，Classification，and Systems of Supports)规定，智力障碍是一种智力功能和适应行为都存在显著限制的障碍。适应行为表现为概念的(conceptual)、社会的(social)以及实践性的(practical)适应性技能。障碍发生于 18 岁以前。

六、多重障碍者

《特殊教育辞典(第 3 版)》认为，多重障碍是指"生理、心理或感官上两种或两种以上障碍合并出现的状况(如聋盲、智力落后兼肢体障碍等)"①。一般把同时具有两种或两种以上障碍的儿童称为多重障碍儿童。《特殊教育辞典(第 3 版)》将多重障碍分为三类：以智能障碍为主的多种障碍、以情绪障碍为主的多重障碍、视听感官的双重障碍。② 当前，我国法律法规中尚未对多重障碍进行明确的界定，且"多重障碍""综合残疾"或"多重残疾"常常混用。例如，《特殊教育辞典(第 3 版)》中的综合残疾是指："人的生理与心理发生两种或两种以上失调的状况，给人的器官功能和个人活动造成严重的影响。"③ 由此可见，多重障碍指非由单一原因导致的个体具有两种或两种以上的障碍。

七、孤独症谱系障碍者

孤独症谱系障碍(autistism spectrum disorder，ASD)是孤独症(又称为"自闭症")、阿斯佩格综合征和非典型孤独症三种广泛性发育障碍的总称。《特殊教育辞典(第 3 版)》指出，孤独症是一种发生于 3 岁前儿童的较严重的发育性障碍，主要表现有社交

①②③ 朴永馨、顾定倩、邓猛：《特殊教育辞典(第 3 版)》，468、469、468 页，北京，华夏出版社，2014。

困难、言语发育迟缓和具有刻板或仪式性行为。[1] 美国精神医学学会(American Psychiatric Association，APA)2013 年出版的《美国精神障碍诊断与统计手册(第 5 版)》[*Diagnostic and Statistical Manual of Mental Disorders*(Fifth Edition)，DSM－5]中，删去了阿斯佩格综合征与自闭症的概念，用孤独症谱系障碍代替除雷特综合征以外的广泛性发育障碍，把孤独症谱系障碍定义为在儿童童年早期发病，以社会沟通与互动的持续性障碍和局限的、重复的行为模式、兴趣或活动为核心障碍的一系列神经系统发育障碍疾病。[2] 智力及语言能力相对较高，但存在社交沟通障碍或重复刻板行为的孤独症谱系障碍者，仍会被认定为患有阿斯佩格综合征。

八、学习障碍者

学习障碍，又称为学习困难、学业不良等。美国国家学习障碍联合会(National Joint Committee on Learning Disabilities，NJCLD)于 1994 年提出，特定性学习障碍(specific learning disabilities)是指一系列失调的症候群。这些失调主要表现为运用听、说、读、写、推理能力或数学获得能力的显著困难。特定性学习障碍包括阅读障碍、书写障碍、数学学习障碍等。我国研究者认为，学习障碍儿童的智力正常，可能在某些特殊能力或学习技能(如解决问题、听、说、语言、注意、记忆、写作、计算等)上有一定缺陷，但这些缺陷并不是由于生理或身体的原发性缺陷造成的，也不是情绪障碍、教育与环境剥夺造成的。这类学习障碍学生要达到一般学习水平或达到教育大纲所要求的水平，需要额外的教育辅导或特殊教育补救与帮助。[3] 学习障碍学生是一个异质性较大的群体，所需的特殊教育相关服务也差异较大。美国学者柯克(Kirk)等人从因果关系上将学习障碍分为神经心理/发展性学习障碍、学业/成就型学习障碍和社会学习障碍三类。[4] 我国学者一般认可发展性学习障碍、学业性学习障碍和情绪—行为性学习障碍的分类形式。[5]

九、情绪与行为障碍者

目前国内外尚无对情绪与行为障碍儿童的统一规定。美国《所有残疾儿童教育法》

---

① 朴永馨、顾定倩、邓猛：《特殊教育辞典(第 3 版)》，365 页，北京，华夏出版社，2014。

② America Psychiatric Association，*Diagnostic and Statistical Manual of Mental Disorders*(Fifth Edition)，Harlington，VA，American Psychiatric Publishing，2013.

③ 朴永馨：《特殊教育学》，205 页，福州，福建教育出版社，1995。

④ 转引自方俊明：《特殊教育学》，335 页，北京，人民教育出版社，2015。

⑤ 徐芬：《学业不良儿童教育矫治》，30 页，杭州，浙江教育出版社，1992。

对情绪与行为障碍给出了描述性的界定：(1)既不是由智力、感官残疾，也不是由健康条件引起的学习低能。(2)不能与同龄人、伙伴、家长、教师建立并维持令人满意的人际关系。(3)正常情况下，也容易出现过度的情绪困扰和令他人难以接受的行为方式。(4)长期伴有不愉快的心境和抑郁、沮丧、压抑感。(5)有无意识的抵触行为和不合群的孤僻感。我国学者根据我国的社会文化背景，提出情绪与行为障碍儿童和青少年是具有长期的情绪困扰，社会、学校、家庭所不能接受的不良行为习惯的儿童和青少年。① 该类儿童和青少年的障碍与家庭有着较为密切的关系，在教育过程中需要心理治疗师、教师、家长多方来共同制定和执行教育方案。

第二节
特殊教育相关服务流程

特殊教育相关服务有利于帮助特殊儿童参与学校生活，实现教育目标。② 目前，国内尚没有统一的特殊教育相关服务实施流程，而国外的特殊教育相关服务已经相对成熟，因此，本书主要参照美国专业团队为特殊儿童鉴定与就学辅助过程中提供的特殊教育相关服务流程，其共包括 6 个阶段：申请或转介、评估与鉴定、制订个别化教育计划、安置、提供教学服务和评估结果。每个阶段都需要医疗、教育与社会其他各方面的合作与支持，才能为特殊儿童提供整合性的服务。本书梳理的特殊教育相关服务实施流程大致如图 3-1 所示。

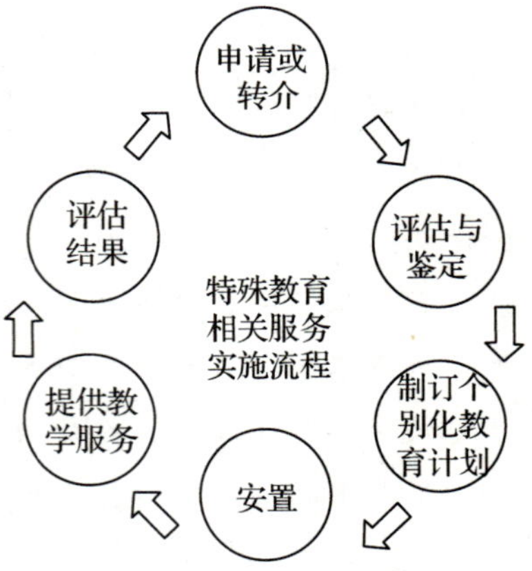

图 3-1　特殊教育相关服务实施流程

一、申请或转介

如果家长怀疑某种问题影响了其子女在学校的表现，则家长应积极向教师提出要求，由学校或所在校区的支持小组为其子女提供转介前的干预。如果家长认为其子女

---

① 方俊明：《特殊教育学》，364 页，北京，人民教育出版社，2015。

② The New York City Department of Education，"Related Services"，https：//www. schools. nyc. gov/special-education/supports-and-services/related-services，2019-05-26.

需要获得进一步的特殊教育相关服务支持，则需要申请转介。[①] 美国《残疾人教育法》明确提到家长、教师或相关人员可以为疑似有特殊教育需要的儿童向地方教育局提出申请或转介。[②] 在提交的书面申请中，要明确指出儿童目前存在的问题和需要。接着，由地方教育局决定该儿童是否有接受评估的需要。一旦申请得到通过，家长会收到一份书面的确认书。同时，儿童的诊断(鉴定)和评估工作将由地方教育局负责。在开始正式评估前，需再次征求家长的同意。鉴定和评估程序会在取得家长同意后 60 天内进行。[③] 如果家长拒绝儿童参与评估或不给予回复，则学校和家长需要通过调停程序解决问题。

二、评估与鉴定

根据美国的《残疾人教育法》的规定，若儿童接受特殊教育及其相关服务，则必须首先被鉴定为有特殊教育需要的儿童。[④] 对儿童进行评估与鉴定的多学科小组成员中至少应包括家长、教师和专业人员。特殊教育相关服务提供者既可以作为鉴定小组的一员，对儿童进行评估或者为鉴定小组提供信息，还可以发挥管理特殊儿童的作用。特殊教育相关服务提供者可以实施评估方案中所要求的评估内容，并向鉴定小组提供信息，以确定该儿童是否有特殊教育相关服务的需要以及特殊教育相关服务的项目是什么。[⑤] 例如，脑瘫儿童可能有物理治疗的需要，在上下学的移动过程中可能还涉及轮椅的使用、校车接送、无障碍设施等方面的具体要求；而语言和言语障碍儿童则可能需要接受专门的语言治疗，必要时还需为他们配备辅助沟通的工具。这些内容均需由特殊教育相关服务人员来评估和鉴定。

鉴定为有特殊教育需要的儿童将接受进一步评估。评估的过程包括评估前准备和正式评估。评估前准备包括对评估者的训练与选择、收集特殊儿童资料等。特殊儿童的评估是一个广泛收集资料的过程，且所需收集的资料是多种多样的。若按获得的时间不同分类，可以分为现有的资料和待收集的资料两大类。现有的资料包括儿童在生长发育过程中已接受过的各种检查、测试和记录等。例如，儿童一出生就被测量身高和体重；去医院看病时，医生会对其身体状况进行检查，做治疗记录；入学时，学校要登记儿童及家庭的基本情况；入学后，参加各种考试和考查，有各种分数记录。此

① National Center for Learning Disabilities, "IDEA Parent Guide", https://www.ncld.org/archives/reports-and-studies/idea-parent-guide-2, 2019-05-26.

②⑤ 叶元：《美国特殊教育相关服务》，硕士学位论文，华东师范大学，2011。

③ The Understood Team, "The Difference Between IEPs and 504 Plans", https://www.understood.org/en/school-learning/special-services/504-plan/the-difference-between-ieps-and-504-plans, 2019-10-10.

④ Scholastic Parents, "A Step-By-Step Guide to the IEP Process", http://www.scholastic.com/browse/article.jsp?id=3755044, 2019-10-10.

外，儿童做过的作业、绘画、手工制品等也可以作为评估的资料。这些记录通常作为档案性资料保存在学校、医院或家里。① 收集新资料的方式包括：实施标准化评估、直接观察、参考儿童平时作业、与班级教师交谈和进行医学检查等。在正式评估的过程中，需要注意以下内容：首先，不以单一的标准或评估工具来判断儿童是否为有特殊教育需要的儿童。评估内容应包含与儿童障碍类型相关的所有领域，以便认清儿童的所有特殊教育相关服务需要，包括儿童的健康状况、视力、听力、情绪状态、智力水平、学习能力、沟通水平和运动能力等内容。② 其次，评估人员应由受过专业训练的专业人员担任，以保证评估结果的准确性。再次，评估报告应当反映儿童的现有能力和成就水平，而不应将重点放在儿童的功能缺陷上，例如，在评估中可以依据儿童的需求使用盲文、手语或方言。最后，评估应当充分和全面地反映儿童的特殊教育和特殊教育相关服务需要。③ 评估与鉴定团队应根据评估的结果，报告儿童是否获得特殊教育相关服务的资格。只有当儿童被认定为具备美国《残疾人教育法》定义的 13 种障碍类别中的一种或多种障碍，以及确认其有特殊教育相关服务的需要，才会被认定为具有特殊教育相关服务的资格。

三、制订个别化教育计划

确定学生的特殊教育相关服务需求后，学校就应该为学生制订个别化教育计划，为后续的服务开展提供依据和指导。④ 个别化教育计划是指运用专业团队合作的方式，针对 3 岁以上特殊儿童的个别特性所拟定的特殊教育及其相关服务计划。⑤ 一般来说，制订个别化教育计划需要经过两个重要的流程，即开展个别化教育计划会议和制定个别化教育计划文件。⑥

个别化教育计划会议是指个别化教育计划团队共同讨论特殊儿童的个别化教育计划。美国《残疾人教育法》规定，特殊儿童的父母、学校行政人员、普通教育教师、特殊教育教师、评估人员必须作为个别化教育计划团队的一员。特殊儿童本人也可以成为个别化教育计划团队的一员。这取决于特殊儿童的年龄、障碍程度以及理解会议内

---

① 韦小满：《当前我国特殊儿童心理评估存在的问题与对策》，载《北京师范大学学报(社会科学版)》，2006(1)。

② Wrightslaw, "FAQs: Related Services", https: //www. wrightslaw. com/info/relsvcs. faqs. htm, 2019-05-26.

③ Center for Parent Information & Resources, "Subpart D of the Part B Regulations: Evaluations, Eligibility, IEPs, and Placement", https: //www. parentcenterhub. org/partb-subpartd/, 2019-05-26.

④ 叶元：《美国特殊教育相关服务》，硕士学位论文，华东师范大学，2011。

⑤ Mitchell D, Morton M and Hornby G. *Review of the literature on Individual Education Plans: Report to the New Zealand Ministry of Education*, Wellington, Ministry of Education, 2010, pp. 50-60.

⑥ Ann Logsdon, "How to Prepare for An IEP Team Meeting", https: //www. verywellfamily. com/understanding-iep-team-meetings-2162678, 2019-05-26.

容的能力。如果特殊儿童需要言语语言治疗师、作业治疗师、心理健康专家或物理治疗师为其提供特定的特殊教育相关服务，这些人员也必须作为个别化教育计划团队成员，参与到个别化教育计划会议中。特殊教育相关服务提供者作为个别化教育计划团队的成员，与其他成员共同确定目标，决定安置方式，明确特殊儿童所需要的具体服务内容。而其他尚不需要为特殊儿童提供课程和服务的人员则可以在家长的书面同意下免除参与。①

个别化教育计划文件包含个别化教育计划会议中讨论的内容。个别化教育计划团队根据评估结果，确定特殊儿童所需要的特殊教育相关服务，并将它们写入特殊儿童的个别化教育计划中。与其他特殊教育服务相同，个别化教育计划团队可以为特殊教育相关服务撰写目标。如表 3-1 所示，在撰写个别化教育计划中的特殊教育相关服务的内容时，必须说明特殊教育相关服务实施的日期(开始及结束的时间)、频率(多久提供一次服务)、时长(每次服务的持续时间)、地点(提供服务的地点)以及资质(特殊教育相关服务人员的服务资质)等。② 提供的这些服务必须是基于循证实践(Evidence-based Practices)的方法，且有助于促进个别化教育计划目标的达成，帮助特殊儿童在普通教育的课程学习中获得进步。③例如，当前已有大量研究证明辅助沟通系统对孤独症谱系障碍儿童的沟通能力具有良好的促进作用④，因此，对于有沟通需要的孤独症谱系障碍儿童，可考虑将辅助沟通系统纳入其特殊教育相关服务的内容。另外，在制订特殊教育相关服务计划时，还要根据特殊儿童的情况和确定的训练目标选择不同的教学模式。可选择的教学模式有个别指导、小组教学活动、伙伴合作教学、家长参与训练等。以辅助技术服务为例，其服务包括步行器、轮椅和各种定位设备等，当个别化教育计划将辅助技术服务作为一项特殊教育相关服务时，就要将其列入特殊教育相关服务的计划中，并在具体实施阶段按个别化教育计划执行。⑤ 另外，值得注意的是，如果需要更改个别化教育计划中列举的特殊教育相关服务的数量，则必须重新举行一次个别化教育计划会议。但是如果服务的总数量没有变化，则允许在不再次召开个别化教育计划会议的情况下对特殊教育相关服务的日程进行部分调整。⑥

---

①③ National Center for Learning Disabilities, "IDEA Parent Guide", https: //www. ncld. org/archives/reports-and-studies/idea-parent-guide-2, 2019-05-26.

② Idaho State Department of Education, " The Idaho IEP Guidance Handbook ", https: //www. sde. idaho. gov/sped/sped-manual/files/chapters/chapter-5-individualized-education-programs/The-Idaho-IEP-Guidance-Handbook. pdf, 2019-05-26.

④ Romski M A, Sevcik R A and Barton-Hulsey A, et al. , "Early Intervention and AAC: What A Difference 30 Years Makes", *Augmentative and Alternative Communication*, 2015(3)；马蓉蓉：《辅助沟通系统(AAC)在孤独症儿童沟通障碍中的应用研究》，硕士学位论文，浙江工业大学，2013。

⑤ 叶元：《美国特殊教育相关服务》，硕士学位论文，华东师范大学，2011。

⑥ Center for Parent Information & Resources, "Subpart D of the Part B Regulations: Evaluations, Eligibility, IEPs, and Placement", https: //www. parentcenterhub. org/partb-subpartd/, 2019-05-26.

表 3-1　特殊教育相关服务记录表示例

特殊教育相关服务	服务提供者	频率			地点	日期	
		每天/分钟	每周/分钟	每月		开始	结束
阅读	特殊教育教师	150			个训室	2018/09/13	2019/09/12
阅读	普通教育教师		100		教室	2018/09/13	2019/09/12
社交技能	特殊教育教师	30			个训室	2018/09/13	2019/09/12
合计		180	100				

资料来源：Idaho State Department of Education，“2018. The Idaho IEP Guidance Handbook”，https：//www. sde. idaho. gov/sped/sped-manual/，2021-04-02.

四、安置

美国依据融合教育理念中最少限制环境（least restrictive environment）的原则来安置特殊儿童，常见的安置机构包括普通班级、资源教室、特殊教育班、特殊教育学校、看护机构、医院和家庭等。①相关研究表明，普通班级的安置模式对语言障碍、学习障碍、肢体障碍等轻度障碍儿童学习能力的提升有较好的成效。② 对于中重度障碍的儿童来说，安置模式较为多元，一般被安排在普通学校的特殊教育班、资源教室或特殊教育学校中学习。这是由于这些安置场所能够为他们提供所需要的特殊教育专业支持。③但是对于所有特殊儿童来说，首先考虑的安置场所必须是有足够支持和能够提供必要服务的普通教室。任何学生都不得被安置在普通教室以外，除非他们有特殊需要。④ 在这一阶段，特殊儿童的鉴定结果是决定把他安置在什么学校或班级中的最主要的依据。⑤

五、提供教学服务

个别化教育计划制订后，特殊儿童就读的学校有责任确保计划的实施。通常在学

① 董志文、黄栋祥、李嵩义：《美国特殊教育发展的启示：从法律及运作状况探讨》，载《创新教育研究》，2018(2)。

② 余强：《美国中小学阶段特殊教育安置的趋势分析》，载《中国特殊教育》，2007(4)。

③ 赵梅菊、肖非：《完全融合与多元安置：美国特殊儿童安置模式的争论》，载《比较教育研究》，2016(11)。

④ Massachusetts Department of Education，“IEP Process Guide”，http：//www. doe. mass. edu/sped/iep/proguide. pdf，2019-05-26.

⑤ 韦小满：《当前我国特殊儿童心理评估存在的问题与对策》，载《北京师范大学学报(社会科学版)》，2006(1)。

年开始时，家长和个别化教育计划的协调员要一起讨论如何实施这些项目。[①] 特殊教育相关服务人员可以与教师、家长和其他专业人员合作，将专业的服务逐步转化为在教学和日常生活中可以进行的活动。特殊教育相关服务人员应追踪了解特殊儿童接受服务后的情况，并视需要对后续的服务做调整。此外，特殊教育相关服务人员要记录每次服务的内容、时间等。这些信息除了作为工作记录外，还可以作为教师、家长和其他相关人员参考的信息。

六、评估结果

个别化教育计划实施后，应对特殊儿童进行再评估。再评估即特殊教育相关服务人员和小组其他成员定期对个别化教育计划的服务执行情况进行检查，评估服务的有效性及其对特殊儿童的影响，并根据需要对目标予以调整。根据美国联邦教育部的规定，个别化教育计划必须每三年重新评估一次，以确认特殊儿童是否仍具有获得特殊教育相关服务的资格。[②] 但是如果老师或家长有特别的要求，则可以更频繁地(最多一年一次)进行个别化教育计划的评估。[③]

在重新评估的过程中，如果确定特殊儿童不再需要特殊教育相关服务，就可以终止该服务或对该儿童进行转介。例如，当作业治疗师、家长等人员一致同意下一阶段不需要提供作业治疗服务，那么可以停止申请下一次的服务。如果作业治疗师建议对服务方式或目标进行修改时，可以在新的个别化教育计划中对此内容做出修改。如果认定该特殊儿童需要继续接受服务或者增加服务量，则应该重新向地方教育局提出申请。此外，学校管理人员还可以根据评估结果判断教师的教学能力和教学水平，以做出适当的人事安排。[④]

以音乐治疗服务流程为例，音乐治疗作为一种有效的干预治疗方法，已越来越多地被写入特殊儿童的个别化教育计划中，并作为一项特殊教育相关服务提供给个体。[⑤] 从音乐治疗服务的实施流程来看，首先，提供音乐治疗服务的专门机构会收到来自父母或个别化教育计划小组提出的音乐治疗评估申请。其次，由经过相关委员会认证的音乐治疗师对特殊儿童的相关能力进行评估，包括采访和咨询该儿童的父母和老师，观察该儿童在非音乐环境下的表现，以及设计专门的音乐治疗评估课程。再次，音乐

①③ Scholastic Parents，“A Step-By-Step Guide to the IEP Process”，http：//www. scholastic. com/browse/article. jsp? id=3755044，2019-10-10.

② 叶元：《美国特殊教育相关服务》，硕士学位论文，华东师范大学，2011。

④ 韦小满：《当前我国特殊儿童心理评估存在的问题与对策》，载《北京师范大学学报(社会科学版)》，2006(1)。

⑤ Roman Music Therapy Services，“Music Therapy as An IEP Related Service”，https：//romanmusictherapy. com/individual-music-therapy/music-therapy-as-an-iep-related-service，2019-10-10.

治疗师根据评估结果形成专门的报告，并作为特殊教育相关服务人员参与到个别化教育计划会议中。音乐治疗师需在会议中提交相关报告，根据报告提出特殊教育相关服务的意见。如果个别化教育计划团队决定将音乐治疗作为该儿童需接受的特殊教育相关服务，则报告所确定的目标将被添加到该儿童的个别化教育计划中。最后，音乐治疗师依据个别化教育计划的目标和内容提供特殊教育相关服务，并做好评估记录。

总体来看，与国外特殊教育相关服务的程序相比，我国特殊教育相关服务的流程存在以下问题：一是在鉴定与评估领域，鉴定与评估工具的研制、使用和管理比较混乱，鉴定与评估环节不够专业，鉴定与评估活动的相关科研比较落后。特殊儿童的鉴定与评估贯穿于整个特殊教育和教学过程中，可以为特殊儿童的鉴别、教育安置、个别化教育方案的制订和教育质量的监控提供依据，因此我国应积极推进特殊教育相关服务鉴定与评估工作的制度化发展，明确各部门职责并制定鉴定与评估标准，保证鉴定与评估工作规范化开展。[①] 二是在法律体系方面，相关法律法规不完善，法律法规条款粗略，缺乏操作性和问责机制。我国尚未出台专门的法律法规对特殊教育相关服务的团队、内容、实施程序和评价体系进行完整的规定，在实施方面也没有全国性的统一的要求和规范。[②] 基于此，我国应加强相关法律法规的建设，对相关内容予以明确而详细的规定，从而为特殊教育相关服务的实施提供法律保障。三是在特殊教育相关服务人员方面，我国特殊教育专业人员的资源相对短缺，教师往往一专多能，除了要负责教育教学工作，可能还需要担任特殊教育相关服务人员或生活保育员的角色，且师资专业化水平总体需要提高。[③] 因此，我国应加快建立和完善特殊教育教师及特殊教育相关服务人员的师资标准，加强其职前和职后培训，以提升整体专业水平。

第三节
特殊教育相关服务模式

特殊教育工作者与各种特殊教育相关服务人员及家庭有效合作，共同为特殊儿童提供服务的模式，有利于满足特殊儿童在整个学校教育过程中的特殊需求。[④] 由于特殊儿童身心障碍差异较大，所以需要能够提供各种类型服务的专业团队。由卫生医疗、

---

① 吴筱雅、林坤灿：《中国台湾特殊教育学生鉴定工作述评》，载《中国特殊教育》，2016(7)。

② 傅王倩、王勉、肖非：《美国融合教育中个别化教育计划的发展演变、实践模式与经验启示》，载《外国教育研究》，2018(6)。

③ 丁怡：《从中美特殊教育的比较看“个别化教育计划”在中国的实施》，载《中国特殊教育》，2001(4)。

④ Council for Exceptional Children, *What Every Special Educator Must Know: Ethics, Standards, and Guidelines*(7th ed), 2016.

教育、社会福利、就业服务等不同专业人员组成的特殊教育相关服务团队，应根据特殊儿童的学习情况、生活、转衔、就业等需求，为特殊儿童提供整合的特殊教育相关服务，并且依据其多样化、个性化的特殊需求而进行弹性调整。只有这样，才能保证特殊儿童获得长足的发展。[①] 由于不同国家和地区特殊教育的运作方式不尽相同，专业团队成员在实施过程中存在困惑，从而影响具体的特殊教育相关服务效果。因此，本节首先阐述特殊教育相关服务团队提供专业服务的方式，其次介绍国际上四种主要的团队合作服务模式，厘清特殊教育相关服务团队的不同运作模式的特点，供特殊教育教师及特殊教育相关服务人员借鉴，以期为特殊儿童提供更专业、更高效的特殊教育相关服务。

一、特殊教育相关服务人员提供专业服务的方式

特殊教育相关服务人员提供专业服务的方式可分为直接服务、间接服务和咨询服务三种。[②]

(一)直接服务

直接服务(direct service)指的是在服务过程中，由不同专业领域的特殊教育相关服务人员在服务现场直接提供的专业服务，以解决特殊儿童各种问题。[③] 直接服务的频率一般为每周至少一次。依据特殊儿童的障碍程度，服务可以分为融合式(integrated)、抽离式(pull-out)和融合与抽离并行式三种。[④] 融合式服务是指特殊儿童与普通儿童在相同的时间和地点接受教学。融合式服务的目的是让特殊儿童能在自然的环境下运用新技巧，并与普通儿童发生互动。例如，用餐时让同伴提醒自闭症儿童排队。采用融合式服务的排课方式的特殊儿童障碍程度较轻，与普通班的普通儿童差距较小。抽离式服务是指特殊儿童利用普通班级的上课时间到资源教室和个训室等普通教室以外的地方接受补救教学。若特殊儿童障碍程度较重，则以抽离式服务的排课方式为主。智力落后、中重度学习障碍儿童或中高年级儿童多以此方式实施。接受抽离式服务课程的特殊儿童，因为无法跟上普通班级学科的上课进度，因此其抽离的时间以上课时间为主。让特殊儿童利用上课时间接受适当的教育，可避免特殊儿童在普通班级因听不懂教师讲课而干扰教师及其他同学，扰乱上课秩序。特殊儿童通过抽离式服务接受适

---

① 盛永进：《特殊教育学基础》，38 页，北京，教育科学出版社，2011。

② Hillier S L, Civetta L and Pridham L, "A Systematic Review of Collaborative Models for Health and Education Professionals Working in School Settings and Implications for Training", *Education for Health*, 2010, 23(3).

③ 杨广文、成戎珠：《台湾学校中特教专业团队运作模式——系统性回顾》，载《物理治疗》，2013(4)。

④ Bundy A C, "Assessment and Intervention in School-Based Practice", *Physical & Occupational Therapy in Pediatrics*, 1995, 15(2).

合其学习程度的课程，不但避免了时间浪费，同时增加了他的成就感。但是，抽离式的训练可能会造成特殊儿童心理上的隔离感，不利于特殊儿童的后续发展，也与融合教育理念相悖。因此，还有第三种服务形式，即将前两者相结合的融合与抽离并行式服务。亦即特殊儿童在普通班级接受部分课程的融合教育，但是在需要帮助时可以采用抽离式教学进行补充。直接服务的优势是：首先，治疗师可以根据特殊儿童自身学习能力对该儿童进行个性化的干预；其次，治疗师能够及时对该儿童进行评估，以便根据评估结果调整儿童的课程；再次，治疗师与接受特定特殊教育相关服务的特殊儿童建立起良好的关系，有利于促进目标的达成；最后，治疗师还能为特殊儿童的社交情感发展提供除教师之外的支持。①

（二）间接服务

间接服务（monitoring service）又称“监督服务”，是指经由专业间的讨论和合作，共同商讨制订的计划的服务并授权单一人员实施，其他特殊教育相关服务人员则以监控的方式确保服务质量。间接服务所需的特殊教育相关服务人员不像直接服务那么多，但是执行人员必须和特殊教育相关服务人员密切配合。

（三）咨询服务

咨询服务（consultant service）是特殊教育工作者针对服务过程中的问题，向不同专业的特殊教育相关服务人员进行咨询和讨论的服务方式。② 依据咨询对象的不同，咨询可以分为特殊儿童咨询（case consultation）、同行咨询（colleague consultation）和系统咨询（system consultation）。③ 特殊儿童咨询是针对特殊儿童需要而提供的咨询。例如，物理治疗师针对脑瘫儿童在教室中的座位、轮椅的调整以及课桌椅高度给出的建议。同行咨询是向其他特殊教育相关服务人员提供咨询，主要协助及辅导特殊教育教师和家长配合相关训练以及提供相关专业的咨询、评估与建议。邦迪（Bundy）提出，特殊教育相关服务人员在为学校提供服务时，应以间接服务及咨询服务为主，这样才能有效地协助特殊儿童及教师解决学习与教学上的问题。④ 由于目前我国特殊教育相关服务人员的数量不能满足特殊儿童大量的专业服务需求，而且经费又极为有限，因此在学校系统内，特殊教育相关服务势必要将传统直接服务的方式改变为间接服务和咨询服务的方式。

---

① Case-Smith J and Holland T, “Making Decisions about Service Delivery in Early Childhood Programs”, *Language Speech and Hearing Services in Schools*, 2009, 40(4).

② Dettmer Peggy, Ann Knackendoffel and Linda P Thurston. *Collaboration, Consultation, and Teamwork for Students with Special Needs*, Upper Saddle River, NJ, Pearson, 2013, pp. 15-28.

③ 林宝贵：《特殊教育理论与实务》，525 页，台北，心理出版社，2000。

④ Bundy A C, “Assessment and Intervention in School-Based Practice”, *Physical & Occupational Therapy in Pediatrics*, 1995, 15(2).

二、特殊教育相关服务团队合作的模式

以团队合作提供特殊教育相关服务的模式，主要是基于特殊儿童的个别差异较大，而且问题复杂，各专业若是各自提供服务，给予特殊儿童的服务将是片面且未经整合的，甚至有可能是相互冲突的。[①] 特殊教育相关服务团队若由来自医疗机构、教育、社会福利和就业服务等不同领域的两个或两个以上人员所组成，通过彼此协调和合作，一同为特殊儿童提供服务，便可以协助特殊儿童接受适合的教育。[②] 大量的研究指出，团队合作是特殊教育发展的趋势，也是特殊教育重要的资源，单一的服务无法满足有多重需求的特殊儿童，所以应该综合特殊教育相关服务团队各类成员的力量，为儿童提供完整且全面性的评估、诊断和教育。[③]

(一)特殊教育相关服务团队合作的模式类型

综合韦斯特林(Westling)、奥格乐翠(Ogletree)等人的研究，依据特殊教育相关服务团队领域间的互动、沟通与合作的服务方式，我们可以把特殊教育相关服务模式分为多学科合作模式、学科间合作模式和跨学科合作模式三种(见图 3-2)。[④]

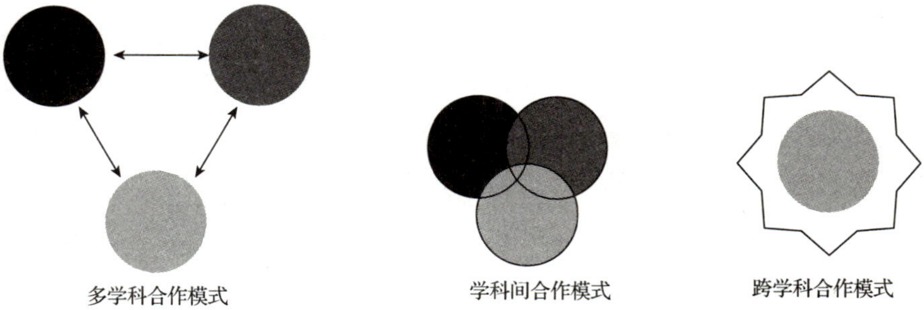

图 3-2　特殊教育相关服务模式类型[⑤]

注：各个圆圈代表不同学科。

---

① 孙世恒、廖龙仁、廖华芳：《南投县发展迟缓儿童早期疗育跨专业团队合作服务模式之建立经验分享》，载《物理治疗》，2004(2)。

② Sander A M and Constantinidou F, "The Interdisciplinary Team", Psychiatric Quarterly, 1969, 43(1).

③ Thomas C C, Correa V I and Morsink C V, *Interactive Teaming: Consultation and Collaboration in Special Programs*, 3rd ed., Columbus, Merril, 2001, pp. 3-60; Yessldyke J E, Algozzine B and Thurlow M L, *Critical Issues in Special Education*, 3rd ed., Boston, Houghton Mifflin, 2000, pp. 2-20.

④ Westling D L, Fox L L and Carter E W, *Teaching Students with Severe Disabilities*(5th Edition), Pearson, 2014; Ogletree B T, Bull J and Drew R et al., "Team-based Service Delivery for Students with Disabilities: Practice Options and Guidelines for Success", *Intervention in School and Clinic*, 2001, 3(3).

⑤ Samarth Kumar, Christoph Zöphel and Anna Martius, et al., "Stronger Together—A Framework for Measuring Interdisciplinary Understanding", *Wiley Interdisciplinary Reviews: Energy and Environment*, https://doi.org/10.1002/wene.348, 2021-05-14.

1. 多学科合作模式

多学科合作模式的特殊教育相关服务人员各自与特殊儿童接触、与家长会谈、做专业的评估，各自撰写、拟定并执行自己专业领域的干预方案。即团队中各特殊教育相关服务人员均为各自负责的特殊儿童评估，制订专业计划并实施。多学科合作模式的优点在于，能够为特殊儿童提供种类丰富、专业性强的专家服务与技能；其缺点在于，几乎不需要团队间的合作与交流，特殊教育相关服务人员不需要考虑自身专业领域外的其他领域。①

2. 学科间合作模式

学科间合作模式的优点在于学科间的意见与讯息得以沟通，服务重复或遗漏的情形不易发生，并且各学科人员既分工又合作，有共同一致的目标，较适用于评估年龄较大、轻度多重障碍者。学科间合作模式仍然是各自分别实施评估及执行方案，干预方式受到自身专业影响，以诊断医疗、障碍矫正模式来改善各自所选定的独立目标。

3. 跨学科合作模式

跨学科合作模式运作时学科间彼此合作，由一个特殊教育相关服务人员统整协调并直接提供服务，通常是教师担任该角色。教师必须定期与其他所有特殊教育相关服务人员接触，尽可能将必要的治疗同特殊儿童日常的学习相结合。其他人员则是扮演为教师提供咨询的角色。当特殊儿童在就学的过程中，不仅需要特殊教育的协助，还需要其他特殊教育相关服务介入的时候，教师就有必要和其他特殊教育相关服务人员合作，让儿童获得全面的服务。在相关专业人力不足且又期望达到最大康复效果时，教师就需要负起团队运作的主要责任，担任特殊儿童的管理员，在其他特殊教育相关服务人员的协助下，统整各学科建议并将之融入课程与教学中。特殊儿童家长对于跨学科合作模式也多持正面的态度，认为较有助于获得完整的疗育服务。这个模式也被认为是整合最好、缺点较少的服务模式。②

(二)特殊教育相关服务团队合作的模式案例分析

依据结构功能的不同，团队的组成大致分为上述三种常见的模式，以下将通过案例阐述各类团队合作是如何开展的。

本案例的服务对象吉姆是一名 3 岁男孩，他被诊断为唐氏综合征，且已被确认具有接受特殊教育及其相关服务的资格。吉姆的个别化教育计划小组成员包括他的父母、

---

① Westling D L, Fox L L and Carter E W, *Teaching Students with Severe Disabilities* (*5th Edition*), Pearson, 2014, pp. 101-123.

② Gallivanfenlon A, "Integrated Transdisciplinary Teams", *Teaching Exceptional Children*, 1994 (26); Spencer P E and Coye R W, "Project BRIDGE: A Team Approach to Decision-Making for Early Services", *Infants & Young Children*, 1988, 1(1).

幼儿园的普通教育教师、幼儿园的特殊教育教师、作业治疗师、物理治疗师和言语语言治疗师。通过正式的和非正式的评估、观察、访谈以及查看相关档案发现，吉姆的社会技能和运动模仿能力较好，能够较长时间地参与活动，而且对其他小朋友和游戏材料感兴趣。但是，较低的肌肉张力对他站立和行走的平衡能力发展以及稳定的坐姿、抓握力、灵活性和口部肌肉的控制都有不利的影响。他能够抓取和释放玩具和文具，但是穿衣和系扣子时不太灵活，缺乏力量。另外，令吉姆父母担心的是，吉姆不仅在吃固体食物时经常被呛着，而且在咬一些食物、充分地咀嚼食物，以及喝水不溢漏等方面存在困难。吉姆乐于交流，会使用面部表情、手势和发出声音。他会使用一些简单的词语，但是对于那些不了解他的交流方式的人而言，理解这些词语的意思并不容易。基于以上情况，吉姆的个别化教育计划小组确定了 6 项个别化教育计划目标，分别为：(1)维持他与同伴的社会交往；(2)提出要求，如对食物、玩具、活动、人员等提出要求；(3)安全饮食；(4)培养独立穿衣的能力；(5)培养使用一些物品的能力，如使用玩具、蜡笔及教室其他物品的能力；(6)增强步行和下楼梯时的平衡性。①

多学科合作模式通常采用隔离式服务的方式，作业治疗师、物理治疗师和言语语言治疗师等特殊教育相关服务人员将吉姆从幼儿园的教室中抽离出来，单独为他提供治疗服务。例如，接受过职业康复技能训练的作业治疗师是唯一可以教授吉姆职业技能的特殊教育相关服务人员。他教授吉姆穿衣、脱衣的方法、步骤，以帮助吉姆实现具备"独立穿衣的能力"目标。特殊教育相关服务人员通常各自与吉姆的父母进行沟通，以确定个别化教育计划的长期目标和短期目标，以及反馈目标的完成情况。

在学科间合作模式中，团队成员依旧采用独立的方式进行评估，但是团队成员会通过会议的方式分享个别化教育计划书中的服务内容，因此在实施服务时有可能会整合其他专业领域的目标。与多学科合作模式相比，该模式中各团队成员有了更多的沟通和合作。例如，在实现吉姆的"安全饮食"目标的过程中，可能同时涉及作业治疗和言语语言治疗两方面内容。作业治疗师要为食物的材料、类型以及大小提供建议，言语语言治疗师可能通过喂食训练其口部肌肉的运动，因此，两位治疗师可对目标进行适当整合。

在跨学科合作模式中，学校教师在特殊教育相关服务团队中具有重要的地位，同时团队成员之间通过交换知识的方式对特殊儿童的学习目标负责。② 他们相互教导、学习及共同合作，以便实施统整性的服务方案。例如，在该案例中，言语语言治疗师在确定目标时，希望吉姆能够在美术课上向教师提出"我要蜡笔"的请求，美术教师应及

---

① 叶元：《美国特殊教育相关服务》，硕士学位论文，华东师范大学，2011。

② Prelock P A, Miller B L and Reed N L, "Collaborative Partnerships in A Language in the Classroom Program", *Language, Speech, and Hearing Services in Schools*, 1995, 26(3).

时给予反馈和提示，以强化吉姆的良好行为。这就要求美术教师在课堂上能正确运用言语语言治疗师传授的方法和技能，而言语语言治疗师也会在为吉姆提供与课程相关的训练时运用普通教育教师所分享的教学技巧。另外，这种合作模式也更便于特殊教育相关服务人员在教室或其他自然环境中为吉姆提供治疗服务。例如，物理治疗师为教师及其体育项目提供咨询，为团体活动和游戏提供建议，以便将吉姆的平衡性训练融入平时的课堂教学当中，使教育目标和治疗目标得以结合。

以上对三种常见的团队合作模式进行了简单分析。下列案例均发生在教育情境中，请选择其中一个案例进行讨论，思考应该采取哪种团队服务模式解决该学生的问题，所选择的模式应包含哪些团队成员，他们应该如何开展团队合作。

【例 1】蒂娜是一位就读于普通学校三年级的脑瘫学生。由于脑瘫带来的影响，蒂娜的手臂长期呈紧闭弯曲的状态，她的躯干、颈部以及臀部的肌张力较高，无法自由地伸展。因此她有一些特别的特殊教育相关服务需要，如身体动作的支持和定位。蒂娜的手部戴着手腕夹板，脚上装有矫形器。她的轮椅有一个定制的座位设计，以保证她的身体处于稳定、直立的状态。蒂娜没有口头语言，但她已经学会使用轮椅上的下巴触碰开关来操作各种玩具、音乐播放设备和简单的扫描设备。根据蒂娜的基本情况和现有能力，蒂娜的母亲选择了 5 项希望优先发展的能力，作为她的个别化教育计划的长期目标，包括：(1)做选择；(2)参加休闲活动；(3)独立完成任务；(4)识别物体、图片和符号；(5)发起和维持社交互动。

【例 2】汤姆是一个被诊断为智力障碍的二年级学生。他所在的融合班级里的老师和同学已经为他的出现做好了一定准备。然而，汤姆喜欢无缘无故地殴打同学。尽管老师尝试了各种行为管理策略和干预方法，但当另一个孩子进入他的物理空间区域时，他就会冲动地出击。有时他会在厕所里等着，当其他男孩进来时，他会用拳头打他们。作为孩子的照顾者，汤姆的外祖母非常关心孩子的个别化教育计划、平时的课程和课堂教学，以及他在校内外的社交活动情况。

【例 3】斯蒂芬是一名 14 岁的中学新生，他在书面语表达的流畅性方面存在困难。斯蒂芬小时候开始说话很晚，他第一次接受言语干预是在幼儿园。由于干预效果良好，到幼儿园结束时，他已经不再需要接受言语语言治疗师提供的干预服务。但是在二年级开始的时候，斯蒂芬又由于语言流畅性的问题(口吃)被转介到医院接受语言言语治疗。在整个小学阶段，他不断地受到语言流畅性问题的影响。在六年级的时候，学校老师还注意到斯蒂芬很难通过自己的思维来组织书面语。他需要别人的支持来对有关主题进行头脑风暴，帮助他概括关键的想法并进行排序以及指导他的书面语表达结构。

(三)特殊教育相关服务团队合作的素养

在当今日益相互依存和专业化的世界里，个体不可能在任何领域都拥有足够的知识和能力。这样的矛盾在特殊教育中显得尤为突出。特殊儿童的异质性高，能力各不相同，并且各年龄阶段的教育需求不断变化，在生活的各项选择上也具有广泛的可能性。这就需要通过团队和各种特殊教育相关服务人员网络来解决教育领域的各种问题，包括教学、学习环境的管理、学生成绩评估、教师的专业发展培训、与家长建立良好关系以及上下级的沟通等。[①] 无论是哪种团队合作方式，重要的是每一位成员都应熟知团队中其他成员的功能与专长，真正运作良好的团队必须是负责且务实的。[②] 团队合作所涉及的工作类型多样，但又包含许多相互关联的因素和成分。这些因素和成分被认为是个体发展团队协作技能的必备素养。[③] 特殊教育相关服务团队合作的素养是指特殊教育相关服务人员进行专业合作时所需的技能和态度，如合作意识、专业效能感以及沟通和协调能力等。

1. 合作意识

加强合作是提升特殊儿童教育质量的重要途径，特殊教育教师、普通教育教师、社会工作者和其他特殊教育相关服务人员应当展开密切合作，根据特殊儿童需求确定教学目标，调整教学计划，确保特殊儿童获取尽可能多的学习资源。[④] 首先，对于特殊教育相关服务人员来说，积极寻求团队合作是非常有必要的。团队成员都应当认识到团队合作在计划和协调教学时所发挥的价值。其次，应当鼓励团队成员分享和讨论对有关问题或专业知识的看法，以便形成问题讨论的坚实框架，且有助于团队完善支持和合作方式，提高工作效率。

2. 专业效能感

专业能力是影响特殊教育教师和其他特殊教育相关服务人员合作关系的重要因素，专业知识的缺乏会导致团队无法形成紧密的合作。[⑤] 高专业效能感的教师表现出更多自我理解、自我接受、自我评价和自信等特质。当团队成员对自己的专业技能具有较强的信心时，他们通常会扮演更多参与性的角色。[⑥] 为了使团队成员间形成良好的合作关系，应注重特殊教育相关服务人员的职前和职后培训，包括多学科的培训课程及团队实践等方面内容。这不仅有利于发展他们的专业能力，提高专业效能感，也有助于团队成员了解彼此的专业领域，从而更好地将他们的专业知识应用到实践当中。

---

① Dettmer Peggy, Ann Knackendoffel and Linda P Thurston. *Collaboration, Consultation, and Teamwork for Students with Special Needs*, Upper Saddle River, NJ, Pearson, 2013, pp. 15-28.

② Westling D L, Fox L L and Carter E W, *Teaching Students with Severe Disabilities* (*5th Edition*), Pearson, 2014, pp. 101-123.

③ Snell M E and Janney R, *Collaborative Teaming*, 2nd ed, Baltimore, Paul H, Brookes Publishing Co., 2005, pp. 27-33.

④ 李欢、黄文桥：《美国特殊教育高影响力实践策略及其启示》，载《现代特殊教育》，2019(15)。

⑤ Brownell M T, Adams A and Sindelar P, et al., "Learning from Collaboration: The Role of Teacher Qualities", *Exceptional Children: Council for Exceptional Children*, 2006(72).

⑥ Sileo J M, "Co-teaching: Getting to Know Your Partner", *Teaching Exceptional Children*, 2011, 4(5).

3. 沟通和协调能力

特殊教育相关服务人员作为专业团队中的一员，在与其他教师和专业人员沟通合作的过程中，难免会出现一定的矛盾和误解，这就需要特殊教育相关服务人员具备一定的解决冲突的沟通和协调能力。在服务过程中，面对突发状况，各成员应当采用正向、积极的方式处理问题。在与团队成员沟通的过程中，每个人应尽量给予清晰明确的说明，确保能完整传达内容。而团队在合作过程中也应采取各类措施推进成员间的有效协作，更好地进行组织管理，如设置仲裁与调解程序、设立团队协调员等。

第四节
特殊教育相关服务管理及经费管理

一、服务管理

美国的特殊教育较为发达，本部分以美国为例，介绍其特殊教育相关服务管理的机构设置和人员组成。

(一)机构

美国是典型的三权分立国家，立法、行政与司法机构分别行使各自的权力。美国的教育行政体制分为联邦、州、地方三级，联邦教育行政机构为联邦教育部(Department of Education)，州教育行政机构有州教育委员会(State Board of Education)与州教育厅(State Department of Education)，地方教育学区行政机构有地方教育委员会(Local School Board)与地方教育局(Office of Superintendent)。

1. 联邦机构

美国宪法并没有规定联邦教育部对教育的权力，因此，联邦教育部对教育乃至特殊教育的实施一般通过制定教育资助政策、分配和监督资金使用、收集学校数据进行研究并公开研究结果等，在宏观层面对教育施加影响。联邦教育部下设特殊教育与康复服务办公室(Office of Special Education and Rehabilitative Services，OSERS)，主管特殊教育及其相关事宜。美国《残疾人教育法》规定特殊教育与康复服务办公室应设立特殊教育项目办公室(Office of Special Education Programs，OSEP)，作为管理与执行特殊儿童教育相关计划活动的主要机构，其职责是为各州和地方教育学区提供领导和财政支持。此外，特殊教育项目办公室主任应由联邦教育部部长选出，其直接向主管特殊教育与康复服务办公室的助理秘书(Assistant Secretary)汇报工作。除特殊教育项目办公室之外，特殊教育与康复服务办公室还设有助理部长办公室(Office of the Assistant Secretary，OAS)、康复服务管理局(Rehabilitation Services Administration，RSA)。美国《残疾人教育法》要求各州制订一份“州绩效计划”(State Performance Plan)，评估各州为实现《残疾人教育法》B部分的要求和目标所做的努力，并描述各州将如何改进该计划的实施。

2. 州机构

美国各州拥有对教育的主要决定权，州教育厅等机构负责执行州教育委员会的决策与相关法令。以纽约州为例，纽约州教育厅按照项目的类型设置了若干办公室，其中特殊教育办公室隶属于基础教育办公室。特殊教育办公室的职责有：监督为特殊儿童制定的联邦和州法律与政策的执行情况；为纽约州学前和学龄特殊儿童服务的所有公立和私立学校提供一般监督和监测；建立广泛的技术援助中心和特殊教育相关服务团队网络；与家长和学区直接合作，提供最新信息和高质量的专业发展与技术援助，以提高特殊儿童的成绩；确保建立包括特殊教育调解和公正听证会在内的正当程序体系；通过专员的特殊教育服务咨询小组(Commissioner's Advisory Panel)满足利益相关者要求。在州的水平上，不仅特殊教育办公室参与特殊教育相关服务的管理与执行，还有儿童与家庭服务办公室(Office of Children and Family Services，OCFS)、心理健康办公室(Office of Mental Health，OMH)、发展障碍人士办公室(Office for People with Developmental Disabilities，OPWDD)等参与其中。

儿童与家庭服务办公室直接资助各种社区服务项目，以改善儿童、家庭和弱势群体的生活，还负责管理纽约州盲人委员会(New York State Commission for the Blind，NYSCB)。纽约州盲人委员会以项目的形式为视觉障碍人士提供服务，如职业康复计划(Vocational Rehabilitation Program)、企业计划(Business Enterprise Program)、儿童计划(Children's Program)、转衔计划(Transition Program)、暑期娱乐计划(Summer Recreation Program)、设备贷款基金(Equipment Loan Fund)、独立生活计划(Independent Living Program)。[①] 此外，纽约州盲人委员会与许多视觉障碍机构、私人供应商、医生和弱视专家建立了合作伙伴关系。[②]

幼儿早期指导中心(The Early Childhood Direction Centers，ECDCs)为0～5岁的特殊儿童提供信息和转诊服务，并为家庭和学前服务提供者提供专业发展和技术援助，以提高学前特殊儿童的各项能力。其改善的目标领域是早期读写和沟通、社交情绪技

---

① Office of Children and Family Services，“New York State Commission for the Blind”，https://ocfs.ny.gov/main/cb/execbrd.asp，2019-05-26.

② Office of Children and Family Services，“何为 NYSCB?”，https://ocfs.ny.gov/main/publications/CH/PUB-4748-CH.pdf，2019-05-26.

能和积极行为。主要职责是协助服务提供者、学校地区及家庭，使特殊儿童的需要与现有的服务相匹配，提升各机构之间的协调服务、特殊教育调解服务质量等。[①] 纽约州发展障碍人士办公室负责纽约市发展障碍(包括智力残疾、脑瘫、唐氏综合征、孤独症谱系障碍及其他残疾)人士的服务管理。除直接服务模式外，还通过由大约 700 家非营利性服务机构(由发展障碍人士办公室认证并监管)组成的服务网络为残疾人士提供帮助，其中约有 80% 的服务来自私人非营利机构，20% 来自州政府运营的服务机构。各支持和服务项目，包括适应训练和临床服务等由医疗补助资助的长期护理服务，以及住宅支持和服务项目主要通过全州多家社区机构提供。[②] 发展障碍人士办公室在地方上设有 5 个发展障碍区域办公室(Developmental Disabilities Regional Offices)，协调和监督非营利性供应商提供的服务。发展障碍人士办公室还设有 6 个以地区为基础的州运营办公室(State Operations Offices)，负责管理纽约州政府直接运营的服务。此外，发展障碍人士办公室还与护理协调组织(Care Coordination Organizations)合作，共同支持人们制订和推行服务计划。[③]

(二)人员

纽约州团队设立了区域团队(Regional Team)。当确定服务对象后，区域团队就会举行会议。每个团队与 50 多名特殊儿童合作，协助确定特殊儿童的目标和发展期望；获得必要的支持；修改特殊儿童的教育计划，使之融入他们所在社区的生活、学习和工作；帮助特殊儿童获得工作经验和就业。州团队通过处理系统问题和提供技术援助的方式向区域团队提供支持，如培训区域团队成员、向学校提供技术援助和支持政策、组建新团队等。[④]

纽约州盲人委员会设置了特殊儿童顾问。特殊儿童顾问帮助家庭制订计划，以满足特殊儿童的需要。该计划包括家庭、社区、私人康复机构提供的服务内容。具体而言，家长在纽约州盲人委员会申请服务后，特殊儿童顾问会与其进行初次面谈。特殊儿童顾问将与家庭合作，制订一个符合特殊儿童需求的个性化计划，以补充学区所提

---

① Prekindergarten through Grade 12 Education,“Early Childhood and School-Age Family and Community Engagement Centers”, http://www.p12.nysed.gov/compcontracts/19-025-special-ed-family-engagement/nysed-rfp-19-025-qa.pdf, 2019-05-26.

② Office for People With Developmental Disabilities,“关于 OPWDD”, https://opwdd.ny.gov/resources/language-access/translated/chinese/about-opwdd#, 2019-05-26.

③ Office for People with Developmental Disabilities, “Front Door: Access to Services”, https://www.google.com.hk/url?sa=t&source=web&rct=j&url=https://opwdd.ny.gov/access-services-booklet&ved=2ahUKEwjQo4zNt-LvAhVOfXAKHfeoBJIQFjABegQIBBAC&usg=AOvVaw12HcRFhBS24Z4_kmPQ9uZF, 2021-04-02.

④ Office of Children and Family Services,“Vocational Rehabilitation Services for Transition Age Youth(14-21)”, https://ocfs.ny.gov/main/cb/transition.asp, 2019-05-26.

供的服务。特殊儿童顾问可以协助家庭获得专业评估与视觉障碍服务、教育咨询服务、娱乐计划、家庭咨询和指导、社区资源和法律权利信息、维权服务以及成年期职业过渡计划。

二、经费管理

(一)国外特殊教育相关服务经费的管理

美国作为特殊教育最为发达的国家之一，其特殊教育及特殊教育相关服务的经费投入机制经过长时间的探索，已形成规范化的运作模式。[①] 以下主要从经费的估算与分配、经费的监督和经费的划拨时间三方面介绍美国特殊教育相关服务经费的管理。

1. 经费的估算与分配

美国的教育财政拨款分为三级管理体制，由上至下为联邦、州和地方。政府财政预算是美国特殊教育经费的来源主体，其中大部分来自州和地方财政，少部分来自联邦政府补助，前者约占 90%，后者约占 8%～10%，其中州和地方约各占一半。在有些地区，州约占 40%，地方约占 25%，还有私人捐助约占 27%。[②] 在美国体制下，联邦政府并不具备直接管理教育的权力，但其往往通过制定法律和财政拨款等方式对教育进行资助，使得联邦政府能在宏观上对特殊教育进行管理和引导。按照美国 2004 年修订的《障碍者教育促进法》B 部分的规定，国会应每年向各州拨付经费，以协助各州依据该法的要求，为特殊儿童和青少年提供特殊教育及其相关服务。按照补助经费的类型划分，可分为基本拨款经费(state formula grands)及竞争性经费(discretionary grants)。[③]

基本拨款经费依据规定的拨款公式，计算出各州可获得的补助金额。该部分补助金用于为 3～21 岁的特殊儿童和青少年(以下将该法涉及的 3～21 岁人群统称为儿童)提供免费、适当的教育，以及扩大或补充特殊教育及其相关服务，包括为当前接受教育服务的特殊儿童提供职业教育服务。3～21 岁特殊儿童公立教育补助经费的分配方式如下：首先，每个州分配的数额等于它在 1999 财政年度收到的数额，即要确保每个州至少获得基本年(1999 年)的拨款额度。其次，根据以下两种情况计算各州的拨款金额：①本财政年度可分配给各州的拨款金额大于或等于上一年的可用金额，或②本年度的可分配拨款金额少于前一年的可用金额。具体而言，第一，联邦可拨给各州的金额与上一年相比增加或保持不变，则拨款增加额的 85%将根据该州 3～21 岁普通儿童的数量

---

① 傅王倩、陆莎、肖非：《美国特殊教育经费投入机制述评》，载《中国特殊教育》，2016(8)。
② 朴永馨：《世界教育大系——特殊教育》，258 页，长春，吉林教育出版社，2000。
③ 苏雪云、朱霖丽、汪海萍：《美国特殊教育联邦公共财政投入研究》，载《中国特殊教育》，2017(4)。

分配，剩下15%的资金根据该州相同年龄范围内贫困儿童的数量分配。① 即每个州的初始拨款金额为以下三部分因素的总和：1999财政年度的基本年拨款、各州基于普通儿童的增加份额和基于贫困儿童的增加份额。各州基于普通儿童的增加份额是用该州儿童的总数除以全美3～21岁的儿童总数来计算的；各州基于贫困儿童的增加份额是用该州贫困儿童的总数除以全美贫困儿童人口的总数计算出来的，具体计算过程如式(3-1)至式(3-5)所示。每个州的初始拨款金额计算完毕，就可以根据每个州的最低或最高拨款金额水平进行调整。如果一个州根据拨款公式所计算出的初始拨款金额不到最低或超出最高拨款金额，那么各州的初始拨款金额要么增高至与其最低限额相同，要么降低到与其最高限额相同。第二，如果当年联邦的可拨金额低于上一财政年度的拨款金额，但高于1999财政年度的拨款金额，则使用单一计算方法。首先，计算上一年度联邦向各州提供的拨款增加额，将前一年所有州获得的增加额进行合计后，形成上一年度联邦拨款增加总额，接着按照比例计算各州本年度的拨款数额。各州的最终拨款金额即为该州1999财政年度获得的补助金额加上该州本年度按比例减少的拨款金额，具体如式(3-6)至式(3-9)所示。②

可拨款金额增加或不变时所用计算公式：

$$\text{普通儿童分配份额}=\frac{\text{各州普通儿童总数}}{\text{全美普通儿童总数}} \tag{3-1}$$

$$\text{贫困儿童分配份额}=\frac{\text{各州贫困儿童总数}}{\text{全美普通儿童总数}} \tag{3-2}$$

$$\text{普通儿童拨款额}=85\%\times\text{拨款增加总额}\times\text{普通儿童分配份额} \tag{3-3}$$

$$\text{贫困儿童拨款额}=15\%\times\text{拨款增加总额}\times\text{贫困儿童分配份额} \tag{3-4}$$

$$\text{初始拨款总额}=\text{基本年拨款总额}+\text{普通儿童拨款额}+\text{贫困儿童拨款额} \tag{3-5}$$

可拨款金额减少时所用计算公式：

$$\text{拨款增加额}_{(\text{上一年度})}=\text{拨款额}_{(\text{上一年度})}-\text{基本年拨款额} \tag{3-6}$$

$$\text{拨款增加额}_{(\text{本年度})}=\text{拨款额}_{(\text{本年度})}-\text{基本年拨款额} \tag{3-7}$$

$$\text{拨款额}_{(\text{本年度})}=\frac{\text{拨款增加额}_{(\text{上一年度})}}{\text{拨款增加总额}_{(\text{上一年度})}}\times\text{拨款增加额}_{(\text{本年度})} \tag{3-8}$$

$$\text{拨款总额}=\text{基本年拨款总额}+\text{拨款额}_{(\text{本年度})} \tag{3-9}$$

竞争性经费是由美国联邦教育部提供的，各州通过竞争性程序获得的补助经费。联邦教育部下属的特殊教育项目办公室向州教育局、高等教育机构和其他非营利性组

① US Department of Education U. S.，"Department of Education. Special Education-Grants to States"，https：//www2. ed. gov/programs/osepgts/index. html，2019-05-26.

② EveryCRSReport. com，"The Individuals with Disabilities Education Act (IDEA) Funding：A Primer"，https：//www2. ed. gov/programs/osepgts/index. html，2019-05-26.

织提供竞争性补助金，以支持辅助技术和项目推广、技术和资源服务、州专业人员发展、数据收集和家长信息中心的建立。特殊教育项目办公室通过一个常设小组，使用正式的同行评审程序对所有申请进行评审。竞争性经费主要用于改革和完善各州在早期干预、教育和转衔服务方面的人力储备和专业发展制度，包括为特殊教育教师、普通教育教师、校长、行政人员、特殊教育相关服务人员和早期干预人员提供人力储备和发展。① 竞争性经费的申请流程如下：首先由各州的教育部门或机构向特殊教育项目办公室提出申请，接着常设评审委员会的评审人员根据立法和监管的要求，以及各项目制定并公布的选择标准，对申请进行评分，最后根据评分选择出可获得补助金的部门或机构。②

2. 经费的监督

在美国，经费拨款计划是伴随着特殊教育法令的颁布产生的。正是这种强大的政府财政支持，才使得美国的特殊教育计划一般都能实现。美国的特殊教育法律规定，拨款经费要用于为特殊儿童提供特殊教育及其相关服务，并且在预算中明确规定特殊教育各个部分所占经费的具体数目。如果各州的经费使用不符合《残疾人教育法》的要求，则联邦有权减少对其经费的拨款。可以看出，联邦对各州经费的拨出具有控制权，联邦政府通过财政拨款对地方形成引导和限制。只有州政府执行特殊教育相关法规，联邦政府才会给予财政资助。但值得注意的是，州和地方机构不是简单地使用联邦经费来从事特殊教育事业，联邦政府的拨款是补充而不是取代地方政府的财政拨款。③

3. 经费的划拨时间

美国《残疾人教育法》的财政年度是指从当年 7 月 1 日至次年 9 月 30 日，结转期可相应延长 12 个月。地方教育部门的拨款授予期结束于次年的 9 月 30 日，即到次年的 9 月 30 日为止，可以使用该年度的财政拨款。最终报告必须显示整个财政年度期间支出的经费，即当年 7 月 1 日起到次年 6 月 30 日的审计金额。所有经费必须在年度审计结束前承付，并在审计结束后 90 天内结清。如果当地教育部门的支出与最终报告中的初始预期支出相冲突，则当地教育部门应联系项目协调员，以确定如何更正此错误或其他任何错误。另外，根据美国《残疾人教育法》修正案的规定，下发的经费在未来 12 个月仍可继续使用，即结转期可延长 12 个月。当地教育部门必须在初始年度的 9 月 30 日前完成最终支出报告，并注明要结转的金额，说明该财政年度期间未支出这部分经费的原因。一旦经费管理办公室（Office of Grants Management，OGM）批准，这些经费

① EveryCRSReport. com，“The Individuals with Disabilities Education Act（IDEA）Funding：A Primer”，https：//www2. ed. gov/programs/osepgts/index. html，2019-05-26.

② IDEA，“Discretionary Grants”，https：//sites. ed. gov/idea/discretionary-grants/，2019-05-26.

③ 谢敬仁、钱丽霞、杨希洁等：《国外特殊教育经费投入和使用及其对我国特殊教育发展的启示》，载《中国特殊教育》，2009(6)；傅王倩、陆莎、肖非：《美国特殊教育经费投入机制述评》，载《中国特殊教育》，2016(8)。

将转入下一个财政年度继续使用。[①]

(二)国内特殊教育相关服务经费的管理

我国2021年由财政部和教育部印发的《特殊教育补助资金管理办法》对特殊教育补助资金的管理、支持内容、计算方法和执行时间做出了相应的规定，明确提出“补助资金主要用于以下方面：(一)支持特殊教育学校改善办学条件(不含新建)，配备特殊教育专用设备设施和仪器；对特殊教育学校和随班就读学生较多的普通学校进行无障碍设施改造。(二)支持承担特殊教育资源中心(含孤独症儿童教育中心)职能的学校和设置特殊教育资源教室的普通学校配置必要的设施设备。(三)支持向重度残疾学生接受义务教育提供送教上门服务，为送教上门的教师提供必要的交通补助；支持普通中小学校创设融合校园文化环境，推进融合教育”。这体现了我国对特殊教育及其相关服务的重视。相关的经费政策也为其发展提供了保障机制，具有一定先进性。

第五节
特殊教育相关服务典型案例

一、国外特殊教育相关服务的实施现状

1975年美国《所有残疾儿童教育法》规定，所有残疾儿童都必须获得免费的公立教育以及特殊教育相关服务以满足其教育需要，相关服务的内容必须纳入残疾儿童的个别化教育计划。特殊教育相关服务逐渐被重视，但也有一个由迷茫到清晰的转变，例如，特殊教育相关服务内容的明确。欧文独立学区诉塔特罗案就是一个例子。案件的主人公安布尔是一位先天脊柱裂儿童。她希望获得上学所需要的特殊教育相关服务，即希望学校为其提供导尿管。而学校认为导尿管插入术是学校职责之外的医疗服务。但安布尔坚持认为导尿是其进入公立学校的唯一障碍，如果学校不为她提供相关的服务，那么她无法维持学校学习，并且这有违提供最少受限制环境的原则。案件最终由美国最高法院判决。最高法院判决将卫生保健服务归入特殊教育相关服务，并制定了一项标准，即当一项服务是必要的，而且这项服务可以由非医生这类专业人士提供，

---

① The Creat Seal of The State of New Jersey，“Individuals with Disabilities Education Improvement Act Part B”，http：//www. state. nj. us/education/arra/se/IDEA _ Guidelines. pdf，2019-05-26.

那么学校必须提供这项服务。该诉讼案件使得“公立学校必须向学生提供进入学校学习所需要的相关服务”这一规定更加明确。

美国特殊教育相关服务在法案修订及诉讼案件的推动过程中不断完善发展。可以看出，美国特殊教育相关服务的发展过程也是特殊教育从形式平等到实质平等的过程，是从所有特殊儿童获得教育安置到所有特殊儿童享有符合自身需要的高质量特殊教育的过程。① 美国特殊教育相关服务的发展具有以下特点：首先是法律体系完备，从1975年《所有残疾儿童教育法》到2015年《让每一个孩子成功法案》(Every Student Succeeds Act，ESSA)，形成了一套保障特殊教育及其相关服务顺利落实的法律保障体系。其次是一切以特殊儿童的服务需求为宗旨，着重提高特殊教育相关服务人员的资质，确保服务质量。再次是有具体细致的特殊教育相关服务内容，涵盖了特殊儿童从出生到成年的需要，也包括从教育康复到生活娱乐等方面的支持服务。最后是政府投入大量经费支持特殊教育相关服务的发展，同时采取积极措施筹措社会资金，为特殊教育相关服务提供经费保障。例如，政府投入大量资金支持高校的特殊教育人才培养，包括跨学科及不同学历层次人员的培养，从而为早期干预及特殊教育相关服务的实施培养了丰富的后备人才。②

二、国内特殊教育相关服务的实施现状

近年来我国通过学习和借鉴优秀经验，在特殊教育领域已引进了语言治疗、动作治疗、作业治疗、音乐治疗、美术治疗和游戏治疗等特殊教育相关服务，同时也注重辅助技术的开发及特殊教育相关服务人员的培养，形成了一支特殊教育相关服务队伍。特殊教育相关服务已经进入特殊教育一线，例如，在特殊教育学校，针对特殊儿童的需要提供了言语训练、动作训练、职业训练等一系列的服务，部分特殊学校的特殊教育相关服务内容还包括特殊儿童心理辅导、艺术治疗和游戏治疗，以及科技辅具的运用。另外，高等特殊教育专业也开设了相关课程，为培养特殊教育相关服务人员打下了基础。

然而，我国在特殊教育相关服务实施的过程中也面临着诸多困难和问题。第一，缺乏相应法律保障。我国现行特殊教育政策法律中尚无“特殊教育相关服务”的概念，关于服务内容虽有所涉及但分散在多部政策法律中，如康复训练、早期干预等，缺乏

---

① 叶元：《美国特殊教育相关服务》，硕士学位论文，华东师范大学，2011。

② IDEA，“2018 Annual Report to Congress on the Individuals with Disabilities Education Act”，https://sites.ed.gov/idea/2018-annual-report-to-congress-on-the-individuals-with-disabilities-education-act/#Ages-6-12-Part-B，2019-05-26.

全面性和具体性。这种概念性的缺失可能造成对特殊教育相关服务认识与实践的偏差。① 第二，专业人员欠缺。特殊教育相关服务人员的需求量大，不同教育阶段的特殊教育相关服务需要不同，不同障碍类型和障碍程度的特殊儿童的需求也存在差异，导致特殊教育相关服务无法满足所有特殊儿童的需要。第三，经费不足。尽管近年来我国对特殊教育的关注度持续增加，特殊教育经费投入总额呈持续增长趋势，但特殊教育经费投入占国家整体教育经费投入比重仍较少，仅占国家总教育经费的0.33%左右②，使特殊教育相关服务的质量无法得到保障。第四，特殊教育相关服务人员间缺乏必要的合作。制度上或运作上缺乏沟通机制，导致专业人员间缺乏必要的协调和沟通。针对以上问题，我国应加大对特殊教育相关服务的支持力度，通过法律制度引导、经费投入和体制机制建设，使特殊儿童能够接受更好的特殊教育相关服务，提高特殊教育的质量。

本章小结

本章从特殊教育相关服务对象、服务流程、服务模式、服务管理及经费管理四个方面进行阐述。特殊教育相关服务的对象即有特殊教育需求的儿童，目前我国多以1990年通过、2008年修订、2018年修正的《中华人民共和国残疾人保障法》规定的视力残疾、听力残疾、言语残疾、肢体残疾、智力残疾、精神残疾、多重残疾和其他残疾者为服务对象。服务流程包括申请或转介、评估与鉴定、制订个别化教育计划、安置、提供教学服务和评估结果6个阶段。特殊教育相关服务模式分为多学科合作模式、学科间合作模式和跨学科合作模式三种。国际特殊教育及相关服务管理和经费投入机制经过长时间的探索，已形成规范化的运作模式。

复习思考题

一、单项选择题

1. 特殊教育相关服务实施的流程主要包括申请或转介、评估与鉴定、(　　)、安置、提供教学服务、评估结果。

A. 提交特殊需求转介资料　　B. 制订个别化教育计划

---

① 叶元：《美国特殊教育相关服务》，硕士学位论文，华东师范大学，2011。

② 中华人民共和国国家统计局：《教育经费年度数据》，http://data.stats.gov.cn/easyquery.htm?cn=C01，2019-05-26。

C. 鉴定辅导委员会复审　　　　D. 特殊教育资格认证

2. 特殊教育相关服务人员提供专业服务的方式主要有直接服务、间接服务、(　　)。

A. 咨询服务　　B. 家庭服务　　C. 同行咨询　　D. 教学辅导

3. 特殊教育相关服务团队合作的模式主要有多学科合作模式、(　　)、跨学科合作模式。

A. 以教师为主的合作模式　　　　B. 单学科团队模式

C. 团队合作模式　　　　D. 学科间合作模式

二、简答题

1. 制订特殊儿童的个别化教育计划的主要参与人员有哪些?

2. 特殊教育相关服务学科人员提供高质量的间接服务所需要的条件有哪些?

三、论述题

请结合你的理解，分析和比较几种特殊教育相关服务团队合作模式的特点及其差异。

第四章

特殊教育相关服务内容及其标准

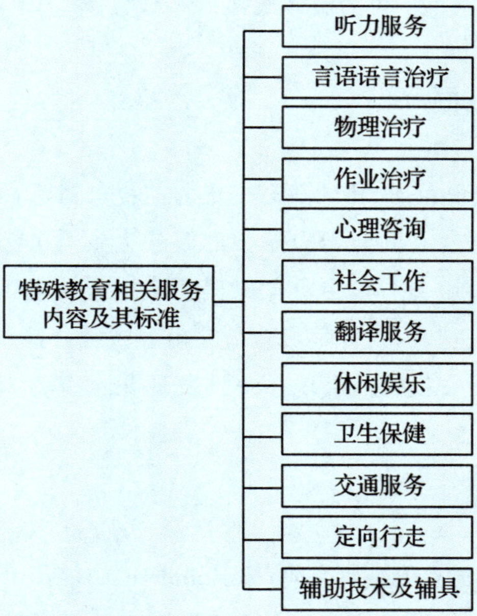

特殊教育是国民教育体系的一个重要组成部分，是面向所有特殊儿童的教育。由于服务对象的特殊性、复杂性以及特殊教育本身与教育学、心理学、医学等学科的密切关系，特殊教育相关服务也具有复杂性。本章通过介绍与特殊教育相关的 12 项服务的基本服务内容、常见干预策略等，比较清晰地展现特殊教育相关服务的全貌。学习本章，重点在于掌握各服务项目中的内容和常见干预策略，通过识记各种标准来体会特殊教育相关服务的合理性。学完本章，应掌握各项特殊教育相关服务的内容及常见干预策略，了解各项服务的评估标准，逐步形成关心特殊教育、关爱特殊教育需要人群的态度。

第一节 听力服务

特殊教育相关服务的主要目标是及早识别有特殊教育需要的儿童，为他们提供辅导服务，并防止轻微问题变严重。我国 2006 年第二次残疾人抽样调查显示，听力残疾人数居所有残疾的第二位(第一位为肢体残疾)，因此，听觉康复工作尤为重要。

一、服务内容与范围

正常的听力是人进行语言学习与言语交流的前提，对人的心理发展与社会活动具有不可替代的作用。我国现有的与听力相关的服务大致可分为两类，一类是诊断评估服务，另一类是教育康复服务。很多听觉障碍儿童由于缺乏语言刺激，在语言发展最关键的 0～3 岁不能建立正常的语言学习，最终由聋致哑，甚至引发其他心理、行为问题。因此，应尽早预防听力损失的出现，一旦发现儿童有听力损失，应尽快进行早期干预和治疗。

(一)诊断评估

早在 1993 年，美国国立卫生研究院(National Institues of Health，NIH)即发表了《婴幼儿耳聋的早期诊断》，提出所有适龄儿童均需接受听力检查。这一方法取代了传统的高危因素筛查法。我国 1994 年颁布的《中华人民共和国母婴保健法》也指出，要在全国逐步开展新生儿听力筛查。2009 年原卫生部《新生儿疾病筛查管理办法》正式施行。该办法规定听觉障碍为全国新生儿疾病筛查病种之一，还规定新生儿听力筛查的程序包括初筛、复筛、阳性病例确诊和治疗。

1. 初筛

初筛是对所有活产的新生儿在住院期间进行的听力筛查。对于正常生产的新生儿，应在 48 小时内进行听力筛查。[①] 由于新生儿不能够与筛查者进行交互反应，因此新生儿的听力筛查通常使用电生理测听的方法，如耳声发射(OAE)、听性脑干反应(ABR)、中耳功能测试等。

耳声发射：包括瞬态诱发性耳声发射(TEOAE)和畸变产物耳声发射(DPOAE)。瞬态诱发性耳声发射通过标准为：两套缓冲存储器中的信号重复率(reproducibility)≥50%，总反应能量(response)≥5 dB SPL、0.8 kHz、1.6 kHz、2.4 kHz、3.2 kHz 和 4.0 kHz 五个半倍频分析频率中三个以上频率的信噪比≥3 dB。畸变产物耳声发射通过标准为：f2 测试频率对应的 DPOAE 与该测试频率本底噪声 f1 的信噪比(SNR)≥3 dB，f2 测试频率对应的反应信号 DPOAE 的潜伏期≥2.5 ms；DPOAE 增长函数的斜率≤2。[②]

听性脑干反应：由一系列发生于声刺激后 10 ms 以内的波组成，完全记录共 7 个波，分别以罗马数字Ⅰ～Ⅶ命名，各波均为颅顶正向，其中主要成分为Ⅰ～Ⅴ波，而以Ⅰ，Ⅲ，Ⅴ波最可靠。[③] 一般以Ⅴ波反应阈 35 dB nHL 作为是否有听力损伤的标准。听性脑干反应的阈值通常与其他检查结果共同进行。

中耳功能测试：常以鼓室导纳曲线来判断中耳鼓室的压力。当鼓室导纳曲线位于−100～100 daPa 时，图为 A 型，显示中耳鼓室压力和中耳功能为正常范围。

普通产科病房的新生儿按照图 4-1 的筛查方案进行听力筛查即可；对于监护病房中的新生儿，由于其患病率要比普通病房高，因此若初筛未通过，可直接进入诊断程序，以提高筛查效率，尽早为患儿提供合理的治疗和康复方案，也为患儿家属节省时间和费用。

2. 复筛

初筛结果为“未通过”的新生儿中，部分可能是耳道耵聍、羊水或其他异物以及中耳腔积液导致的。随着异物的吸收或排出，婴儿听力可能会恢复正常，因此初筛未通过的婴儿应在出生后 42 天左右进行复筛。

复筛，是指对所有未通过初筛的婴儿在出生后 42 天左右进行听力复查。方法仍为电生理测听。

3. 诊断

对于未通过复筛或虽通过复筛，但医生判断仍存在听力或言语语言发育问题的婴

---

① 王秋菊、孙喜斌、黄丽辉：《新生儿听力及基因联合筛查 330 问》，21 页，北京，人民军医出版社，2013。
② 沈晓明、卜行宽、吴皓等：《新生儿听力筛查》，197～198 页，北京，人民卫生出版社，2014。
③ 韩德民、许时昂：《听力学基础与临床》，343 页，北京，科学技术文献出版社，2004。

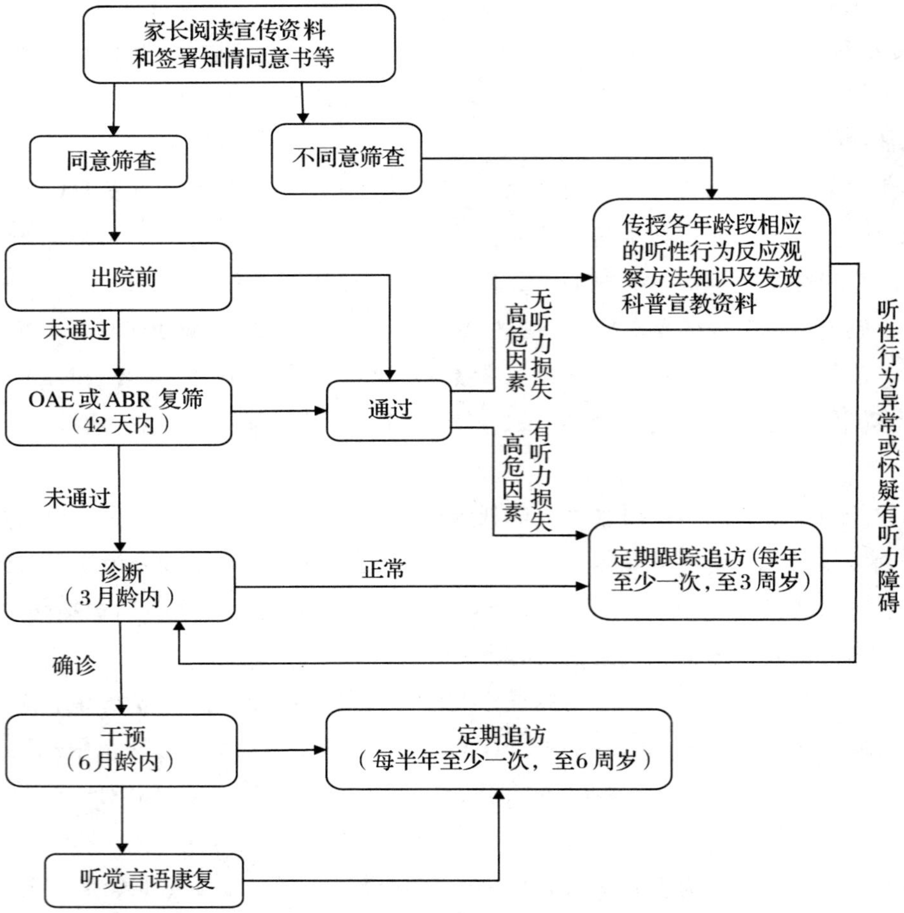

图 4-1　新生儿听力筛查方案①

儿，应在 3 个月内到儿童听力诊断中心接受听力学的诊断评估。婴幼儿的听力学诊断评估一般以客观听力学检查结果为主，以听觉行为测试作为辅助验证。听力损失的程度用平均听阈来界定，平均听阈指个体在 500 Hz、1000 Hz、2000 Hz 和 4000 Hz 这四个频率上的测听结果的平均值。将测得的听阈与中国残疾人抽样调查标准或世界卫生组织（WHO）的听力残疾评定标准相比较，如表 4-1 所示，便可知患者的听力损失级别。

① 沈晓明、卜行宽、吴皓等：《新生儿听力筛查》，197～198 页，北京，人民卫生出版社，2014。

表 4-1　听力残疾分级标准

中国残疾人抽样调查标准		WHO(1997 年)标准	
级别	平均听力损失(较好耳)/dB HL	级别	平均听力损失/dB HL
一级	≥91	4 级(极重度)	≥81
二级	81～90	3 级(重度)	61～80
三级	61～80	2 级(中度)	41～60
四级	41～60	1 级(轻度)	26～40

上述初筛、复筛所使用的电生理测听属于客观的听力学检查方法，不需要婴幼儿的主动配合，是一种客观、敏感、快速、无创的听力检测方法，但其结果仅反映婴幼儿耳蜗或神经至脑干的发育情况，无法反映声音经过听觉感受器、周围听神经、中枢神经系统的听觉脑干、听觉皮质和皮质的整合以及传出神经效应器等过程①，而主观的听力测试方法能够反映后者，因此，主观测听方法在儿童听力检测中具有不可替代的作用。

主观测听方法有很多，常见的有听性反射、听觉行为反应、视觉强化测听、游戏测听、纯音测听及言语测听等。不同的测听方法各有其适用年龄。

听性反射适用于 0～3 个月的婴儿。这一时期婴儿对声音刺激的反应多属于非条件反射，如惊跳反射、睁眼、眨眼等。

听觉行为反应适用于 4～6 个月的婴儿。这一时期婴儿已经建立起自主意识，能够对给声刺激产生主动反应。

听性反射及听觉行为反应的测听方法均需测试者和诱导观察者共同配合完成测试。此外，不同阶段婴幼儿对声音刺激的反应能力不同，父母可根据表 4-2 中所列的不同年龄段婴幼儿的听觉行为表现来大致了解其听觉发展情况。

表 4-2　婴幼儿各年龄段听觉行为表现

月(年)龄	行为表现
1 个月	眨眼，惊醒，听到声音停止动作。
2 个月	跟他讲话有反应，睡觉时听到大声音能醒，对突如其来的声音能有所觉察，如静下来、不笑不动等。
3 个月	开始能侧耳听声，对不同的声音有不同的表情，眼睛与头部有偏向声音的定位意识。

① 王秋菊、孙喜斌、黄丽辉：《新生儿听力及基因联合筛查 330 问》，29～82 页，北京，人民军医出版社，2013。

续表

月(年)龄	行为表现
3～4 个月	头能开始转向声源方向(4 个月开始)；两眼能转到同一方向。
4～5 个月	叫他时有反应，能够辨别出母亲的声音。
5～6 个月	头能轻快地转向声源。
6～7 个月	在电视机换节目时有反应，如静下来眨眼睛等。
7～8 个月	对动物的叫声开始有反应，能注意到雨声、车声；能听懂一些话，如说“再见”时，他能挥手等。
9～12 个月	会叫“妈妈”，头能转向下面或侧面寻找声源；对他唱歌，他会手舞足蹈。
1～1.5 岁	能按照成人简单的指示行动。当成人说孩子身上的某些部位如“头”“鼻子”“小嘴”等名称时，他会指点。
1.5～2 岁	会说一些话，并能自如地转头寻找声源。
2～3 岁	能明白物品功能，能听懂许多指令，如跳、吃、戴帽子等。2 岁以上孩子的听力水平接近成年人，语言能力发展较快。

视觉强化测听适用于 7 个月～2.5 岁的婴幼儿，视觉强化测听是通过对婴幼儿声光刺激建立条件反射后，以视觉刺激物作为强化手段，观察婴幼儿对声音反应的一种听力测试方法。① 通过视觉强化物对婴幼儿进行奖励，最后使婴幼儿仍然能够将头转向不具有吸引力的声源方向。

游戏测听需要幼儿配合，要求幼儿具有一定的自主操作能力，适用于 2.5～5 岁的幼儿。方法是让受试幼儿参与一个简单有趣的游戏，教会幼儿对所给的刺激声做出明确可靠的反应。幼儿必须能理解和执行这项游戏，并且在行为反应之前可以等待刺激声的出现，从而获得幼儿每侧耳各频率的气导和骨导听力阈值。②

纯音测听适用于 5 岁以上的幼儿，是指在安静环境下，采用不同频率的纯音测试受试耳的听阈。纯音测听包括气导听阈测试和骨导听阈测试两种，一般先进行气导听阈测试，再进行骨导听阈测试；必要时，还需在进行骨导听阈测试时，对较好耳进行掩蔽处理。

言语测听是指用言语信号作为声音刺激来评价受试者的言语识别阈的方法。由于不同儿童语言发展水平不同，因此不同年龄阶段的儿童采用的言语信号内容也不同，具体测试方法为听声识图或听说复述。

此外，部分地区在婚检时即提供免费的遗传性耳聋基因筛查服务。例如，山东省威海市对具有威海市户籍的孕妇或丈夫为威海市户籍的孕妇提供免费的耳聋基因筛查，

---

① 孙喜斌：《视觉强化测听法》，载《中国听力语言康复科学杂志》，2004(5)。

② 刘莎、董瑞娟：《小儿行为测听(7)》，载《听力学及言语疾病杂志》，2017(5)。

共包括 4 个基因 20 个位点的分型检测，防止致残基因携带者的失误生产。

4. 干预治疗

所有被诊断为听觉障碍的婴儿，都应在 6 月龄内接受治疗或干预服务，如验配助听器、植入人工耳蜗等。通常，听力损失在 80 dB HL 以上的患儿，应植入人工耳蜗。但由于个体的差异，可能有部分婴幼儿不适合植入人工耳蜗或预计植入后成功率较低。这部分婴幼儿可先佩戴助听器，养成良好的听觉习惯，适应听觉环境，待时机成熟后再植入人工耳蜗。

(二)听力补偿

儿童早期听力筛查、诊断的目的在于了解其听力发育情况，帮助儿童尽可能地补偿听力，发展残余听力。听力补偿的方法有佩戴气导助听器或骨导助听器，植入人工耳蜗或人工中耳，使用其他听觉辅助设备，等等。

1. 助听器

助听器是电声放大器，它通过将声音放大，使听觉障碍患者听到声音。助听器的验配流程如图 4-2 所示。

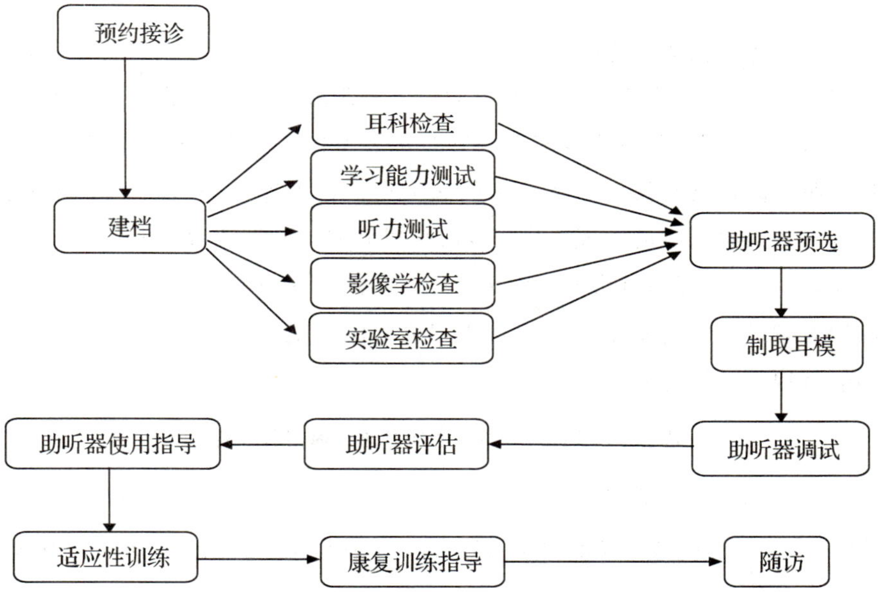

图 4-2　助听器验配流程

大多数听觉障碍患者佩戴的是气导助听器，如盒式助听器、耳背式助听器、耳内式助听器，其中耳内式助听器又分为耳甲腔式助听器、耳道式助听器、深耳道式助听器。耳背式助听器、耳内式助听器体积小、失真少，是较常见的助听器类型。骨导助听器适用于不能配戴气导助听器的患者，如外耳道闭锁患者。

2. 人工耳蜗

人工耳蜗是植入到耳蜗中的声—电转换装置。它绕过受损的听觉毛细胞，将声音直接转换成电信号，刺激听神经而产生听觉。人工耳蜗植入的最佳年龄为 12 个月至 5 岁。随着植入技术的进步，部分经验丰富的医院对最低年龄的限制降为 6 个月，但并不是所有听觉障碍患者都适合植入人工耳蜗。人工耳蜗术前需要进行医学评估、听力学评估及心理或康复评估，无禁忌证者才可进行植入手术。

3. 人工中耳

人工中耳是将声波转化为机械振动，直接振动听骨以有效刺激内耳、听神经和中枢的可植入体内的一种微型助听设备。目前人工中耳主要在传统助听器无法满足患者听觉需要的情况下，用于感音神经性听力损失的成年患者，且要求患者的耳蜗能够发挥一定功能。

其他类型的听觉辅助设备主要指声音增益系统、电视辅助系统、电话辅助系统及警觉信号系统等，通过放大声音、将声音转换成其他信号等形式，帮助听觉障碍患者与人沟通。

(三)听觉康复

当听觉障碍患者接受合适的听力补偿后，应及早进行听觉康复训练。《特殊教育提升计划(2017—2020 年)》提到，义务教育阶段的特殊教育学校每年生均公用经费不低于 6 000 元，同时支持特殊教育学校和有条件的儿童福利机构增设附属幼儿园。学校或康复中心应为听觉障碍儿童提供听觉相关的康复训练，为家长提供教导儿童的意见和专业支持，并注意观察儿童的心理变化，及时提供必要的心理教育服务。

听觉能力的发展包括听觉察知、听觉分辨、听觉识别、听觉理解四个阶段(见表 4-3)。对听觉障碍儿童进行听觉康复训练前，要知道其听觉能力发展处于哪个阶段，以便有针对性地制订康复训练计划。

表 4-3　听觉能力四个发展阶段的内涵和作用①

发展阶段	阶段内涵	阶段作用
听觉察知	感知声音的有无，有意识地聆听声音。	提高听觉反应速度，增强听觉敏感性。
听觉分辨	判断声音的异同，区分不同的声音。	大脑真正认识声音的开始，学会比较。
听觉识别	指出已知的声音，明确声音的特性。	分析细节的差异，并整合为总体的特征。
听觉理解	实现音义的结合，形成声音的概念。	听、视觉与触觉、嗅觉等能力的整合。

① 刘巧云：《听觉康复的原理与方法》，3 页，上海，华东师范大学出版社，2011。

听觉察知能力评估主要考察儿童对低频、中频、高频的乐器声和滤波复合音的无意察知，还有对林氏五音、不同频率的啭音的有意察知。听觉分辨能力评估包括时长分辨、语速分辨、强度分辨、频率分辨四项内容。听觉识别能力评估分为语音均衡式识别能力评估和音位对比式识别能力评估，二者均通过词表来考查儿童对声母、韵母的听觉识别能力。听觉理解能力评估考查儿童对单条件词语、双条件词语、三条件词语的理解。

“十一五”期间，中央财政投入专项资金，每年为500名儿童免费配备助听器(2个)，为1 500名儿童免费植入人工耳蜗；“十二五”期间加大资金投入，共为18 000名儿童免费配备助听器(2个)，为近19 000名儿童免费植入人工耳蜗。“十三五”期间提出残疾人的精准康复，其中，听力残疾精准康复服务的对象分为0～6岁儿童、7～17岁儿童及成人三大部分，共包括7大项服务内容，例如，为0～6岁儿童提供人工耳蜗手术、辅助器具适配及服务、听觉言语功能训练及支持性服务，为7～17岁儿童提供辅助器具适配及适应性训练和支持性服务，为成人提供辅助器具适配及适应性训练。①

二、转介标准

教育康复是一个动态变化的过程，当现有教育、康复环境不适合特殊儿童发展时，便可提出转介申请。学校或中心为特殊儿童的家长提供有关教育安置的专业意见，根据个别需要、专业人士的评估和建议，以及家长的意愿，转介儿童入读合适的学校。转介评估的项目包括语言发展状况、学业发展水平、社会交往能力、生活自理能力、运动能力等。

对于听觉障碍儿童来说，听力得到补偿后，经过合理的听觉、语言康复训练，可进行助听器效果评估，以便了解该儿童配戴助听器后的听力状况。日常语言理解、沟通交流能力不存在明显障碍者，可以进入普通学校就读。

(一)助听器效果评估的方法

助听器效果评估通常可通过数量评估、功能评估和满意度问卷调查等方式进行。此外，还可采用真耳测试的方法。

1. 数量评估

数量评估指的是，在声场环境下，测试助听器配戴者对不同频率的啭音或窄带噪声的听敏度。测试时，需要将非测试耳的助听器关闭并戴上耳塞。

① 龙墨：《推动听力残疾人精准康复服务 实现“人人享有康复服务”》，www.hbdpf.org.cn/gyhd/zxft/164112.htm，2021-03-28。

若声场是按声压级建立的，则将测得的助听听阈与 SS 线比较。一般认为，助听听阈在 SS 线上 20 dB 为最佳助听效果。[①] 若声场是按听力级建立的，则将测得的助听听阈与言语香蕉图相比较(见图 4-3)。通常，助听听阈在言语香蕉图范围之内最佳。

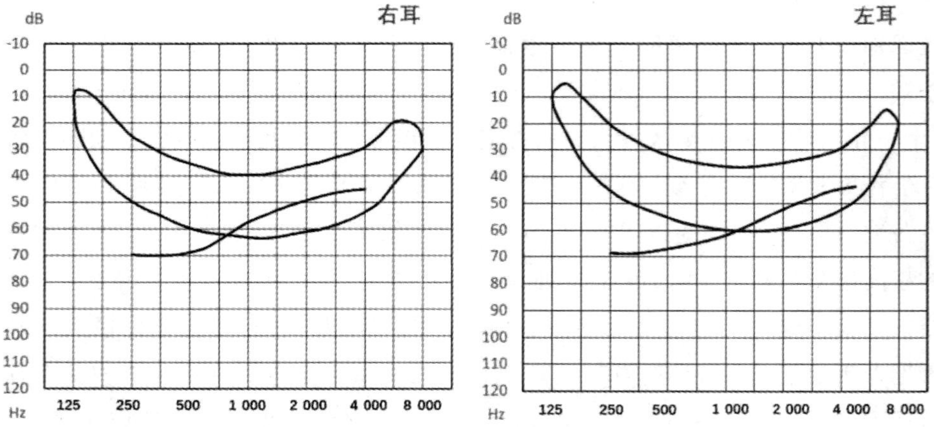

图 4-3　SS 线与言语香蕉图

2. 功能评估

功能评估主要通过声场下的言语听觉测试来完成，每次测试通常在 10 分钟以内完成。儿童言语测听的内容包括语音识别、单音节词识别、双音节词识别、三音节词识别、短句识别、音调识别、选择性听取等。具体样例可见图 4-4。

图 4-4　儿童言语听觉测试示例

(卡片出自孙喜斌的听障儿童听觉、语言能力评估工具)

① 韩德民、许时昂：《听力学基础与临床》，343 页，北京，科学技术文献出版社，2004。

3. 满意度问卷调查

助听器效果的满意度问卷调查一般是在患者使用助听器以后的一段时间里进行，以问卷的形式评估配戴助听器后患者的交流能力是否有所改善。问卷调查采用两种方式：一种是直接询问患者或其照顾者，了解患者配戴助听器后的变化；另一种是使用设计好的问卷来测试患者配戴助听器前后的听觉变化。

目前，针对助听器配戴效果的调查问卷很多，例如，沃尔登(Walden)在1984年设计的“助听器效果评估问卷”(HAPI)、科克斯(Cox)在1990年推出的“助听器效果综合能力评估表”(PHAB)、1999—2000年丹麦国际研讨会上提出的“助听器效果评估国际评分问卷”(IOI－HA)等。IOI－HA问卷由于易于理解、测试时间短、易操作，被广泛运用于助听器效果评估。

拓展阅读

IOI－HA问卷由7个最小核心效果问题组成，问题包括：

1. 最近两周内，您每天平均使用助听器几小时？(　　)

A. 一直使用　B. 少于1小时

C. 1～4小时　D. 4～8小时　E. 多于8小时

2. 想一想在您使用现有助听器之前，在什么情况下最希望能够听得清楚。最近两周内，在前述情况下，现有助听器对您有多少帮助？(　　)

A. 完全没帮助　B. 只有一点帮助

C. 有中等帮助　D. 帮助很大　E. 非常有帮助

3. 想一想您在什么情况下最希望能够听得清楚。最近两周内，在使用现有的助听器后，您仍然感到有听力问题吗？(　　)

A. 非常困难　B. 有很大的困难

C. 有中等困难　D. 只有一点困难　E. 完全没困难

4. 综合考虑优点和缺点，您认为现有的助听器是否值得佩戴？(　　)

A. 完全没价值　B. 只有一点价值

C. 有中等价值　D. 有很大的价值　E. 非常有价值

5. 使用现有的助听器后，在最近两周内您的日常生活或工作是否还有听力困难？(　　)

A. 非常有影响　B. 有很大的影响

C. 有中等影响　D. 只有一点影响　E. 完全没影响

6. 使用现有的助听器后，在最近两周内您认为您的听力问题对周围其他人有多少干扰？(　　)

A. 非常有干扰　B. 有很大程度的干扰

C. 有中等程度的干扰　D. 只有一点干扰　E. 完全没干扰
7. 综合考虑各方面，现有的助听器对您的生活质量有多少改变？(　　)
A. 变得更糟　B. 没有改变
C. 稍微提升　D. 有很大程度的提升　E. 非常有提升

4. 真耳测试

艾尔斯(Ayers)于1953年首次提出了“插入增益”(insertion gain)的概念，真耳测试主要是测定插入增益，目的是不用花费时间测定每个频率的听阈，便可估计助听器提供的实际增益值。

研究显示，真耳测试可重复性的95%置信区间大约是3 dB(功能性增益测试的95%置信区间大约是15 dB)。学术界大多同意，真耳测试是助听器验配过程中比较可靠和有效的评估方法。①

(二)助听器效果评估的标准

助听器效果评估的标准或听觉康复的评估标准，根据听力补偿的频率范围和言语最大识别率，可分为四级，见表4-4。

表4-4　助听器效果评估标准

听力补偿/Hz	言语最大识别率/%	助听效果	康复级别
250～4000	≥90	最适	一级
250～3000	≥80	适合	二级
250～2000	≥70	较适	三级
250～1000	≥44	看话	四级

三、常见干预策略

听力学诊断技术的发展使得对婴幼儿进行早期干预成为可能。早期听觉感受在大脑发育过程中具有不可替代的作用。尽早进行听觉、言语语言康复训练，能够防止婴幼儿听觉退化，使其获得与发育年龄相当的听力及言语语言水平。

(一)干预策略

根据儿童听觉能力发展的阶段，听觉康复训练的干预策略主要分为四个步骤，分

① 韩德民、许时昂：《听力学基础与临床》，343页，北京，科学技术文献出版社，2004。

别是听觉察知、听觉分辨、听觉识别和听觉理解。各个阶段的评估内容在前文已述，此处介绍各个阶段主要的训练内容和目的。

1. 听觉察知

听觉察知能力要求儿童意识到声音的存在，学会使用残余听力或重建听力来聆听声音。

此阶段训练的主要目的便是帮助儿童感知声音的有无，学会有意识地聆听声音。① 具体包括：激发儿童对声音的兴趣；培养儿童对类声音的反应能力；培养儿童良好的用耳习惯；帮助儿童顺利衔接、过渡到下一阶段的听觉学习。

2. 听觉分辨

听觉分辨能力是儿童真正认识声音的开始，要求儿童在感知声音的基础上将不同的声音区分开来，认识到声音的不同。

这一阶段训练的核心目标是发展儿童区分不同维度差异的声音的能力，为顺利发展至听觉识别能力阶段奠定基础。主要包括：巩固儿童关注声音有无的意识和能力；培养儿童对多维度特性和单一维度特性的声音的区辨能力；帮助儿童顺利衔接、过渡到下一阶段的听觉学习。

3. 听觉识别

听觉识别能力是反映个体听觉能力的一个重要指标，处于个体听觉能力的较高层次。它不仅要求儿童能够区分不同的声音，还要求儿童能够将声音和所指实物及其各种表现形式相匹配。

本阶段的主要训练目标是提高儿童识别声音的准确性和熟练度。② 主要包括：巩固已经习得的听觉察知和听觉分辨能力；提高儿童对日常生活中常见声音的识别能力；帮助儿童提高对具体语音的识别能力；帮助儿童顺利衔接、过渡到下一阶段的听觉学习。

4. 听觉理解

听觉理解能力是听觉能力发展的最高阶段，要求儿童在其他感官和认知能力的支持下，能够理解声音的意义。具备听觉理解能力的儿童便可以利用听觉来获取信息，发展认知能力。

该阶段训练的核心目标是提高儿童将音和义结合的能力，使其真正懂得声音的意义。③ 主要包括：巩固听觉识别能力；提高儿童对日常生活中常见的名词、动词和形容词及短语的理解能力；培养儿童整体把握短文、理解短文含义的能力；提高儿童在交流中的聆听能力。

---

①②③　刘巧云：《听觉康复的原理与方法》，48页，上海，华东师范大学出版社，2011。

(二)常见干预方法

听觉康复训练要依据儿童听觉能力的发展阶段来进行，听觉能力发展的四个阶段所能用到的最基本的训练方法有：声—物匹配法、声音辨别法、听—动协调法。从这些方法中又能变化出不同的训练技巧，其本质都是通过声源与声音的匹配，来促进儿童对声音的理解和注意。

声—物匹配法是将声音刺激和发出声音的物体同时呈现给儿童，让儿童理解声音和发声物体之间的联系(见图 4-5)。该方法适用于听觉训练的最初阶段，帮助儿童感知声音的存在，使儿童初步建立起声音与声源的联系。

图 4-5　声—物匹配法示例

声音辨别法分为两类：一类为辨别不同的声音，即同时呈现不同的声音，让儿童辨别自己听到了什么声音，或者在给声的同时播放背景噪音，让儿童在噪音环境下识别给出的声音；另一类为听声音辨别物体，即给声之后，让儿童辨别是什么物体发出的声音，例如，播放狗叫的声音，让儿童在各种动物的模型或图片中指出是哪种动物发出的声音。见图 4-6。

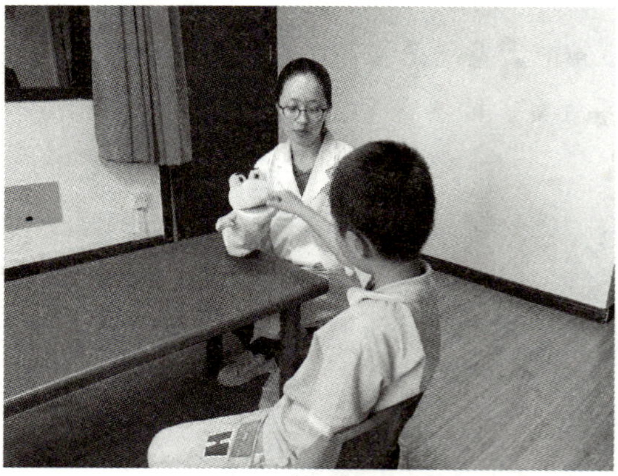

图 4-6　声音辨别法示例

听—动协调法也叫“听觉—反应游戏法”，分为听声复述法和听觉—动作法两种具体方式。听声复述法是指儿童需要复述出自己听到的内容。听觉—动作法是指儿童需要根据听到的声音做出对应的动作。最常见的为听声放物，即听到声音，将手中的物品放到指定位置。见图 4-7。

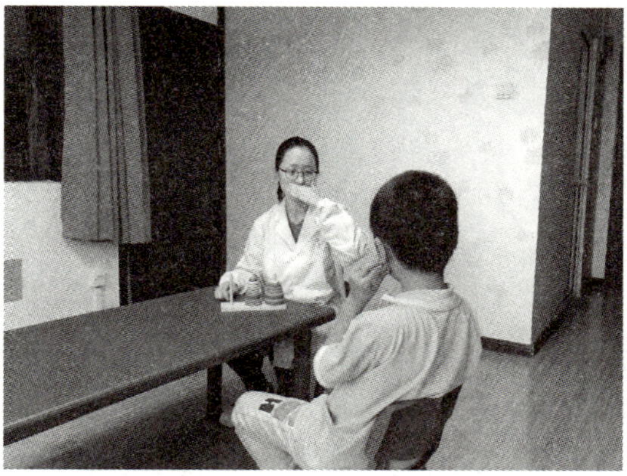

图 4-7 听—动协调法示例

四、典型案例分析

患者小明，男，5 岁 1 个月。患者 3 岁时因不说话就诊于某医院，检查为听觉障碍。其后一直由爷爷奶奶照顾。5 岁时由父母接回照顾，父母不知道该怎么办，请你帮小明父母列出具体干预流程。

该患者应尽早再次进行听力检查。若为听力残疾，父母可带患者办理残疾证，并根据当地残疾人福利及补助相关政策，尽快为患者配戴助听器。之后，带患者接受专业的听觉、语言能力评估，判断患者听觉、语言能力发展水平，并尽快适应所戴助听器。如助听器效果评估达最适水平，可寻找合适的康复机构安排患者接受听觉康复训练和语言康复训练。根据患者听觉、语言能力发展水平和专业人士建议，制订个别化康复训练计划，并让患者在日常生活中积极配合执行康复训练计划。

个别化听觉康复计划

（一）背景情况

患者姓名：小明　　性别：男　　出生日期：2012 年 4 月（5 岁 1 个月）

诊断：听力残疾二级（R：84 dB HL；L：86 dB HL）

听力情况：

（1）双耳鼓膜完整正常，左耳未发现耵聍，右耳发现大块耵聍。未发现其他异常。

(2)声阻抗：双耳都是A型图，声顺、容积、压力等指数正常。

(3)右耳平均听力84 dB HL，左耳平均听力86 dB HL，双耳均是重度听力下降。听损类型：混合型听损。

(4)言语识别率无法测得。

先天性听力损失，未发现其他伴随病症，无其他病史。

未接受早期教育和康复服务。

(二)每星期训练计划表

治疗师：马××

训练日期：2017年5月8日至12日

患者姓名：小明

训练内容	训练项目	星期					备注
		一	二	三	四	五	
听觉察知	无意察知	√	√	√	√	√	
口部运动	下颌运动	√	√	√			
构　音	单韵母/a/的发音				√	√	
沟　通	主动沟通意识培养	√	√	√	√	√	
生　活	洗漱习惯培养		√	√		√	

说明：(1)本表一星期填写一次。星期五填写下星期计划表，以便下星期按照此计划进行。

(2)一次最多做4个项目的训练计划，也可以少于4个，视儿童情况来定。

(3)安排哪一个项目在哪一天训练，就在哪一天里画一个√，缺勤在日期栏画×。

(三)每日训练计划表(听觉部分)

患者情况	姓名：小明　年龄：5岁1个月 患者特征：听力残疾二级(R：84dB HL；L：86dB HL)，双耳配戴助听器。不能复述，言语识别率无法测得。助听器配戴经验少，基本无用耳习惯，对声音的感知较差。未接受学前教育或康复服务，沟通意识较差，用手势表达需求。龋齿很多，流涎严重。口部运动功能尚可，能够模仿做规定动作，但活动范围不够。构音严重不清。
训练目标	提高无意察知能力。
训练内容	(1)播放日常生活中的声音，使患者感受声音、熟悉声音。 (2)播放自然环境中的声音，使患者感受声音和环境的联系与变化。 (3)播放不同动物的声音，使患者感受不同动物的不同叫声。
训练准备	康复设备：播放器。 康复用具：鼓、锣、手铃、沙锤、动物手偶、图片、评估表、小毛巾、海苔、软糖、葡萄干。 辅助教师：1名。

续表

训练过程	前测： 无意察知能力评估——鼓、锣、手铃、沙锤。 评估结果：________________________ 训练： 治疗师描绘场景，带领患者感受场景声音，通过声音感受场景变化。 场景描绘：小明，我们来看看这是什么(起床图片)。早上起床了，爸爸妈妈在洗漱(洗漱图片)(水龙头的声音)(刷牙的声音)。(辅助教师唱儿歌《刷牙》) 洗漱后开始做饭啦(做饭图片)(炒菜的声音)(抽油烟机的声音)(锅碗瓢盆碰撞的声音)。饭做好了，开始吃饭啦(吃饭图片)(碗筷碰撞的声音)。吃完饭该做什么啦？应该收拾碗筷、洗刷碗筷了(收拾餐桌图片)(洗刷碗筷图片)(洗刷碗筷的声音)。 这时候，电话响了，有人给爸爸打电话了(打电话图片)(电话铃响的声音)(跟小明模拟打电话，尝试说话交谈)。(辅助教师唱儿歌《打电话》) (汽车图片)(车鸣笛的声音)车来了，我们要坐车出去玩了(车窗外风景图片)(风吹的声音)。(风吹海浪图片)(海浪的声音)车经过哪里了呢？经过大海了。看一看，海边有什么呢？有船，有小朋友，有鱼，有沙子…… (动物园图片)(熙熙攘攘的人语声)(动物混合叫声)下车了，我们到哪里了？到动物园了。 动物园里有什么呀？(小狗图片)(小狗叫声)有小狗。小狗怎么叫啊？(模仿小狗叫声，尝试辅助小明模仿动作和发音) (小猫图片)(小猫叫声)有小猫。小猫怎么叫啊？(模仿小猫叫声，尝试辅助小明模仿动作和发音) (小鸡图片)(小鸡叫声)有小鸡。小鸡怎么叫啊？(模仿小鸡叫声，尝试辅助小明模仿动作和发音) (青蛙图片)(青蛙叫声)有青蛙。青蛙怎么叫啊？(模仿青蛙叫声，尝试辅助小明模仿动作和发音。) 后测： 无意察知能力评估——鼓、锣、手铃、沙锤。 评估结果：________________________
训练延伸	(1)家庭生活中，照顾者多与患者沟通，提高患者在家庭生活中的参与度。 (2)引导患者形成用耳听声音的意识，注意环境中的声音。
训练反思	患者无受教育和训练经验，没有用耳意识，训练积极性不高，对于视觉相关内容兴趣较高，对声音反应较差。治疗师要在训练中多次鼓励患者，并用海苔、软糖、葡萄干等加以奖励。患者流涎时，及时给他擦干净并用语言提醒他“嘴巴吸一吸”，帮助其形成主动控制下颌、双唇的能力。

治疗师：马××

训练日期：2017 年 5 月 8 日

第二节 言语语言治疗

一、服务内容与范围

家长、教师发现疑似有言语语言问题的儿童，可到医院、资源中心或其他康复中心进行言语语言相关检查评估。此外，还应做听力相关的检查，以防儿童是由于“听不到”而“说不出”。听力相关检查在本章第一节中已有陈述，此处不再赘述。

国家卫生健康委员会“十二五”规划教材《语言治疗学》将语言障碍分为儿童语言发育迟缓、发声障碍、构音障碍、听觉障碍导致的语言障碍、失语症、腭裂、口吃、吞咽障碍、其他原因引起的语言障碍共九大类，针对不同的类别有不同的诊断和评估工具。下面以前三项为例，介绍常见的诊断评估方法。

拓展阅读

在香港，教育局设有言语及听觉服务组。服务组负责为学生提供言语评估及治疗服务。只要教师怀疑自己班级中的学生有言语障碍，都可利用“学生语能甄别问卷”来进行评估。若评估结果显示学生确实有言语障碍，则可进行转介，到适合的学校或班级学习，或转介由驻校的言语语言治疗师提供帮助。

言语及听觉服务组将学生常见的言语障碍分为四大类。

1. 发音问题

学生的发音不准确，导致说话混淆不清。

先天性生理缺陷导致的发音问题，如听觉障碍、唇裂、腭裂、大脑痉挛等。

其他因素，包括发展迟缓导致的发音问题。

2. 语言问题

有理解困难的学生在接收较长或较复杂的句子时，由于未能理解全部意思而误解对方，以致答非所问。

有表达困难的学生因组织句子能力较差或词汇使用不恰当，以致表达困难，令旁人难以理解。

语言发育迟缓、学习障碍、智力障碍、缺乏语言环境的刺激或自闭倾向等原因导致的语言障碍。

3. 流畅问题

流畅问题俗称“口吃”。表现为多次重复某些字或音，将某些音无故拉长，说话节奏太快或过慢，张开口却迟迟说不出来话，等等。

口吃有时是生理、心理、遗传等原因导致的，亦有属于成长过程中的过渡表现。

4. 声线问题

过度使用或错误运用声带导致的声音沙哑甚至失声。

神经性疾病或心情困扰也可能导致声线问题。

长期的呼吸器官疾病、发音器官结构缺陷(兔唇、腭裂等)，会导致鼻音过重或音调异常。

——摘自香港特别行政区政府教育局网站

(一)儿童语言发育迟缓

儿童语言发育迟缓是指发育过程中的儿童语言落后于普通儿童的状态。常用的诊断或评估工具为语言发育迟缓检查表(CRRC 版)，简称“S—S 法”，共 10 个表格，将儿童的语言发展结合认知进行评估。

S—S 法原则上适用于 1.5～6.5 岁的语言发育迟缓儿童；已超出此年龄段但语言发展的现状不超出此年龄阶段者，也可以应用此方法。检查内容包括符号形式与指示内容的关系、基础性过程、交流态度三大方面。评估结果根据语言符号与指示内容的关系，可以分为 A、B、C 三个主群，各群的训练目标、训练思路和训练内容如表 4-5 所示。由于按照交流态度来说，Ⅱ群为交流态度不良，因此也需要进行康复训练。

表 4-5　语言发育迟缓儿童的语言康复

语言发育迟缓症状分类	训练目标	训练思路	训练内容
A 群(尚未掌握语言符号)	理解、交流。	先导入手势语、幼儿语以建立对符号的理解，再形成基础性概念。	语前训练、手势符号训练、交流训练。
过渡群(理解语言符号但不能说话)	理解词句、表达。	通过手势表达的方式进行表达训练，同时进行提高理解的训练。	手势符号训练、表达训练、交流训练。
B 群(语言表达困难)	掌握与理解水平一致的语言表达能力。	理解性与表达性的课题同时训练。	词汇训练、表达训练、交流训练。

续表

语言发育迟缓症状分类	训练目标	训练思路	训练内容
C群(发育水平低于实际年龄)	扩大理解与表达的范围。	要进行理解方面的训练，同时进行表达、基础性过程各方面的平衡训练，还要导入符合水平的文字、数量词、问答训练。	词汇训练、句式训练、文字训练、表达训练、交流训练。
Ⅱ群(交流态度不良)	改善交流态度。	根据其语言符号的发展阶段进行以上训练。	根据其语言符号的发展阶段进行以上训练。

(二)发声障碍

发声障碍指的是呼吸及喉器质性病变导致的失声、发声困难和声音嘶哑等。

狭义上说，发声功能评估仅指音调、响度和音色的评估。但广义上说，嗓音的产生需要呼吸系统、发声系统和共鸣系统的协调运动来实现。发声时，呼出气流振动声带产生声音，并在共鸣作用下形成各具特色的嗓音；音调、响度和音质任何一方面出现问题，都有可能使发声环节中的任一过程产生问题，因此在评估发声功能的时候，通常包括呼吸功能评估、发声功能评估和共鸣功能评估。

1. 呼吸功能评估

呼吸功能评估的常见项目有呼吸方式评估、最长声时测量、最大数数能力测量，第一项属于主观评估，后两项属于客观测量项目。

主观评估可通过观察、手触感受等方式进行，了解儿童的呼吸方式。客观测量得到的结果需要与普通儿童常模相对比，判断儿童呼吸方面的障碍类型和严重程度，然后根据儿童年龄和严重程度制定康复方案。表 4-6 为各年龄阶段最长声时的最小要求和训练目标。

表 4-6　最长声时的最小要求和训练目标①(节选)

年龄/岁	最小要求/秒		训练目标/秒	
	男	女	男	女
4	2	2	4	4
5	4	4	5	5
6	6	6	7	7
7	8	8	9	9

① 黄昭鸣、杜晓新：《言语障碍的评估与矫治》，17 页，上海，华东师范大学出版社，2006。

2. 发声功能评估

发声功能评估项目有音调评估、响度评估、音质评估。评估方法既有依靠评估者听觉感知能力的主观评估方法，也有客观测量的方法。

主观评估的结果亦有标准可依，如音质的主观评估，所用评估方法为日本音声言语医学会确立的 GRBAS 法，其评价指标包括音哑总分 G(Grade)、粗糙程度 R(Rough)、气息程度 B(Breathe)、无力程度 A(Asthenic)和紧张程度 S(Strained)五个指标，每个指标分为正常(0)、轻度(1)、中度(2)、重度(3)四个等级。

客观测量的评估方法是使用专业、准确的录音设备将评估对象的发音(一段话或一个句子、几个词语、音节等)录下来，然后分析评估对象发音的响度、基频等各项参数，对照普通人的常模，发现评估对象发声功能中的问题，再进行有针对性的治疗。

3. 共鸣功能评估

共鸣功能评估方法包括听觉感知能力的主观评估方法和客观测量方法。

主观评估包括对韵母音位、声母音位和会话时的听觉感知评估。客观测量主要测量的是核心韵母/a/、/i/、/u/的共振峰。如图 4-8 所示，/a/、/i/、/u/分别处于口腔中的三个极点位置，中下、前上和后上，将测得结果同普通人共振峰常模相比较，可发现评估对象是否存在喉位聚焦、后位聚焦和前位聚焦的问题。

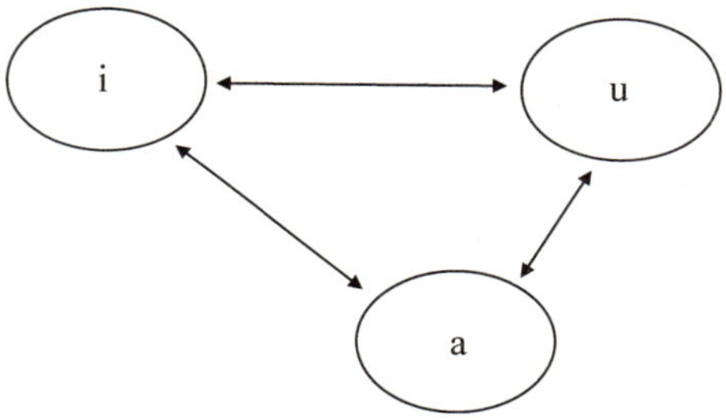

图 4-8　核心韵母示意图[①]

(三)构音障碍

构音障碍指的是由于构音器官先天性和后天性的结构异常，神经、肌肉功能障碍所导致的发音障碍以及不存在任何结构、神经、肌肉、听觉障碍所致的言语障碍。[①] 主要表现为完全不能说话、发声异常、构音异常、音调和音量异常、吐字不清，不包括失语症、儿童语言发育迟缓、听觉障碍所导致的发音异常。

目前常用的构音障碍评估体系有两种：一种是李胜利等人依据日本构音障碍检查法和其他发达国家构音障碍评定方法的理论，按照普通话的发音特点和我国的文化特点研究制定的汉语构音障碍评定法[②]；另一种是黄昭鸣等人研究制定的构音障碍的评估与矫治体系。[③]

---

①② 李胜利：《语言治疗学(第 2 版)》，122、123 页，北京，人民卫生出版社，2013。

③ 黄昭鸣：《言语障碍的评估与矫治》，120 页，上海，华东师范大学出版社，2006。

1. 汉语构音障碍评定法

汉语构音障碍评定法包括两部分内容：一是对构音器官的检查，二是对构音的检查。该方法不仅可以检查出患者是否有运动性构音障碍和障碍程度，也可用于器质性构音障碍和功能性构音障碍的评定。此外，评估结果对康复计划的制订也能起到很好的指导作用。

表 4-7 为构音器官的检查记录表。在做每项检查前都要向患者解释清楚，检查结果结合其他检查共同作为最终判断依据。

表 4-7　构音器官检查记录表

Ⅰ 呼吸			
1. 呼吸类型：胸腹____胸____腹____	2. 呼吸次数____/分	3. 最长呼气时间____秒	
4. 快呼气：能____不能____			
Ⅱ 喉机能			
1. 最长发音时间____秒			
2. 音质、音调、音量			
a. 音质异常____	b. 正常音调____	c. 正常音量____	d. 总体程度 0 1 2 3
嘶　哑____	异常高调____	异常音量____	气息声 0 1 2 3
震　颤____	异常低调____	异常过低____	无力声 0 1 2 3
			e. 吸气时发声
3. 音调、音量匹配			费力声 0 1 2 3
a. 正常音调____	b. 正常音量____		粗糙声 0 1 2 3
单一音调____	单一音量____		
Ⅲ 面部			
a. 对称____　不对称____		b. 麻痹(R/L)____	c. 痉挛(R/L)____
d. 眼睑下垂(L/R)____		e. 口角下垂(L/R)____	f. 流涎____
g. 怪相____扭曲____抽搐____		h. 面具脸____	i. 口式呼吸____
Ⅳ 口部肌肉			
1. 噘嘴	2. 咂唇	3. 示齿	4. 唇力度
a. 缩拢范围正常____	a. 力量正常____	a. 范围正常____	a. 正常____
缩拢范围异常____	力量减低____	范围缩小____	减弱____
b. 对称缩拢____	b. 口角对称____		
不对称缩拢____	口角不对称____		

续表

<table>
<tr><td colspan="4">Ⅴ 硬腭</td></tr>
<tr><td colspan="4">a. 腭弓正常____　　b. 新生物____
高窄腭弓____　　c. 黏膜下腭裂____</td></tr>
<tr><td colspan="4">Ⅵ 腭咽机制</td></tr>
<tr><td>1. 大体观察
a. 正常软腭高度____
软腭下垂(L/R)____
b. 分叉悬雍垂(L/R)____
c. 正常扁桃体____
肥大扁桃体____
d. 节律性波动____
或痉挛____</td><td>2. 软腭运动
a. 中线对称____
b. 正常范围____
范围受限____
c. 鼻漏气____
d. 高鼻腔共鸣____
低鼻腔共鸣____
鼻喷气声____</td><td colspan="2">3. 鼓颊
a. 鼻漏气____
口漏气____
4. 吹
a. 鼻漏气____
口漏气____</td></tr>
<tr><td colspan="4">Ⅶ 舌</td></tr>
<tr><td>1. 外伸
a. 正常外伸____
偏移(L/R)____
b. 长度正常____
外伸减少____</td><td>2. 舌灵活度
a. 正常速度____
速度减慢____
b. 正常范围____
范围减小____
c. 灵活____
笨拙____
扭曲____</td><td colspan="2">3. 舔唇左右侧
a. 充分____
不充分____</td></tr>
<tr><td colspan="4">Ⅷ 下颌</td></tr>
<tr><td colspan="4">1. 颌张开闭合</td></tr>
<tr><td>a. 正常下拉____
异常下拉____</td><td>b. 正常上抬____
异常上抬____</td><td>c. 不平稳扭曲____
或张力障碍性运动____</td><td>d. 下颌关节杂音____
膨出运动____</td></tr>
<tr><td colspan="4">2. 咀嚼范围
a. 正常范围____
减少____</td></tr>
<tr><td colspan="4">Ⅸ 反射</td></tr>
<tr><td colspan="4">1. 角膜反射____　　2. 下颌反射____　　3. 眼轮匝肌反射____
4. 呕吐反射____　　5. 缩舌反射____　　6. 口轮匝肌反射____</td></tr>
</table>

构音检查包括构音运动检查、音节复述、单词检查、文章水平检查、会话检查等。各检查具体项目和方法与以下构音障碍的评估与矫治体系中的内容相似，故可参考以下内容。

2. 构音障碍的评估与矫治体系

构音障碍的评估与矫治体系将儿童构音功能评估分为三大部分，分别是口部运动功能评估、构音运动功能评估和构音语音功能评估。

口部运动功能评估用来评价下颌、唇、舌等主要构音器官在自然状态下和模仿口部运动状态下的生理运动是否正常，按由障碍到正常 0～4 级的五级评分法进行评分，以此判断儿童的口部运动异常类型和严重程度，并针对运动异常的部位和类型制定有针对性的矫治方案。

构音运动功能评估将个体的口部运动与发音相结合，通过评估发音的准确性判断该儿童哪些部位存在发音困难，从而为清晰的发音提供矫治依据。

构音语音功能评估的材料为黄昭鸣等人研发的黄昭鸣—韩知娟词表(见图 4-9)。该词表由 50 个单音节词组成，患者可通过回答或复述形式进行，评估可得 3 项结果：音位习得情况(患者当前已经学会了哪些音位)、音位对比情况(患者当前声母音位对比、韵母音位对比、声调音位对比 3 项共 36 对最小音位对的习得情况)和构音清晰度。若某儿童 3 项评估结果均低于同龄的普通儿童，则表明该儿童存在构音障碍。

图 4-9　构音语音能力评估示例(图片出自黄昭鸣—韩知娟词表)

此外，皮博迪图片词汇测验也是一种常见的评估方法。该测验共 150 个词语，主要测试受试者的词汇理解能力。部分康复中心还提供语言行为里程碑评估与安置程序(VB—MAPP)的整套评估，其中语言行为里程碑的评估包含儿童从出生到 4 岁的 16 项技能共 170 个语言行为的里程碑，对 24 个常见的学习和语言障碍进行评估。该项评估能够较全面地反映儿童的语言障碍程度，对后期教育康复工作有很大的指导意义。

家长也可参照儿童年龄，将其言语语言发育水平与儿童语言发展的一般水平相比较，看其发育水平是否达到普通儿童标准，以判断该儿童的语言发育是否正常。如表 4-8 所示，该表详细介绍了各年龄阶段儿童语言发育情况，为儿童言语语言能力评估提供了借鉴。

表 4-8 健听儿童语言发育年龄阶段指标(节选)①

参照月龄	语言发育指标
1	能自动发出各种细小的喉音；当大人与之说话时，会注视大人的面孔，如果正在啼哭则会停止啼哭，甚至有时还能上下点头；从表情看，尚没有直接的注意力，面部没有表情。
2	能偶尔发出/a/、/o/、/e/等元音，有时能发出像鸽子叫似的咕咕声；在与观察者接触时，能集中注意，有时能以发音回应。
3	除哭声外，有时还能自由地发出 2 个音节的音，如/gao/、/la/、/ma/等；见到亲人或有人逗弄时，会发出短暂的笑声；见到令他高兴的物体时，会出现呼吸加深、全身用劲等兴奋的行为。
4	在大人没有接触身体的情况下，能自发地发出笑声或对大人的逗弄出现反应；能发出高声调的喊叫或发出好听的声音；咿呀学语的声调变长。
5	当看到熟悉的人或玩具时，能发出咿咿呀呀的像说话一样的声音；有时以低音调的声音改变口腔气流，发出不同于肠鸣音的哼哼声和咆哮声；当大人在背后摇铃时，会对声音做出反应，将头转向声源；有时会以笑或出声的方式，对人与物“说话”。
6	大人在背后叫其名字时，会转头寻找；当不开心时，会发出叫喊声，但不是哭声；当哭的时候，能发出类似/mu/的唇音。
7	能发/da－da/、/ma－ma/等双唇音，但无所指；能够模仿咳嗽声、舌头咔嗒声、咂舌声等；与陌生人和熟悉的人交流时，发音的频度、力量和情绪等都有明显的区别。
8	能模仿咂舌和咳嗽的声音；能明确地发出 2 个或 2 个以上的辅音，如/da－da/或类似的音，但不是有意识地发音；当听到“不”或“不动”的声音时，能暂时停一下手里的活动，稍后可能继续做自己正在做的事情；能分辨自己的名字，当有人叫自己的名字时有反应，但叫别人名字时没有反应；能用手势与人交往，如伸手要人抱，摇头表示不同意。
9	能无意识地发出类似“妈妈”音；当听到熟悉的音乐时，能跟着哼唱，并确定与音乐有关；能对人或物发音，但发音不一定准确。例如，发“不”音的同时摆手，发“这”“那”音的同时用手指向某东西，或发“啊啊”等音，同时指着某东西让人拿。
10	能有所指地叫妈妈；听到“爸爸在哪里”“妈妈在哪里”时能正确地转头找；当大人说“不行”后，能把正在进行的活动停下来，表明他已懂得“不”的真正含义；能说出 2 个有意义的单字，指的是人、物体、动作或东西，但发音不一定清楚；当大人说“欢迎”时，会挥手。

① 胡向阳：《听障儿童全面康复》，182～186 页，北京，北京科学技术出版社，2012。

续表

参照月龄	语言发育指标
11	能有意识地发 1 个字音表示相应的动作，如会用手指着想要的东西说“拿”；会有意识地叫“妈妈”；能说 2～3 个字组成的话，但发音可能含糊不清；能说出任何有实际意义的 3 个单字，如人、物体的名称或表示动作的词语等，但发音不一定清楚；当大人说“欢迎”“再见”或“躲猫猫”时，会以动作表达。
12	能用 4 个字明确地表示人、动作、物体。当大人问“灯在哪里”“电视在哪里”时，会用眼睛看或用手指，以表明认识这些东西。这些东西指的是一些无生命的东西，而不是“小猫”“小狗”之类的动物。见到爸爸和妈妈能主动称呼。

除言语语言评估之外，情绪、行为方面的教育，心理、社会适应及学习能力的评估，能帮助儿童客观面对自身障碍，积极配合相关的康复训练活动。

除为有言语语言障碍的儿童提供评估及诊断服务之外，部分学校、医院或其他相关机构还为儿童家长提供家庭训练方法的指导，帮助家长在家庭中开展言语语言训练。

二、转介标准

当家长或教师怀疑儿童有言语语言障碍时，可向儿童所就读的学校寻求协助。如有需要，学校会转介儿童至当地资源中心或特殊教育学校中的言语语言治疗师，做进一步的评估及跟进，或去医院儿童康复科进行言语语言评估。

(一)言语语言障碍分级标准

对于确诊为言语语言障碍的儿童，若程度较轻，可选择课后及周末进行一定的言语语言训练。若障碍程度较重，影响到儿童的正常交流及学习，则家长可选择全天候的言语语言康复训练班或特殊教育学校，及早使儿童接受专业的言语语言训练，以免影响儿童日后的生活。《残疾人残疾分类和分级》对言语语言障碍的分级如表 4-9 所示。

表 4-9　言语语言障碍分级

残疾级别	语音清晰度/%	言语表达能力	社会生活参与
一级	≤10	未达到一级测试水平	极严重障碍
二级	11～25	未达到二级测试水平	严重障碍
三级	26～45	未达到三级测试水平	中度障碍
四级	46～65	未达到四级测试水平	轻度障碍

(二)语音清晰度测试

语音清晰度的测试方法为任意抽取一组测试用图，让受试者认读，4 名测试人员记录结果，计算受试者的语音清晰度。该方法也可用于语言治疗和训练的效果评价。

测试用图涉及的单词分两组。①

第一组：

白菜 菠萝 拍球 飞机 毛巾 头发 太阳 电话 脸盆 萝卜 牛奶 公鸡 火车 黄瓜 气球 西瓜 浇花 树叶 唱歌 照相机 手绢 自行车 扫地 碗 月亮

第二组：

苹果 拍球 冰糕 沙发 门 太阳 弹琴 电视 女孩 绿色 脸盆 蝴蝶 喝水 看书 汽车 熊猫 浇花 茶杯 唱歌 照相机 手绢 擦桌子 扫地 牙刷 碗

三、常见干预策略

语言的产生，需要呼吸系统、发声系统、共鸣系统、构音语音系统等多方协同合作。当儿童语言发育出现问题时，可能是整个语言产生的某个或多个环节出现的问题，因此，针对不同的过程有不同的干预策略。

(一)干预策略

1. 呼吸功能障碍的矫治

呼吸功能障碍的矫治包括呼吸方式异常的矫治、呼吸支持不足的矫治、呼吸与发声不协调的矫治。②

针对不同的异常症状，有不同的矫治方法，但各种矫治方法开始之前，都要进行呼吸放松训练，使儿童呼吸相关肌肉群及心理得到放松，然后再进行有针对性的矫治训练。对呼吸方式异常者的康复训练，主要围绕帮助其建立腹式呼吸习惯来进行。对于呼吸支持不足者，主要通过各种游戏活动提高其肺活量，提高言语呼吸的支持能力。呼吸与发声不协调的矫治，是通过长短音结合训练等方式提高儿童对呼吸、气流的控制，从而促进其呼吸功能与发声功能的协调性(见图 4-10)。

---

① 李胜利：《语言治疗学(第 2 版)》，131 页，北京，人民卫生出版社，2013。
② 黄昭鸣、朱群怡、卢红云：《言语治疗学》，22 页，上海，华东师范大学出版社，2017。

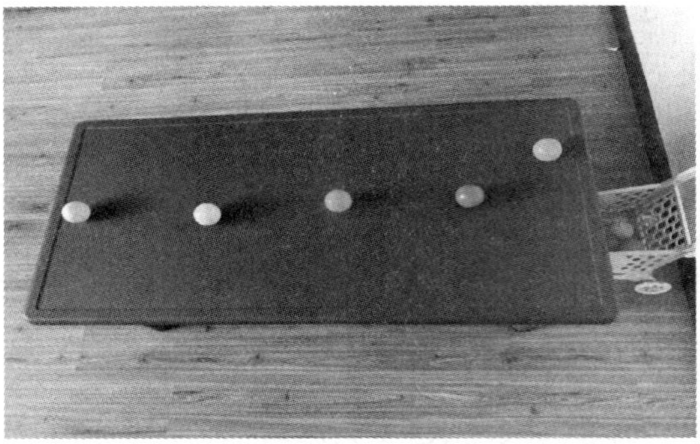

图 4-10　呼吸功能训练示例(吹球进筐)

2. 发声功能障碍的矫治

发声功能障碍主要表现为音调异常、响度异常、音质异常。①

在进行有针对性的训练活动之前，也需要先进行颈部和声带的放松活动，使儿童的发声器官得到放松并开始适应后续训练活动(见图 4-11)。音调异常和响度异常的矫治比较相似，首先是通过展示变化的音调或响度使儿童感知音调、响度的存在，进而通过升调或降调(提高响度或降低响度)的训练提高儿童对自身音调、响度的控制。音质异常的病因不同，其矫治方法也不同。例如，咀嚼时发音的方法主要适用于发声和构音器官过于紧张的儿童，闭嘴哼鸣发音的方式适用于声带闭合不全的儿童。

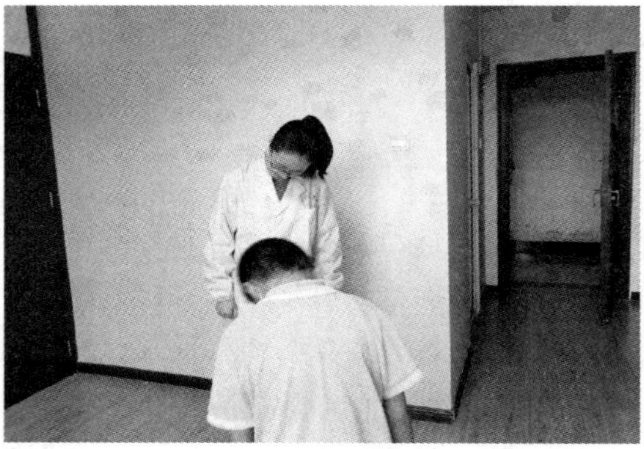

图 4-11　发声功能训练示例(颈部放松)

3. 共鸣功能障碍的矫治

共鸣功能障碍的矫治包括口腔共鸣异常的矫治、鼻腔共鸣异常的矫治、共鸣音质异常的矫治。②

各项康复训练开始时，首先需要进行下颌、唇、舌的运动放松，之后再进行针对性训练。口腔共鸣异常的表现包括前位聚焦、后位聚焦和喉位聚焦，对其矫治方法便

---

①② 黄昭鸣、朱群怡、卢红云:《言语治疗学》，56、90 页，上海，华东师范大学出版社，2017。

是发音位相反之音。例如，某儿童说话时舌位比较靠前，则其康复训练过程中需要多发/g/、/k/等舌位靠后的音。鼻腔共鸣异常的表现包括鼻腔共鸣功能亢进和鼻腔共鸣功能低下，对其的矫治方法分别是在康复训练中减少鼻音发音和增加鼻音发音。共鸣音质异常的矫治有鼻音、边音刺激等，即通过交替发鼻音和边音，让儿童感受音位的变化，从而提高对发音的控制，诱导出正常的音质。

4. 构音功能障碍的矫治

构音功能障碍的矫治分口部运动治疗、构音运动治疗、构音语音训练三部分。①

若儿童口部感知觉存在异常或未能掌握正常的运动方式，则需先进行下颌、唇、舌等部位的运动治疗。构音运动治疗则是促进儿童将正常的口部运动运用于构音之中，以便发出清晰的语音。构音语音训练是通过音位诱导、音位习得、音位对比、音位强化等步骤，帮助儿童掌握正常的音位和音节的发音。一些唇、舌运动训练器参见图 4-12。

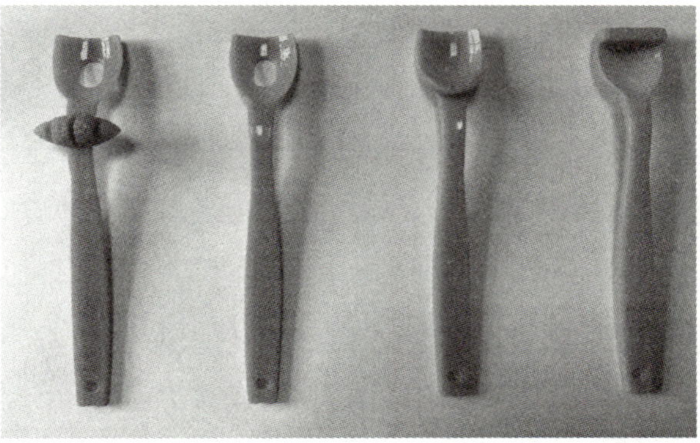

图 4-12　唇、舌运动训练器(所示为泰亿格口部构音运动训练器图片)

5. 语音功能障碍的矫治

语音功能训练是在构音基础上，帮助儿童持续、清晰地发音。训练内容包括语音巩固、语音重复、语音切换、语音轮替四步骤，使儿童发音逐渐从音位过渡到词语，从词语过渡到句子，在句子中自如切换语音。

(二)汉语普通话声母发音方法

对构音功能障碍的矫治，首先要了解不同发音的音位，其次要帮助儿童掌握该音位发音所需要的下颌、唇、舌、软腭运动方式，才能形成清晰的语音。普通话声母有21 个(见表 4-10)，各声母发音运动要领见下文。②

① 张磊、周林灿、黄昭鸣：《语言康复训练实用手册》，1 页，上海，华东师范大学出版社，2010。

② 陈小娟、张婷：《特殊儿童语言与言语治疗》，38～41 页，南京，南京师范大学出版社，2015。

表 4-10　声母构音表①

发音方式			唇音		舌尖音			舌面音	舌根音
			双唇音	唇齿音	舌尖前音	舌尖中音	舌尖后音		
鼻音	清音								
	浊音		m			n			(ng)
塞音	清音	不送气	b			d			g
		送气	p			t			k
	浊音								
塞擦音	清音	不送气			z		zh	j	
		送气			c		ch	q	
	浊音								
擦音	清音			f	s		sh	x	h
	浊音						r		
边音	清音								
	浊音					l			

发/b/音时，双唇紧闭，软腭上抬，阻塞鼻腔通道，气流冲破双唇的阻碍，声带不振动，气流较弱。

发/p/音时，除气流较强外，其他发音特点与/b/音相同。

发/m/音时，双唇紧闭，软腭下降，打开鼻腔通道，声带振动，气流从鼻腔出来。

发/f/音时，下唇接触或接近上齿，软腭上升，堵塞鼻腔通道，气流从上齿和下齿的缝隙通过，摩擦成声，声带不振动。

发/z/音时，舌尖于上齿背形成闭塞，软腭上升，堵塞鼻腔通道，紧接着松开舌尖，形成一道窄缝，气流从舌尖和上齿背之间的窄缝挤出，摩擦成声，气流较弱。

发/c/音时，除气流较强外，与/z/音无差别。

发/s/音时，舌尖接近上齿背，形成一道缝隙，软腭上升，堵塞鼻腔通道，然后气流从舌尖和上齿背之间的缝隙挤出，摩擦成声，声带不振动。

发/d/音时，舌尖抵住上齿龈，软腭上升，堵塞鼻腔通道，气流冲破舌尖的阻碍，声带颤动，气流较弱。

发/t/音时，除气流较强外，其他发音特点都与/d/音相似。

发/n/音时，舌尖抵住上齿龈，软腭下降，打开鼻腔通道，声带振动，气流从鼻腔出来。

① 张磊、周林灿、黄昭鸣：《语言康复训练实用手册》，17 页，上海，华东师范大学出版社，2010。

发/l/音时，舌尖抵住上齿龈，软腭下降，堵塞鼻腔通道，声带振动，气流从舌尖两边通过。

发/zh/音时，舌尖上翘，接触硬腭上前部，软腭上升，堵塞鼻腔通道，紧接着松开舌尖，形成一道窄缝，气流从舌尖和硬腭前部之间的缝隙挤出，摩擦成声，声带不振动，气流较弱。

发/ch/音时，除气流较强外，其他发音特点与/zh/音相似。

发/sh/音时，舌尖上翘，接触硬腭前部，形成一道窄缝，软腭上升，堵塞鼻腔通道，然后气流从舌尖和硬腭前部之间的缝隙挤出，摩擦成声，声带不振动。

发/r/音时，除声带振动外，其他与/sh/音相同。

发/j/音时，舌面前部接触硬腭前部，软腭上升，堵塞鼻腔通道，紧接着松开舌面前部，形成一道窄缝，然后气流从舌面前部和硬腭前部之间的缝隙中挤出，摩擦成声，声带不振动，气流较弱。

发/q/音时，除气流较强外，其他发音特点与/j/音相似。

发/x/音时，发音时舌面前部接近硬腭前部，形成一道窄缝，软腭上升，堵塞鼻腔通道，然后气流从舌面前部和硬腭前部之间的缝隙中挤出，摩擦成声，声带不振动。

发/g/音时，舌根(舌面后部)隆起，抵住软腭，软腭上升，堵塞鼻腔通道，然后气流冲破舌根的阻塞，声带不振动，气流较弱。

发/k/音时，除气流较强外，其他发音特点与/g/音相似。

发/h/音时，舌根接近软腭，形成一道窄缝，软腭上升，堵塞鼻腔通道，然后气流从舌根和软腭之间的缝隙中挤出，摩擦成声，声带不振动。

四、典型案例分析

患者小林，男，6岁2个月，因口齿不清就诊于某医院，诊断结果为语言发育迟缓，用S－S法、构音功能评估的具体内容如表4-11所示。若你是小林的治疗师，请列出其康复训练计划。

个别化语言康复计划

(一)背景情况

患者姓名：小林　　性别：男　　出生日期：2011年6月(6岁2个月)

诊断：语言发育迟缓。

(二)目前语言发展和成就水平

1. 智力水平

无。

2. 语言发育水平

语言发育迟缓，约3岁8个月水平。

(1)动作性课题——大部分可完成，三角形及菱形描画不能完成。

(2)语言符号——阶段4—2，可进行三条件选择。

(3)理解——阶段4—2，词汇中白色、黄色不能区分，不能理解被动语态和语序。

(4)表达——表达尚可，不能表达黄色相关两词句，不能表达三词句。

(5)交流态度——Ⅰ交流态度良好。

(6)构音——25/50；舌尖上舔齿龈2，舌马蹄形上抬3，舌两侧缘上抬0，舌前部上抬2，舌根部上抬1。

儿童语音发展年龄阶段

年龄	2岁7个月至2岁12个月	3岁1个月至3岁6个月	3岁7个月至3岁12个月	4岁1个月至4岁6个月	4岁7个月至4岁12个月	5岁7个月至5岁12个月	6岁1个月至6岁6个月
声母	h	P、g、k	q、x	l	z、s	r	c、zh、ch、sh
阶段	1	2	3	4			5
韵母	e(展唇运动)、uan(前鼻音合口)、uang(后鼻音合口)						

3. 适应行为水平

小林六大领域的发展水平如下(观察询问结果，非结构化测试结果)。

(1)动作发展——粗大动作、精细动作技能接近于同龄普通儿童。

(2)语言发展——见上。

(3)生活自理能力——饮食、衣着、睡眠、大小便自理。

(4)居家与工作能力——无。

(5)自我管理——尚可。

(6)社会化——尚可。

4. 学业成就水平

无，未上学。

5. 其他

配合度较好。

(三)语言长期教育目标、短期教学目标和评价标准

小林的语言长期目标和短期目标见下表。

小林的语言长期目标和短期目标

编号	长期目标	短期目标	学校教育日期	实际习得日期	家庭教育日期
1	能说 h 的词语（8 月 21 日至 9 月 3 日）	1.1 能说 h 的单音节词			
		1.2 能说 h 的双音节词前			
		1.3 能说 h 的双音节词后			
		1.4 能说 h 的三音节词前			
		1.5 能说 h 的三音节词中			
		1.6 能说 h 的三音节词后			
2	能说 h 的短语（9 月 4 日至 9 月 17 日）	2.1 仿说 h 的并列短语			
		2.2 能说 h 的并列短语			
		2.3 仿说 h 的偏正短语			
		2.4 能说 h 的偏正短语			
		2.5 仿说 h 的动宾短语			
		2.6 能说 h 的动宾短语			
		2.7 仿说 h 的主谓短语			
		2.8 能说 h 的主谓短语			
3	能说 p 的词语（9 月 18 日至 10 月 2 日）	3.1 能说 p 的单音节词			
		3.2 能说 p 的双音节词前			
		3.3 能说 p 的双音节词后			
		3.4 能说 p 的三音节词前			
		3.5 能说 p 的三音节词中			
		3.6 能说 p 的三音节词后			
4	能说 p 的短语（10 月 9 日至 10 月 27 日）	4.1 仿说 p 的并列短语			
		4.2 能说 p 的并列短语			
		4.3 仿说 p 的偏正短语			
		4.4 能说 p 的偏正短语			
		4.5 仿说 p 的动宾短语			
		4.6 能说 p 的动宾短语			
		4.7 仿说 p 的主谓短语			
		4.8 能说 p 的主谓短语			

续表

编号	长期目标	短期目标	学校教育日期	实际习得日期	家庭教育日期
5	能说 g 的词语（10 月 30 日至 11 月 10 日）	5.1 能说 g 的单音节词			
		5.2 能说 g 的双音节词前			
		5.3 能说 g 的双音节词后			
		5.4 能说 g 的三音节词前			
		5.5 能说 g 的三音节词中			
		5.6 能说 g 的三音节词后			
6	能说 g 的短语（11 月 13 日至 11 月 24 日）	6.1 仿说 g 的并列短语			
		6.2 能说 g 的并列短语			
		6.3 仿说 g 的偏正短语			
		6.4 能说 g 的偏正短语			
		6.5 仿说 g 的动宾短语			
		6.6 能说 g 的动宾短语			
		6.7 仿说 g 的主谓短语			
		6.8 能说 g 的主谓短语			

评价标准：测验正确率在 90%及以上即为通过。

评价时间和方法：每完成一个短期目标做一次目标测验，每完成一个长期目标做一次目标测验，三个月结束时做一次综合测验。

（四）相关服务和辅助型设施

无。

（五）计划实施的起讫日期

2017 年 8 月 21 日至 11 月 24 日。

康复教师：马××

家长：×××

日期：2017 年 8 月 20 日

第三节
物理治疗

物理治疗就是运用大自然中的声、光、电、磁、热和水等物理因子治疗疾病。物理治疗在我国已有很长的发展历史，是一门涉及多种知识的学科，其内容与现代科学技术的进程有着密切的联系，在保障人民群众健康方面做出了较大的贡献。① 据我国第二次残疾人抽样调查结果显示，截至2006年4月1日残疾人有8 296万，0～6岁的残疾儿童141万人；6～14岁学龄残疾儿童246万人，占全部残疾人口的2.96%。其中，视力残疾儿童13万人，听力残疾儿童11万人，言语残疾儿童17万人，肢体残疾儿童48万人，智力残疾儿童76万人，精神残疾儿童6万人，多重残疾儿童75万人。涉及全国19.98%的家庭。② 物理治疗作为国内外康复治疗中最活跃的领域，也是对大多数特殊儿童最有效的治疗方法。下面我们从物理治疗的服务内容与范围、转介标准、常见物理治疗方法与典型案例分析这四方面进行学习。

一、服务内容与范围

(一)儿童物理治疗概述

物理治疗是康复治疗的重要手段，在我国是较普遍、已被广泛接受的医疗服务模式。作为一种重要的医疗手段，它不仅是很多疾病及功能障碍治疗的重要组成部分及过渡治疗手段，也是一些疾病的首选治疗方法，如颈椎、腰椎病变，平衡功能丧失，中风后遗症，孕期功能障碍，等等。③ 美国的《所有残疾儿童教育法》明确规定要为障碍儿童提供各种相关服务，其中就将物理治疗列为重要的支持性服务之一。④

物理治疗由两部分构成：一部分是以运动学、生物力学和神经发育学为基础的运动疗法，其通过治疗器械、手法操作、自身参与以改变局部或全身功能，包括肌力训练、关节活动度训练、协调性训练、平衡训练、神经发育学疗法(neurodevelopment

① 许洪伟、庞灵：《康复护理学》，55页，北京，北京大学医学出版社，2017。

② 国家统计局、第二次全国残疾人抽样调查领导小组：《第二次全国残疾人抽样调查主要数据公报》，http://www.stats.gov.cn/tjsj/ndsj/shehui/2006/html/fu3.htm，2020-03-28。

③ 胥皞、张璐：《美国物理治疗专业现状、特点及其对我国运动康复的启示》，载《中国运动医学杂志》，2014(2)。

④ 许洪伟、庞灵：《康复护理学》，58页，北京，北京大学医学出版社，2017。

therapy，NDT)等[①]；另一部分是以电、光、声、磁、冷等物理因子为主要手段的治疗方式，简称为“理疗”，如电疗法、光疗法、超声波疗法等。[②]

儿童物理治疗的对象是由疾病引起的，表现出以中枢神经功能、各关节功能、神经肌肉功能、呼吸循环功能等为主的多种功能障碍。[③] 儿童物理治疗的主要目的是借助治疗训练，增进儿童的动作发展或体适能，提供有关摆位或行动辅具的建议，以增进儿童的活动能力，或排除造成动作困难的因素，以增强儿童的动作能力。[④] 物理治疗师还会给教师、家长提供一些替代性的活动，以解决儿童因行动不便造成的困难，使儿童更好地参与集体生活，进而健康成长。[⑤]

(二)儿童物理治疗的服务范围

儿童物理治疗是由物理治疗师在医院、康复机构、福利院、幼儿园、学校等场所，针对学龄前和学龄阶段儿童的障碍提供专业服务。在幼儿园、学校、康复机构接受物理治疗的对象通常有发展迟缓儿童，由神经系统障碍(脑瘫、脑伤及肌肉萎缩症等)、肌肉骨骼系统障碍(脊柱侧弯、成骨不全、肢体缺损等)以及其他病症引起的动作障碍者。[⑥] 例如，在我国台湾地区，儿童物理治疗师的服务范围，包括：新生儿阶段在加护病房的照顾；婴幼儿时期在医院、福利机构或幼儿园所提供的治疗服务；以及针对学龄阶段儿童，在学校内提供的专业服务。

目前，根据我国“特殊学校为骨干、随班就读为主体”的特殊儿童教育格局及其实施的基本途径，特殊儿童相关服务的专业合作主要体现在特殊学校或随班就读学校的教师合作，以及资源教室的教师与其他特殊教育相关服务人员的合作。[⑦] 物理治疗是特殊教育相关服务团队业务的重要部分，以下将就教育系统中的物理治疗服务进行说明。

此模式下物理治疗的服务范围包括特殊教育学校和普通学校的特殊教育班。教师可以观察儿童行走时的步态是否异常、活动时肢体是否呈现过度张力或无力、动作能力是否明显落后于同伴等，初步判断儿童是否需要转介物理治疗。如果是园内或校内的物理治疗，则无须利用特殊仪器，也不涉及直接的医疗行为，主要是通过物理治疗师的评估，确定儿童哪些动作能力需要加强，并利用相关的伸展和放松活动使儿童能够自我练习，以发展和维持最大的动作能力。

除此之外，还有民政与残联系统的物理治疗服务以及医疗卫生系统的物理治疗服务，由于0～3岁儿童通常的生活范围以家庭为中心，因此为提供儿童物理治疗的服务多数仍是医院等机构。对于需要专业的物理治疗服务的儿童，可以在提供相关物理治

---

①② 许洪伟、庞灵：《康复护理学》，55、59～63页，北京，北京大学医学出版社，2017。

③ 励建安：《特殊儿童物理治疗》，1页，南京，南京师范大学出版社，2015。

④⑤⑥ 何侃：《特殊儿童康复概论》，87、88、88页，南京，南京师范大学出版社，2015。

⑦ 盛永进：《特殊儿童教育导论》，88页，南京，南京师范大学出版社，2015。

疗服务的临近机构寻求帮助，再将物理治疗师所教的可以运用于居家训练的动作在家中加强练习。

以下从五个方面对儿童物理治疗的服务范围做具体说明。

1. 儿童动作发展

物理治疗师基于儿童的动作发展规律，协助制订计划与执行儿童动作发展问题的检查，评估儿童的动作发展情况(例如，各种姿势的控制、姿势的变换、位移能力、平衡能力、跑跳以及踢接球等)，然后通过进一步设计并执行儿童动作方面的训练计划，协助教师设计可以增进特殊儿童学习动作技巧发展的课程与活动。

2. 动作矫正

物理治疗师熟悉儿童异常动作的成因与影响因素，能够评估出造成儿童动作执行困难的原因(如肌肉力量、关节活动度或动作控制等问题)，并制订治疗计划。

3. 体适能

物理治疗师熟悉运动生理测试，也会设计与执行体适能训练计划。在学校里，物理治疗师会通过运动测试了解儿童的体适能状况，依据评估结果协助教师设计适合儿童的体适能训练计划。因此，物理治疗师可以与学校体育教师合作，共同拟定适合特殊儿童的体育教学活动，以激发儿童的运动潜能，促进儿童在体适能方面的发展。

4. 行动与摆位辅具使用

物理治疗师评估动作障碍儿童对行动、摆位或其他如足部辅具的需求，并协助教师做辅具的配置与选择工作。行动辅具是指如轮椅、助行器等辅具，可以协助儿童在班级或校园中行动与活动；摆位辅具是指如站立架或三角椅等辅具，可以协助儿童维持站姿或坐姿；其他辅具还包括托足板的足部辅具等，可以让儿童走路时更容易控制步态。在完成辅具配置后，物理治疗师会针对儿童使用辅具的能力加以训练，并向儿童、教师或家长提供保养辅具的简易方法。

5. 环境调整

物理治疗师会评估动作障碍儿童在学校环境中的活动和参与情况，针对他们的需求，设计方便使用的环境，并且向学校与教师提供有关环境调整或改造的建议。例如，针对校内有使用轮椅的儿童，物理治疗师会提醒学校设立斜坡道时注意坡道设计的位置、宽度和坡度等问题，也会为学校教师如何调整班级内的空间与动线，方便儿童进出与活动提供建议。

(三)儿童物理治疗的服务内容

物理治疗的服务内容分为直接服务和间接服务以及其他工作三个方面。①

---

① 桑德春、吴卫红、朴春花：《物理疗法与作业疗法概论》，4页，北京，华夏出版社，2004。

1. 直接服务

直接服务主要指物理治疗师为康复对象直接提供的具体服务内容，包括：评定，制订康复计划，解释说明、指导教育及提供援助，治疗(包括理疗和运动治疗)以及辅助用具的调整和给予环境改造建议。以下对儿童物理治疗中的直接服务内容做具体说明。①

(1)改善儿童维持正常姿势的能力。物理治疗师对儿童是否能维持不同的姿势进行评估，并根据儿童上课或活动情境的需要，设计适当的活动与辅助方式，让儿童能够在各种姿势下维持平衡且稳定的姿势。

(2)增进儿童改变姿势的能力。物理治疗师评估儿童能否改变自己的姿势，再通过训练增进儿童改变姿势的能力，让儿童能够依照教师的要求，适时地改变自己的姿势。

(3)改善儿童的移动能力。物理治疗师在评估儿童移动的方式与能力后，通过康复训练改善儿童的移动能力，让儿童在日常活动中能安全、快速地到达目的地。

(4)改善儿童的动作控制与协调能力。物理治疗师在评估儿童动作控制与协调的能力及做较难动作的技巧后，通过康复训练改善儿童的动作控制与协调能力，也可通过与其他特殊教育相关服务教师合作，评估并改善儿童的操作表现能力，进而改善其行为，提升其社会参与能力。

(5)改善儿童的体能。物理治疗师可通过与学校体育教师合作，共同设计适合身心障碍儿童的体育教学活动，以激发儿童最大的运动潜能，达到改善儿童体能的目的。

(6)减少儿童所处环境中的障碍。由于部分特殊儿童受制于自身障碍，需要环境中的无障碍设施方便其参与活动，物理治疗师可依据对儿童的了解，对其活动场所进行评估，调整儿童所处环境，以满足儿童对于无障碍设施的需求。这有助于儿童无障碍地在康复机构、幼儿园、学校参与活动，例如，对浴室、厕所加设扶手、拉门，去除走廊和房间的台阶等。

(7)协助儿童获得适当的移动或摆位辅具。辅具包括矫形器、假肢、轮椅、拐杖、夹板等。物理治疗师主要负责评估儿童对移动或摆位辅具的需要，协助教师配置和选购适当的辅具，并为儿童提供辅具使用的训练。针对已经有辅具的儿童，物理治疗师会评估已有辅具的使用情况，判断是否有调整和更新的需要。

(8)维持身体构造与基本功能。物理治疗师通过评估儿童身体结构的状况和基本功能是否有问题，决定是否提供进一步的康复训练，或转介做其他检查。

(9)增强自主控制肌肉的能力。物理治疗师通过评估儿童的肌肉张力与自主控制肌肉的能力，分析儿童是否有足够的肌肉力量维持姿势或动作，并对此提出适当的建议。例如，维持正确的姿势与摆位来降低不正常的肌肉张力，或通过相应的训练方法增强

---

① 何侃：《特殊儿童康复概论》，93～95页，南京，南京师范大学出版社，2015。

儿童的肌肉自主控制能力。

2. 间接服务

(1)会议。物理治疗师作为特殊教育相关服务团队的成员之一，在个别化教育计划制订与实施的各个环节中都要参与相关讨论。物理治疗师每学期应和教师、家长、机构行政人员等共同拟订儿童的个别化教育计划，共同参与制订康复计划，确立康复目标。除此之外，还有专门由物理治疗师参加的专业性会议，对服务对象进行专业讨论、评定，并检查服务方案是否合适，从而制定出更加符合儿童康复需求的服务方案。

(2)工作记录。普通物理治疗师的工作记录包括诊疗记录、日报与月报，对于特殊儿童，还需要记录与保留其个别化教育计划资料。

3. 其他工作

其他工作包括教育研究与物理治疗服务团队的运营管理。

二、转介标准

(一)物理治疗转介流程

在学校中，当儿童活动能力受到限制、参与学习活动有困难，或者有关节肌肉疼痛等问题，教师都可以转介给物理治疗师。对于特殊儿童的鉴定，主要由鉴定老师(或心理评估人员)对该儿童的各项能力、学习环境及家庭状况做综合性的评估，作为决定该儿童是否需要特殊教育相关服务的参考。如果有需要，还会进一步安排治疗师协助进行专业服务需要的评估。

在物理治疗的流程中，物理治疗师首先要收集儿童的相关资料，对儿童进行检查评定，然后再进行综合评定。① 在对特殊儿童的服务中，物理治疗师是特殊教育相关服务人员，教师首先在开学初向特殊教育相关服务人员简要说明儿童情况、问题和需求，让特殊教育相关服务人员能够更快速地切入问题，然后由物理治疗师与教师共同参与对儿童运动功能的评定。② 最后由教师与物理治疗师及其他特殊教育相关服务人员共同制订针对儿童的个别化教育计划。

儿童物理治疗评估工具包括儿童物理治疗转接表、儿童物理治疗评估表等。

(二)功能评定

物理治疗运用于儿童，需要充分考虑儿童身体的发展与功能的完善，以及对运用

① 桑德春、吴卫红、朴春花：《物理疗法与作业疗法概论》，4页，北京，华夏出版社，2004。

② 王天苗：《特殊教育相关专业服务作业手册》，140～143页，台北，特殊教育工作小组印行，2003。

场所的要求[①]，因此，评估是儿童物理治疗服务非常重要的组成部分。而在对儿童物理治疗服务的转介评估中，运动功能评估是儿童物理治疗的重要环节。通过评估可以发现、鉴定个案，为设计合适的物理治疗目标和计划、判定物理治疗效果提供依据。[②]

以下对功能评定的各个方面进行说明。

1. *全身运动评估*

全身运动评估是指运用各种运动发育量表、体格检查或摄像观察自发运动等方法，对个体进行全面的测评，以判断其是否存在运动发育障碍或相对正常小儿运动发育的水平。其对于运动障碍性疾病的诊断、程度分级和疗效评估等都具有重要的意义。

全身运动质量(General Movements，GMs)质量评估用于观察0～6月龄婴儿的自发运动，是广泛运用的一种无创、观察性的早期神经发育检查工具。可对早产、低出生体重、围产期窒息、新生儿期中枢神经系统感染、新生儿惊厥等婴儿，在纠正年龄4月龄内实施两次该评估，以了解有无后期严重精神发育异常可能性。

除此之外，新生儿神经行为测定(Neonatal Behavioral Neurological Assessment，NBNA)、艾伯塔婴儿运动量表(Alberta Infant Motor Scale，AIMS)等均可用于观察与评估新生儿的运动发育水平。

皮博迪运动发育评定量表(Peabody Development Measure Scale 2，PDMS-2)主要用于评定相对于同龄儿的运动技能水平；通过评定粗大动作发育商和精细动作发育商，比较和判断粗大动作和精细动作的发育水平是否有差异，可用于评定运动技能进步情况，也可作为研究工具，比较不同干预措施对儿童运动机能发育的影响。

粗大运动功能测试量表(Gross Motor Function Measure，GMFM)适用于对脑瘫儿童的粗大运动功能评定，分为GMFM-88和GMFM-66两个常用版本。其主要用途为：(1)确定脑瘫儿童粗大运动功能发育水平和最新运动功能发展区域，用于运动治疗的目标选择；(2)跟踪观察脑瘫儿童粗大运动功能的发育状况，分析和预测不同类型、不同分级脑瘫儿童粗大运动发育轨迹和结局；(3)判断各种干预和治疗方法对脑瘫儿童粗大运动功能的影响，以及各种方法之间的疗效对比；(4)与其他评定指标相结合，全面分析影响运动功能的因素。

除此之外，用于脑瘫儿童运动功能评估的量表还有脑瘫儿童手功能分级系统(Manual Ability Classification System，MACS)、精细运动功能评定量表(Fine Motor Function Measure Scale，FMFM)以及墨尔本评估量表(Melbourne Assessment Scale，MAS)。

2. *关节活动度评定*

关节活动度也称关节活动范围，是指关节运动时所通过的最大运动弧度。关节活

---

① 何侃：《特殊儿童康复概论》，86页，南京，南京师范大学出版社，2015。

② 励建安：《特殊儿童物理治疗》，33页，南京，南京师范大学出版社，2015。

动度评定是测定某一关节活动的范围，即远骨端所划过的度数。关节活动度评定是测量被动关节活动度(Passive Joint Range of Motion)，即由外力使关节活动时关节所通过的活动弧度。当关节活动受限时，还应测量主动关节活动度(Initiative Joint Range of Motion)，并与被动关节活动度进行比较。正常情况下，被动关节活动度略大于主动关节活动度。

主动关节活动度主要用于评价肌肉动力不足影响关节活动度的情况；被动关节活动度主要用于评价关节运动终末端的性质，从而确定是否存在限制关节活动的异常结构变化。

关节活动度评定可采用目测，但准确地测量多使用量角器，以通用量角器为主。关节活动度评定多用于测评四肢骨、脊柱关节或肌肉伤病及手术后患者，神经系统疾病影响关节活动的患者，以及其他原因导致关节活动障碍的患者。

其重要用途为：(1)确定关节活动受限或不稳定的部位、程度和原因，为物理治疗目标和方案的制定提供依据；(2)作为物理治疗疗效评估指标。

3. 肌力评定

临床上肌力评定主要是在肌力减低或功能活动受到影响时进行。肌力下降的原因有废用性肌肉萎缩、神经系统疾病、肌原性疾病以及年龄增加。临床上儿童的肌肉评定主要采用等张肌力评定中的功能性肌力评定和徒手肌力评定。

肌力评定的主要用途为：(1)确定肌力减低的部位和程度；(2)寻找和确定肌力减低的原因；(3)为明确物理治疗目标和制定训练方案提供依据；(4)作为物理治疗效果评估指标。

4. 肌张力评定

肌张力是指肌肉在静息状态下所保持紧张状态的程度。肌张力是维持身体各种姿势以及正常活动的基础，它的变化可以反映神经系统的成熟度和损伤程度。

肌张力评定的方法分为仪器评定和手法评定。肌张力仪器评定是指利用仪器如电生理测试仪、等速测力仪及肌电图等来检查肌张力。而肌张力手法评定是指检查者通过对受检者进行关节的被动运动时所感受到的阻力进行分级评定。此方法操作简单方便，适用于各级康复机构。

肌张力评定适用于神经病变所导致的肌张力异常，肌肉病变引起的肌肉萎缩或肌力减弱，制动、运动减少或其他原因引起的肌肉失用性改变进而导致的肌张力改变。其主要用途为：(1)根据肌张力评定结果确定病变部位；(2)根据肌张力表现制订康复治疗计划；(3)作为疗效评估指标。

5. 平衡功能评定

平衡是儿童保持正常体位，完成各项日常生活活动的基本保证。脑瘫儿童由于中枢神经损伤，神经肌肉控制能力受限，故平衡能力受到影响。脑瘫儿童的平衡功能康复训练是物理治疗服务的重要内容之一，因此平衡功能评定是制订平衡康复计划的重要步骤。

平衡功能评定的主要用途有以下几个：(1)确定是否存在影响行走和其他功能性活动的平衡障碍；(2)确定儿童障碍的水平或程度；(3)寻找和确定儿童平衡障碍发生的原因；(4)指导制订康复治疗计划；(5)监测儿童平衡功能障碍的治疗和康复训练的疗效。

6. 协调功能评定

协调功能是指个体完成平稳、准确、有控制的运动的能力。协调功能障碍又称"共济失调"，根据病变部位又可分为小脑性共济失调、脊髓性共济失调、前庭迷路性共济失调、大脑性共济失调和脑干性共济失调。

协调功能评定的用途有以下几个方面：(1)通过了解儿童肌肉或肌群在维持姿势以及各种运动或动作中的功能状况，明确协调障碍对粗大运动、精细运动或活动质量的影响；(2)根据儿童协调运动障碍状况制订相应的康复目标与计划；(3)提供为改善儿童协调运动功能而制定运动训练方案的依据；(4)为儿童选择适当的辅助运动器具提供依据；(5)判断儿童康复训练的效果或改善协调运动障碍的药物疗效。

7. 步态评定

步态是指人们步行时的姿态。步态是一种多系统参与的复杂运动过程。通过步态分析，可以揭示儿童异常步态的性质和程度，为其进行行走功能评估和矫正提供必要的依据。

常见的步态异常特征有醉酒步态、感觉性共济失调步态、痉挛性偏瘫步态、痉挛性截瘫步态、慌张步态、跨阈步态、摇摆步态、舞蹈步态、星迹步态、臀中肌麻痹步态、脊髓性间歇跛行、癔病性步态以及先天性肌强直。

步态评估的用途体现在以下几个方面：(1)物理治疗师能够从相同的行走行为中寻找和提取个体之间的变化特征；(2)通过与普通儿童自然步态的比较，能发现异常步态儿童的潜在疾病；(3)对有神经系统和肌肉骨骼系统疾病和损伤的儿童进行分析，为训练提供依据。

三、常见物理治疗方法

物理治疗包括利用力学原理治疗运动障碍的运动疗法，以及利用热、冷、光、电、磁、水等物理因子，主要针对疼痛进行的理疗(即物理因子治疗)。[①]

---

① 桑德春、吴卫红、朴春花：《物理疗法与作业疗法概论》，25页，北京，华夏出版社，2004。

（一）运动疗法

1. 肌力训练

肌力是指肌肉收缩时产生的最大力量。肌力训练主要针对各种原因引起的肌肉力量下降和不足，通过对肌肉力量的训练，使肌肉的结构、形态以及功能发生适应性的变化。根据特殊儿童发育规律的不同，具体训练方法分为躯干肌力训练、上肢肌力训练和下肢肌力训练。需要训练者注意的是，针对特殊儿童的不同特点，肌力训练需要借助图片、灯光、视频、玩具、游戏等方式激发和诱导特殊儿童配合治疗。

2. 关节活动范围训练

关节活动范围训练是指利用各种方法以维持和恢复因组织粘连或肌痉挛等多种因素引起的各种关节功能障碍的运动疗法。关节活动范围训练适用于预防制动时发生关节挛缩，治疗由于骨关节外伤和疾病、神经疾病或其他原因导致的关节活动障碍等。训练方法有徒手训练和器械训练。

3. 平衡训练

平衡是指人体不论处在何种位置、运动或受外力推动时，自动地调整姿势并维持所需姿势的过程，是一种自动反应，包括平衡反应、保护性伸展反应等。许多儿童疾病如小儿脑瘫、儿童感统失调、视觉障碍、听觉障碍等都会导致平衡功能障碍，将会直接影响儿童运动功能及一切技巧性活动的能力。在治疗上，除了针对病因进行药物或手术治疗外，最为直接有效的治疗就是进行平衡能力的训练。

4. 步态训练

步行是指通过双脚的交互移动来安全、有效地转移人体的一种活动，是躯干、骨盆、下肢各关节及肌群的一种规律、协调的周期性运动。普通儿童的步行发育期是在出生后 11～15 个月。随着发育的不断完善，上肢能够自然摆动，并能和双下肢交互迈步时协调，形成上下肢及躯干协调、流畅的节律性的步行运动。有运动障碍或发育落后的儿童尽早进行步行训练，可帮助其提高身体各部分的协调运动，也可为其以后跑跳能力的发育奠定基础。

5. 运动功能恢复技术

中枢神经系统损伤后，运动功能障碍主要表现为肌肉瘫痪无力、肌张力增高、痉挛平衡能力差、运动不协调等运动控制障碍。运动器官本身的功能损害都是继发于病后疼痛、废用、误用等，因此治疗上主要是改善运动控制，诱发正常运动活动，从而预防废用或误用性运动功能障碍。促进运动功能恢复的技术有引导式教育、神经发育学疗法。

引导式教育是一种以教与学为本，比较完整而全面的系统。它有别于其他康复方法，是应用丰富多彩的引导式内容和手段，如节律性意向、音乐和游戏等调动儿童的兴趣，激发他们的主动学习热情，提供意识指令性诱导，通过引导者与儿童的复杂的整体互动，诱发儿童本身的神经系统形成组织化和协调性，达到功能康复目的。

神经发育学疗法也称“易化技术”，其依据神经正常生理及发育过程，即由头到脚、由近及远的发育过程，运用诱导或抑制的方法，使儿童逐步学会如何以正常的运动方式去完成正常生活动作。神经发育学疗法代表性的技术有博巴斯(Bobath)技术、鲁德(Rood)技术、布伦斯特伦(Brunnstrom)技术、神经肌肉本体感觉促进技术和运动再学习。[①]

此外还有牵引技术、耐力训练、体位转移训练、上田法(日本上田博士所创建的治疗小儿脑性瘫痪的方法)以及中国传统疗法(推拿等)。

(二)物理因子治疗

物理因子治疗主要有以下几种。

1. 电疗法

电疗法是应用各种电流或电磁场预防和治疗各种疾病的方法。根据所采用电流频率的不同，分为直流电或直流电离子导入疗法、低频电疗法、中频电疗法及高频电疗法。

2. 磁疗法

磁疗法是指利用人造磁场(外加磁场)作用于人体经络、穴位和病变部位，以治疗某些疾病的方法。

3. 水疗法

水疗法是指利用不同温度、压力、成分的水，以不同形式作用于人体，预防和治疗疾病的方法。水疗法包括沐浴疗法、矿泉疗法等。

4. 光疗法

光疗法是指应用人工光源或日常辐射治疗疾病的方法，包括红外线疗法、红光疗法、蓝紫光疗法、紫外线疗法、激光疗法等。

5. 生物反馈疗法

生物反馈疗法是指应用现代科学技术，将人们正常意识不到的身体生物信号，如肌电、脑电、皮温、心率、血压等转变为可以识别的光、声、图像、曲线等信号，训练儿童学会根据信号在一定范围内控制那些不随意、不能感受到的生理活动，调节生理功能及治疗身心疾病的方法。常用的生物反馈疗法有肌电生物反馈、手指温度生物反馈、血压及心率生物反馈、脑电生物反馈、皮肤生物反馈。

除此之外，常用的物理因子治疗方法还有低温疗法、超声疗法、冲击波疗法等。

---

① 陈长香、侯淑肖等：《社区护理学》，193页，北京，北京大学医学出版社，2015。

四、典型案例分析

第三章曾讲述特殊教育相关服务的实施流程大致包括申请或转介、评估与鉴定、制订个别化教育计划、安置、提供教学服务、评估结果。

本节通过借鉴相关研究①，呈现对特殊儿童进行物理治疗的具体流程与内容。

（一）服务对象鉴定

首先确定服务对象。该研究选取的服务对象是一名脑瘫儿童，通过与家长的访谈、观察获得其如下基本资料：A，女，14 岁，5 岁的时候经医院确诊为脑瘫，属于痉挛型，重复偏瘫左侧，具有行走能力，走路姿势异常，接受过断断续续的医疗康复。由于认知障碍和动作障碍，该儿童缺少基本的自我照顾能力。

（二）安置方式

教康整合性支持服务体系是指各专业人员针对个案的整合性服务，让特殊儿童在一天的不同时空进行教育和康复的转换，且在集体、小组、个别活动中进行教育、训练的融合。②

研究者在自然的生活环境中，在深入了解 A 生活自理能力的现况下用教育和运动康复整合的方式对 A 进行教育干预。这有利于研究者在研究过程中与 A 互动，获得最真实的资料；也有助于研究者及时解决干预过程中出现的问题，从而使 A 在研究中获得最大收益。

（三）评估内容

物理治疗师通过《个案基本情况调查表》对主要照顾者的基本资料、A 的个人基本资料、家庭基本资料进行调查；通过《特殊儿童特殊教育相关专业服务综合评估表》对 A 进行进一步的综合评估，包括粗大动作、精细动作、认知、沟通以及特殊行为方面；通过《物理治疗评估表》对 A 的脑瘫症状做更有针对性的评估；在具体的服务过程中，使用《生活自理能力评估表》测量 A 的生活自理能力，用于教育目标、内容的拟定及设计，以及干预效果的评价。

研究者根据《物理治疗评估表》，对 A 的运动功能进行评估。评估结果如下：现有能

---

① 秦雪梅：《教育和康复整合干预对脑瘫儿童生活自理能力影响的个案研究》，硕士学位论文，重庆师范大学，2012。

② 张文京：《特殊教育相关服务课程建设的探索》，载《现代特殊教育》，2012(1)。

力为交替半跪，并且具有行走的能力，但走路姿势异常，骨盆微向右倾斜。障碍部位为重复偏瘫左侧，左上肢张力高，手无法举过头顶，并且不能够双手互相拍掌。主要问题是髂腰肌肌力不足，影响稳定地交替半跪、行走的能力；股四头肌挛缩的肌张力高；左上肢张力高，影响手功能；膝反张严重。与动作相关的其他能力中，语言能力正常，但是视力斜视，前庭敏感，情绪反应敏感，并且患有严重的癫痫，经过两次手术。

此外，研究者对 A 的感官知觉、粗大动作、精细动作、沟通能力、认知能力、特殊行为及心理问题 6 个方面进行评估。综合评估结果如下。

(1)A 的总体优势：在感官知觉方面，听觉、触觉正常；在粗大动作方面，可以行走，能够主动移位；在精细动作方面，右手可以抓握餐具、笔等物体；在沟通方面，语言机转与口腔功能正常，并且具有功能性口腔动作。

(2)A 的总体弱势：在感官知觉方面，A 伴有斜视，无法辨识具体声音；在粗大动作方面，全身肌肉张力高，平衡能力不好，左上肢肌张力高，很难模仿肢体动作；在精细动作方面，手指肌肉力气差，双手协调能力不好，缺乏技巧性手功能；在沟通方面，语言理解能力差，口语表达经常是无意义的，不符合情境；在认知方面，不具备基本的认知能力；在特殊行为及心理问题方面，情绪敏感，经常离家出走。

(四)制订个别化教育计划

在 A 现况的基础上，综合考虑影响其生活自理技能的各种因素，为其制订本研究阶段的个别化教育计划、运动康复训练计划，拟定教学干预功课表及教学干预主题，对其进行教育和康复整合式的全方位干预。

1. 制订运动康复训练计划

研究者根据《物理治疗评估表》的结果，综合物理治疗师的建议，制订如下运动康复训练计划：(1)牵拉右臀中肌、股四头肌，一次 10 分钟左右；(2)跪立推拉物体，并且要求左手在下，右手在上，右手握住左手，一次 20 分钟左右；(3)交替半跪并交替举手看手心，一次 30 分钟左右；(4)仰卧起坐，一组 5～10 个，共 10 组。这个计划要求 A 一天上午、下午各做一轮。对 A 的短期目标为稳定地交替半跪 10 次，左手可以举过头顶持续 5 秒，左右手能够互拍 10 次；长期目标为半跪站立起，上肢收放自如。

2. 相关人员共同制订个别化教育计划

由特殊教育相关服务人员、家长共同参与个别化教育计划的制订。研究者将在第一个评估阶段获得的访谈整理结果和量表评估结果报告给家长，请家长对结果提出意见，经过家长与研究者的分析，最后对各种评估结果达成共识。家长与研究者分析各种评估结果之间的关系，找到一致同意影响 A 生活自理能力的关键能力，共同决定 A 优先发展的领域、目标，以及其他相关发展的领域、目标，最后家长与研究者提出自己的建议以及干预策略。研究者对会议决议进行整理、总结。

研究者根据会议的讨论结果，按照《特殊儿童特殊教育相关专业服务综合评估表》中的 6 个领域，拟定具体的个别化教育计划，并交给家长一份。

(五)实施个别化教育计划

物理治疗服务计划经过半个月的初期准备，在 7 月中旬开始正式干预，9 月底结束研究者的干预。干预时长 2.5 个月。实施内容包括课前体操活动的实施、教学主题活动的实施以及互动与康复训练的实施，其中，系统的康复运动训练每天早、晚各一次。一日干预活动安排如表 4-11 所示。

表 4-11　一日干预活动安排表

	时间	活动安排	协助参与人员
上午	8：30—9：30	动作训练	研究者、家长。(前期由研究者为 A 进行动作训练，家长从旁学习；后期家长亲自训练，研究者从旁协助。)
	9：50—10：00	课前体操	研究者、家长。
	10：00—10：50	单元教学	研究者、家长。
	11：00—11：30	互动	研究者、家长、社区邻居、朋友等。
下午	4：30—6：00	动作训练	研究者、家长。(前期由研究者为 A 进行动作训练，家长从旁学习；后期家长亲自训练，研究者从旁协助。)

(六)总结

研究结果显示：A 在饮食、如厕、卫生清洁、穿着打扮、沟通、行动交通、安全能力各领域的日常自理能力都有所提高，认知水平亦有所提高，情绪较之前稳定，给家长、社区邻居、亲戚朋友焕然一新的面貌，不仅干净卫生，而且懂事、有礼貌。干预不仅使 A 各方面能力有所提高，而且使家长对 A 的康复重新寄予希望，并且家长掌握了基本的康复技能和教导策略。干预中家长的参与，提升了家长与 A 之间的亲子关系，有效地改善了家庭气氛，提高了整个家庭的生活品质。

第四节
作业治疗

随着科技的发展和人民生活水平的提高，人们对于生活质量要求也越来越高。对功能障碍儿童而言，不仅要解决肢体功能问题，更重要的是作为一个独立的人参与到社会生活和学习中，目前《国际功能、残疾和健康分类》已将活动和参与作为主要内容，因此，作为联结家庭、医院和社会的纽带——作业治疗也正逐渐受到重视，且近年来得到了蓬勃的发展。

一、服务内容与范围

(一)作业治疗的概念

作业治疗又叫“职业治疗”，最初是从医学和护理中抽离出的一种治疗方式，是康复治疗技术的重要手段之一。在美国，作业治疗主要是帮助个体在日常生活中，尽可能独立发挥身体、感知及认知能力。美国作业治疗协会(American Occupational Therapy Association，AOTA)宣称作业治疗是一项未被充分利用的服务体系，能够解决儿童的教育、社会、情绪情感和行为等多种需要。在我国，作业治疗是应用作业活动进行治疗和康复的一种方法。应用有目的的、经过选择的作业活动，对于身体上、精神上、发育上有功能障碍或残疾，以致不同程度地丧失生活自理和职业劳动能力的患者进行治疗和训练，有助于其恢复、改善和增强生活、学习、劳动的能力，并作为家庭和社会的一员，过着有意义的生活。[①] 根据世界作业治疗师联盟(World Federation of Occupational Therapists，WFOT)2012年对作业治疗的最新定义，作业治疗是以服务对象为中心，通过有意义和有目的的作业活动，促进健康与幸福的一门医疗卫生专业。作业治疗的主要目标是协助服务对象参与到日常生活活动中去。作业治疗通过与个人和社区的合作，或通过环境改造和活动调整来提高服务对象的参与能力，支持其更好地参与到他想做的、必须做的或期望做的作业活动中，实现治疗目标。所以，作业治疗是使患者提高自理能力和生活质量，回归家庭和社会的桥梁和纽带。[②] 综上所述，作业治疗的最终目的包括预防患者伤病所带来的残疾和残障、维持健康、促进生活独立程度、提升生活质量，从而让患者可以参与社会活动及为社会做出贡献。

(二)作业治疗的模式

作业治疗的模式是作业治疗的理论基础，目前主要包括人—环境—作业模式(person—environment—occupation model)、加拿大作业表现模式(Canadian model of occupational performance)、河流模式、运动控制模式等。其中，人—环境—作业模式是由玛丽·劳(Mary Law)博士于1996年提出的。该模式认为作业表现是人、环境和作业活动动态且不间断的相互联系、相互影响的产物。在不同年龄时期，个体探索、控制、

---

① 胡军:《作业治疗学》，1～4页，北京，中国中医药出版社，2017。

② 张宏:《康复医学》，102～104页，北京，中国中医药出版社，2017。

改变自己和环境的能力不同，作业活动的表现也不同。加拿大作业表现模式是由加拿大国家健康福利部和加拿大作业治疗师协会于1986年首次提出的。该模式主要关注治疗对象与作业治疗师之间持续的关联，其包含三个方面的内容：①以患者为中心的理论及其资源；②影响作业活动表现的概念体系；③在实践中实施以患者为中心及作业活动表现理论的具体过程。

（三）作业治疗的流程

作业治疗的流程是指作业治疗最基本的步骤。治疗师必须熟悉，以便应用于作业治疗中。作业治疗具体可分为以下6个步骤。(1)初次评定：收集患者相关资料，找到患者的需求，从患者需求出发，逐项分析、研究其意义，找出患者有哪些作业表现障碍及影响因素，程度如何，针对具体活动障碍可以采用活动分析。(2)设定预期目标：在评定中将各种有价值的数据综合在一起，判断患者的治疗前景是完全恢复、部分恢复还是难以恢复，也就是说他现在能做什么，经过治疗可以做什么，确定妨碍恢复的因素，从而预测出可能恢复的限度。(3)制定治疗方案：根据残疾评定试验预测可能出现的继发性问题，以及治疗的长期目标、短期目标，从而在今后的治疗中有效利用人力和物力，以制定一个包括预防对策在内的、为达到目标的治疗方案。(4)实施治疗：根据处方或确定的治疗程序表，与各专业治疗师密切联系，按照医师总的治疗方针，运用自己的专业技术，进行治疗。(5)再评定：定期对患者的治疗进行检查，并和原来的结果进行比较，观察治疗方法是否正确。(6)决定康复后去向。

以上作业治疗的流程可概括为图4-13所示内容。

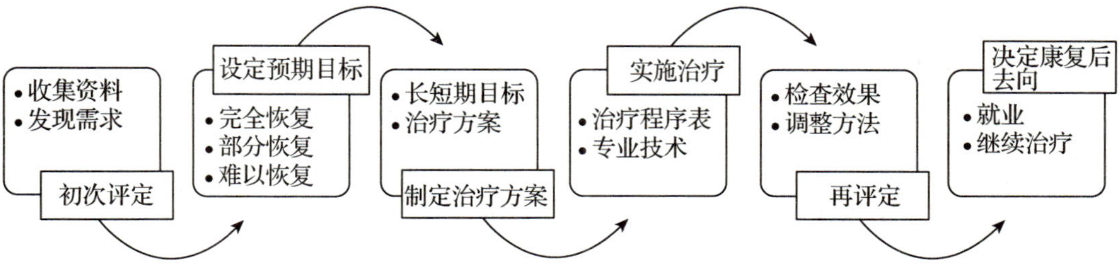

图4-13　作业治疗的流程①

---

① 窦祖林：《作业治疗学》，25页，北京，人民卫生出版社，2018。

(四)作业治疗场所及内容

1. 发育性作业治疗

(1)主要工作地点：普通医院儿科、儿童康复中心、儿童福利院及早期教育或训练中心、儿童医院(包括康复、疗养及门诊等部门)。

(2)服务对象：学习行为异常、儿童发展障碍如自闭症、多动症、专注力失调等儿童，脑瘫儿童，智力(认知)障碍儿童。

(3)服务内容：通过感知运动、感觉统合、认知训练、博巴斯技术等功能训练，促进患者的正常发展；用特别设计的工艺、文书及肢体活动提高儿童作业技能，例如，手部功能、读写能力等；教授因发展障碍而未曾达到的日常生活技能；提供职前训练、工作训练；游戏及娱乐；提供引导式教育，促进儿童学习正常发展；设计、制造、应用支架及辅助器具。

2. 社会心理作业治疗

(1)主要工作地点：精神病医院(包括急诊、康复、疗养及门诊等部门)、社区中心、日间训练中心、康复中心。

(2)服务对象：精神病儿童，如患有精神分裂症、抑郁症、思维失调、人格异常及其他心理障碍、躁狂症等。

(3)服务内容：减轻儿童的不安与烦恼，或给儿童提供一个发泄情绪的条件；对肢体障碍儿童提供心理支持性治疗；提供工作训练，促进工作能力的恢复，利用就业前功能评测，帮助确定较合适的工种，增加就业机会；改善儿童心理社交状态；利用行为疗法减少不当的社会行为，促进适当行为的发生。

3. 普通科作业治疗

(1)主要工作地点：普通医院(包括急诊、康复、门诊等部门)、社区中心、日间训练中心、康复中心。

(2)服务对象为患有以下疾病者：伤残所致功能障碍，包括骨折、关节损伤、颅脑及脊髓损伤、截肢、断肢再植等；骨关节系统疾病，如风湿、类风湿关节炎、强直性脊柱炎、退行性骨关节炎、肩周炎等；肿瘤的相对稳定期；神经肌肉系统疾病，如脑卒中、共济失调、进行性肌营养不良、震颤麻痹、脑瘫、截瘫、四肢瘫、老年性痴呆、周围神经损害、脊髓灰质炎后遗症；其他，如肺心病、冠心病。

(3)服务内容：促进机体功能的恢复，包括肌力、肌张力、耐力、关节活动度、知觉、认知、柔顺性、协调性和灵敏性等；帮助提高日常生活能力；促进工作能力的恢复；就业前功能评测；开展神经发育学疗法；促进残余功能最大限度地发挥；改善精神状况。

(五)作业治疗项目

作业治疗根据分类的方式不同，有不同的项目分类。

1. 按作业治疗的工种分类

按作业治疗的工种划分，作业治疗可以分为：手工艺作业、日常生活活动训练、文书类作业、治疗性游戏作业、园艺作业、木工作业、黏土作业、皮工作业、编织作业、金工作业、制陶作业、装配与维修作业、认知作业、计算机操作、书法、绘画作业等等。

2. 按作业治疗的内容分类

按作业治疗的内容划分，作业治疗可以分为：日常生活活动训练、工艺治疗、就业前功能评定和功能性作业活动、文娱治疗、自助具及矫形器制作与适应训练、假肢训练等等。

3. 按作业治疗的目的和作用分类

按作业治疗的目的和作用划分，作业治疗可以分为：用于减轻疼痛的作业，用于改善步态的作业，用于改善整体功能的作业，用于调节心理、精神和转移注意力的作业，用于增强肌力的作业，用于改善关节活动度的作业，用于增强协调性的作业，用于增强肌肉耐力的作业，用于提高认知能力的作业，等等。

4. 按作业治疗的功能分类

按作业治疗的功能划分，作业治疗可以分为以下几类。

(1)功能性作业治疗，又称“日常生活活动训练”或“躯体的日常生活活动训练”。生活自理是患者回归社会的重要前提，因此，日常生活活动训练是康复医学中非常重要的环节，其内容一般可再分为基本日常生活活动(进食、穿衣、大小便控制、功能性移动、性行为、个人物品管理、个人清洁卫生、如厕、洗澡等)及工具性日常生活活动(小区生活技能、金钱管理、购物、社区移动、照顾他人或宠物、养育孩子、紧急事件处理、家务劳动等)两类。

(2)职业作业治疗。包括职业前评定(pre-vocational evaluation)、职业前训练(pre-vocational training)及职业训练(vocational training)三个部分。

①职业前评定。身体障碍者回归社会、重返工作岗位以前，必须进行身体和精神方面的能力测评。职业前评定还包括身体功能评定及工作能力评定，前者包括身体动能如搬运能力、心肺功能等评定，后者包括室内模拟工作测验及实地工作观察。

②职业前训练。如果患者在以上某方面仍有困难，就要通过实际工作训练提高其适应社会的能力，为其恢复职业劳动能力创造条件。

③职业训练，包括庇护工场(sheltered workshop)、职业技巧训练(vocational skills training)、辅助就业(supported employment)等。

(3)娱乐活动。包括娱乐及游戏活动治疗(treatment of play and leisure)、娱乐及游戏活动评定(evaluation of play and leisure)两个部分。

(4)作业宣教和咨询。即疾病康复过程中对患者及其家庭的宣教咨询，具体是指提供各种学习机会，帮助患者改变不良的行为并坚持健康行为，以实现预期的、适合患者自身健康水平的目标。健康知识是教育的主要内容，而教与学是贯穿于整个教育过程的两个基本方面。

(5)环境干预。环境影响人的行为，人的行为也改变着环境。在临床康复过程中，通过关注环境可以达到意想不到的疗效(见表 4-12)。

(6)辅助技术。包括矫形器配制和使用训练、辅助器配制和使用训练，以及假肢使用训练。

表 4-12　工作场所常见环境障碍及环境调适示例

项目	常见障碍	环境调适示例
上下班，无法到达或离开工作区或办公区	没有公共交通工具。	(1)使用电动轮椅、机动轮椅车。 (2)使用改装汽车。
	无法乘坐交通工具(地铁、公共汽车等)。	(1)进行功能和相应技巧训练。 (2)使用残疾人专用的士、巴士。
	无法进入工作区(台阶、楼梯)。	(1)加装扶手。 (2)进行功能和技巧训练，如轮椅过障碍。 (3)进行环境改造，增加斜坡，去除台阶。
办公区	没有无障碍卫生间。	(1)增加无障碍卫生间。 (2)使用如厕辅助器具。
	电脑使用困难。	使用电脑辅具，如轨迹球鼠标、敲键杖等。
	会议室不方便使用。	会议室设置轮椅专用位置。
	工作台无法靠近。	更换工作台。
	物品柜内取物困难。	(1)合理摆放物品，常用物品放于易拿取位置。 (2)使用拾物器。 (3)使用可升降电动轮椅。 (4)更换为方便拿取的柜子或增加升降物品筐。
	不能久坐。	(1)使用人体工学椅。 (2)定时休息，工作间歇适当进行运动锻炼。

续表

项目	常见障碍	环境调适示例
工作间	工作台不合适。	调整工作台底部空间和高度。
	活动空间不足。	(1)重新摆放物品。 (2)减少轮椅尺寸。 (3)增大活动空间。
	不安全的工作环境，如光线不足、物品杂乱、噪声、地面湿滑等。	(1)良好的采光和通风。 (2)噪声控制在安全范围内。 (3)进行安全工作教育。 (4)设置设备使用规程和安全标识。 (5)地面物品摆放合理、整齐。
	工作间内移动困难	减少工作时的移动，去除障碍物。

①矫形器配制和使用训练。矫形器是用于人体四肢、躯干等部位，通过力的作用以预防、矫正畸形，治疗骨骼、关节、肌肉和神经疾患并补偿其功能的器械。配制和使用矫形器是作业治疗的内容之一。

②辅助器配制和使用训练。患者康复辅助器的选购、改造和使用都需要作业治疗师加以指导，才能产生积极的辅助作用。

③假肢使用训练。根据残疾者具体情况向康复工程师提出有关假肢处方的建议。对穿戴机械假手者，训练其假肢的协调动作。对穿戴下肢假肢者进行负重与平衡训练、平地行走和上下台阶训练等。

二、转介标准

作业治疗评定是作业治疗的前提。作业治疗评定是一个系统地收集影响患者作业表现的信息过程。作业治疗评定着眼于患者的功能障碍，它要求掌握患者的全身状态及心理状态，以各种方法判明患者的残存功能及恢复能力，并判明妨碍恢复的因素。它更强调患者的整体状况，尤其强调患者的日常生活、工作和娱乐等的独立活动状况。通过作业评定，治疗师可以发现患者的作业表现障碍、分析障碍的原因、确定治疗目标以及指导作业治疗方案的形成。

三、作业治疗常用的干预方法

作业治疗常用的干预方法主要有：有意识地自我使用；教与学；有目的性的活动；

非人类环境；活动小组；活动分析和组合。

(一)有意识地自我使用

自我使用的目的是减轻恐惧或者忧虑，有计划地利用治疗师或治疗对象本身与他人的相互作用。自我使用包括：提供辅导；提供必要的信息或建议；帮助他获得更多的欣赏；发挥及使用他潜在的能力。这种关系可以保持并且改进既往的功能，是应对生活压力的一种有用手段。

(二)教与学

教与学是指个人不能独立参与一个社区的活动，或不能获得其他人所拥有的必要的技能时，教师教与学生学的过程。

(三)有目的性的活动

这类活动应按照患者在感觉、肢体活动、认知、社交及技能方面的需要发展，并能反映出他们的社会和相关文化价值。

(四)非人类环境

非人类环境包括：自然环境如光线、草木；不同的建筑物、设施及社区的公共机构；物体。作业治疗师最了解环境对患者的影响，可根据环境的具体情况选择治疗项目，并结合当时当地资源进行选择。

从康复的角度，作业治疗也可改良环境，配合无障碍环境设施，针对不同类型的残疾评定环境安全性问题，如预防跌倒等，使患者能独立及安全地生活。环境改良包括下面几个范畴。

(1)建筑环境。评定由环境引起的问题，并提供意见，为患者解决家居及工作上的障碍。作业治疗师根据不同的残疾情况提供适合的环境策略。

(2)辅助技术。指运用科技、辅助器具或系统增强残疾人的功能的一类器具。辅助技术是非人类环境的物体之一。辅助技术可分为以下几类：①助具和适应性设备；②常用的辅助装置及日常生活辅助器具；③坐姿及干预；④坐垫及轮椅；⑤康复支架；⑥压力衣及压力垫。

计算机辅助康复是辅助技术的新发展，包括：①环境控制；②辅助沟通方法和适应性开关；③作业治疗项目的软硬件开发和设计；④多媒体程序和软件设计；⑤虚拟现实(VR)等。

(五)活动小组

活动小组的目的是帮助共同关心有关作业问题的患者。小组可以是开放的或封闭的，或依据不同的需要以不同的结构和主题组合。例如，对于需要锻炼手指精细活动的特殊儿童，可以采取各类相关的作业治疗活动小组形式，包括编制活动小组、剪纸活动小组、刺绣活动小组等。

(六)活动分析和组合

活动分析和组合是指针对患者能力及需要的活动进行的有机组织分析，再结合非人类环境，以便设计一项适合有关评定或干预的作业活动。

四、典型案例分析

黄某，男，18岁，特殊教育职业学校学生，上肢肢体障碍。肘关节、腕关节和指关节活动范围均严重受限；手部灵活性差，各指仅存在轻微主动活动(小于5度)，不能完成抓握及对指，不能完成任何功能性活动。

作业治疗处方：(1)日常生活活动训练。目标：恢复手精细活动功能；项目：穿衣训练、梳头、拧干毛巾；强度和频率：60分钟，每日1～2次。(2)职业技巧训练。目标：恢复职业劳动能力；项目：拧螺丝，装配机械设备；强度和频率：30～45分钟，每日1次；注意事项：循序渐进。(3)工艺治疗。目标：训练手精细功能，改善情绪；项目：泥塑，编制；强度和频率：1～2小时，每周2次。(4)职业前评定和就业咨询。目标：期望通过作业治疗锻炼上肢功能。其穿上衣的活动成分和动作分析可参见表4-13。

表4-13　穿上衣的活动成分和动作分析

动作	障碍			
	单侧上肢或躯体功能障碍	双侧上肢功能障碍	双侧肢体协调障碍	双上肢主、被动活动度受限
①放好上衣	将上衣里面朝外，衣领向上，置于膝上。	将上衣的背面放在膝盖上，领子对着自己，上衣的前面向上并打开。	将上衣背面向外放在大腿上，袖子和领子靠近膝盖。	把上衣前面向上放在腿上。
②上肢和手穿进正确的袖管	用健手帮助露出里面的袖口，把患手穿进相应的袖口。	将一侧手臂伸入袖孔直至袖孔处于肘上部，手可以伸出来。用同样的方法将另一侧手臂伸入另一个袖孔。	双侧手臂穿过衣服，滑进袖子里，并把袖子拉到肘以上。	把一侧上肢穿进袖子里，然后躺下，利用衣服与床之间的摩擦力固定住衣服，把胳膊滑进袖子里。

续表

<table>
<tr><th rowspan="2">动作</th><th colspan="4">障碍</th></tr>
<tr><th>单侧上肢或躯体功能障碍</th><th>双侧上肢功能障碍</th><th>双侧肢体协调障碍</th><th>双上肢主、被动活动度受限</th></tr>
<tr><td>③把衣领拉到一侧肩</td><td>将上衣沿患侧上肢拉到健侧肩和颈部。用健手把衣领从患侧拉到健侧时，患者也可用牙咬住衣领的另一端。</td><td rowspan="2">低头将上衣上举过头顶，这时上衣到了颈后部。手臂伸直，让上衣垂落至肩膀上，身体前倾，使上衣沿躯干和椅背之间的空隙滑下。</td><td rowspan="2">把衣服的后面拉到一起并拉过头。也可以把肘关节放在膝盖上或者桌子上，弯下头穿过衣领，前伸、后缩、上抬、下压肩部，使上衣穿到肩上。或者用一侧上肢先把衣服拉过对侧肩膀，然后再拉另一边；下压肩部，身体轻微向前弯曲，使衣服从身后落下。</td><td rowspan="2">将肩膀滑到衣领上，把另一只手臂放到袖子里，坐起来，把手臂穿进袖子里(用这个方法时衣服必须是宽松的)。</td></tr>
<tr><td>④穿上另一侧上肢</td><td>把健手和上肢穿进衣袖。患者用健手抓住上衣的后襟，将其拉开展平。</td></tr>
<tr><td>⑤系上纽扣</td><td>整理上衣，使纽扣对准相应扣眼，稳定纽扣边缘，用健侧拇指撑开扣眼并套上纽扣。</td><td colspan="3">把衣服前排扣眼对准纽扣，逐一扣上。</td></tr>
</table>

要求：在穿衣训练前，治疗师应该分析和评定患者的动态坐位平衡和认知功能。

第五节 心理咨询

一、服务内容与范围

(一)服务内容

心理咨询是咨询师运用心理学的理论和技术，借助语言、文字等媒介，与咨询对象进行信息交流并建立某种情感关系，帮助来访者消除心理障碍，正确认识自我及社会，充分发挥自身潜能，有效地适应社会环境的过程。[①] 心理咨询的对象是有心理问题并具有求助意愿的来访者，咨询师是具备心理学修养的专业人员，解决的问题是心理障碍。[②] 从服务对象看，心理咨询对象主要是普通人群，他们的困难主要是现实生活中的适应和发展问题。从干预手段看，干预手段被称作咨询方法或者助人策略，咨询师的干预策略反映着他们的理论取向。例如，心理分析咨询师会用心理分析干预策略，理性情绪行为咨询师会用理性情绪行为的干预策略，格式塔咨询师会用格式塔干预策略。从心理过程看，心理咨询主要是教育性的，以帮助来访者澄清认识、做出决策为主，侧重帮助来访者获得信息，学习新的适应技能，解决所面临的生活问题。所有的咨询途径都在某个程度上强调改变人的感觉、思想和行动，使他们能更有效地生活。咨询多倾向于认知、支持、再教育方法，偏"意识层面"。另外，咨询不是静态的，它包含了咨询师和来访者之间以及他们各自的心理活动。咨询过程的很大一部分是了解各次会谈之间来访者的心理活动以及咨询结束后来访者的自助活动。咨询师对于不同的来访者会有不同的目标，咨询的重点是协助来访者满足处理发展性任务所需的技能或日常生活的技能，而不是放在满足那些遭遇更严重困扰的少数人群的需要上。最高的关注点是帮助来访者获得各种技能，包括生活技能，以协助他们成为完全成熟的人。[③]

(二)服务范围

1. 社会心理咨询

(1)人际交往心理咨询：人际关系的处理问题、社会角色的扮演、人际交往障碍、社会训练等。(2)婚恋心理咨询：恋爱的社会冲突、择偶心理、单相思、三角恋、失恋、婚外恋、夫妻角色调适、再婚、离婚、性生活调适等。(3)家庭心理咨询：子女教育、家政管理、家庭成员的角色适应、夫妻和谐等。(4)不良行为方式的问题咨询：不良处事方式的调整、睡眠障碍、酗酒、赌博、药物成瘾、厌食症、贪食症等。(5)求学与就业心理咨询：学习困难、学校适应不良、提高学习效率的心理问题、考试焦虑、心理素质与职业选择等。(6)性心理咨询：性关系调适、性教育、性指导等。(7)司法犯罪心理咨询：犯罪动机、被害人心理、证人心理等。

2. 发展心理咨询

(1)优生优育：孕妇心理状态、行为活动以及生活环境对胎儿的影响，有关胎教的

---

① [美]Gerald Corey：《心理咨询与治疗的理论及实践》，谭晨译，191～220页，北京，中国轻工业出版社，2015。

② 毛颖梅：《特殊儿童心理咨询概论》，1～2页、172～173页，天津，天津教育出版社，2007。

③ [英]里查德·纳尔逊-琼斯(Richard Nelson-Jones)：《实用心理咨询与助人技术》，江光荣等译校，20～40页，北京，中国轻工业出版社，2008。

内容，婴幼儿的早期教养，等等。(2)儿童心理咨询：儿童的早期智力开发、儿童的情绪障碍及品行障碍、儿童发展中的心理和行为问题。(3)青春期心理咨询：青春期的身心发育、性心理困惑、社会适应不良、早恋及情绪障碍、男女交往。(4)青年心理咨询：有关青年的成才教育、择业、人际关系调适、成就动机、恋爱心理、独立性和依赖性的矛盾。(5)中年心理咨询：工作及家庭负荷的适应、人际关系、子女教育、家庭结构调整、更年期综合征等。(6)老年心理咨询：社会角色的再适应，家庭关系、丧偶等的心理调节，等等。

3. 临床心理咨询

临床心理咨询的服务范围包括：心身疾病、神经症、伤残心理咨询、性障碍等。

4. 其他类心理咨询

其他类心理咨询包括商业心理咨询、工业心理咨询、环境心理咨询、运动心理咨询等。

二、转介标准

第一，当咨询师由于工作安排改变等原因不能再继续完成个案时，应提前将个案转介给其他咨询师。

第二，在咨询过程中，若发生了不利于咨询进行的事情，或咨询师感到自己无法完成咨询工作时，应及时将个案转介给其他咨询师。

第三，个案转介的时候应该向来访者说明转介原因，转介一定要经过来访者同意，且在来访者自愿的情况下。

第四，个案转介时应该详细填写《个案转介表》，并与个案的咨询记录一起转介给其他咨询师。

第五，接受转介的心理咨询师应仔细了解个案情况并及时与来访者约谈。

三、常见的心理治疗方法

(一)应用行为分析

应用行为分析是指利用操作性条件反射原理操纵环境结果来改变或控制个体的行为，塑造好的、被期望的行为并克服问题行为。该治疗方法在特殊教育等领域发挥了一定作用，主要包括代币制、塑造法等。治疗师首先对儿童进行功能性行为评估，确定目标行为，明确儿童所处情境中各种与目标行为有关的变量。行为定义应客观、准确，保证不同的观察者都能清晰把握。例如，将儿童的自伤行为“撞头”定义为能够听见声音的头部与固定物体的接触。目标行为的观察者可以是儿童自己，也可以是他人。观察者首先大致记录儿童目标行为在周期时间中出现的次数，而后再选择出现频数较高的时间段进行详细观察记录，同时考虑为何有些时间段儿童不会出现目标行为。观察者需依据一定的准则和时间频率记录，例如，自闭症儿童"自伤"行为持续的时间。记录目标行为频率比较简便的方法是绘制图表。一个儿童在课堂中吵闹，令教师十分烦恼，治疗师经观察发现，儿童一旦吵闹，教师便立刻给予安抚，而安抚这个结果无疑强化了儿童的问题行为。治疗师运用 ABC 行为分析法，将行为过程拆分为 A、B、C。A 指行为发生的前因；B 指针对此事，儿童表现出的行为反应；C 指行为之后的结果。通过对 ABC 行为序列的记录，治疗师可了解儿童行为在环境中的功能。例如，教师认为一位自闭症儿童总是无缘无故地大叫，但治疗师的行为观察评估发现，其行为出现的先行事件通常是因其视力缺失或同伴攻击引起的行走障碍。这样，教师不应一味地对儿童的问题行为给予惩罚。因为惩罚应用不当将造成其更为强烈的情绪困扰，教师应关注教室中其他同伴的行为或者训练儿童的方向感，提高该儿童对环境熟悉度等。

强化物通常是对个体有意义的事物(如表扬、关注、食物等)。对于不同个体的相同行为，强化物未必一样，需通过测量来确定。强化程序依据是否连续，可以分为连续行为强化程序和间歇行为强化程序。前者是指每一个行为反应都得到强化；后者是指行为反应只是有时或者间歇地被强化。间歇行为强化程序依据强化的时间和次数安排，分为四种——固定比率强化程序、变化比率强化程序、固定时距强化程序和变化时距强化程序，它们具有不同的强化效果(见表 4-14)。在行为矫正时，治疗师往往会结合使用这四种强化程序。例如，在塑造个体新行为时可采用连续强化，即每次目标行为出现都给予强化，而后再转变为变化比率强化程序或变化时距强化程序来避免行为的消退。

表 4-14　四种间歇行为强化程序

名称	操作	举例
固定比率强化程序	在目标行为累积到固定数量之后给予强化。	工厂的计件工资。
变化比率强化程序	与固定比率强化程序相似，但给予强化物前需累积的行为数量围绕某平均值随机变化。	推销员打电话越多越有可能达成交易，但无法预见哪个电话会成功。
固定时距强化程序	指在一定时间间隔之后给予强化。	企业的基本月薪。
变化时距强化程序	与固定时距强化程序相似，但每次时间间隔围绕某平均值随机变化。	老师不定期地抽查学生作业。

应用较广的代币制通常用于治疗或教育环境中，其基本原理是：若某种中性刺激(代币)与强化物(奖励)建立了联系，则该联系可起到强化的效果。个体表现期望行为

则得到代币，代币累积到一定数目后可以换取不同程度的奖励。代币制度的设定与选择合适的监管者是关键环节。代币制可操作性较强，例如，针对一名有习惯性攻击行为的儿童，治疗师安排儿童、父母、教师共同参与代币规则的制定，只要儿童在观察时间内没有出现攻击行为，便给予其一张证明卡片。当卡片累积到一定数目后，儿童可以换取他喜欢做的事情，例如，多睡 15 分钟或吃 1 个冰激凌。随着治疗的进行，儿童的攻击行为逐渐减少直至消失。

应用行为分析治疗的目的是增加期望行为频率，减少儿童不期望的行为发生。治疗以一对一方式进行，强度较大。通常家长、教师的卷入程度较高。应用行为分析十分重视环境对儿童行为的影响，治疗师认为治疗室外的环境也应发生相应的改变。①

（二）放松训练

研究表明，放松技术可以有效地缓解一些身心症状，如高血压、头痛、失眠等。大多数心理治疗都会期望儿童在治疗过程中处于放松状态，例如，使用放松技术消除儿童的紧张或焦虑情绪，从而使儿童对自己的感受认识更清晰、更加愿意袒露真实想法等。而在系统脱敏、情绪想象等疗法中，放松技术则成为治疗的基本手段。进行放松训练时，儿童可以舒适地坐着或躺着，环境应较为安静，光线柔和。目前存在多种多样的放松技术，例如，深呼吸想象、催眠诱导、冥想、瑜伽等也可帮助儿童放松。行为治疗师使用最为频繁的是雅各布松（E. Jacobson ）提出的渐进放松法。渐进放松法的基本原理是儿童在治疗师的引导下循序收紧、放松各组肌肉群，包括手臂、脸、肩、胸、颈部、腹部等，最终达到全身放松。②

（三）系统脱敏疗法

系统脱敏疗法（systematic desensitization）又称“交互抑制法”，是由美国学者沃尔帕创立和发展的。这种方法主要是诱导儿童缓慢地暴露出导致神经症焦虑、恐惧的情境，并通过心理的放松状态来对抗这种焦虑情绪，从而达到消除焦虑或恐惧的目的。系统脱敏疗法的程序是逐渐加大刺激的程度。当某个刺激不会再引起儿童焦虑和恐怖反应时，治疗师便可向处于放松状态的儿童呈现另一个比前一刺激略强一点的刺激。如果一个刺激所引起的焦虑或恐怖状态在儿童所能忍受的范围之内，经过多次反复地呈现，他便不会再对该刺激感到焦虑和恐怖，治疗目标也就达到了。这就是系统脱敏疗法的治疗原理。

采用系统脱敏疗法进行治疗应包括三个步骤。

---

①② 杨广学：《特殊儿童的心理治疗》，82～86、150～158 页，北京，北京大学出版社，2011。

第一，建立恐惧或焦虑的等级层次。具体包括：(1)找出所有使儿童感到恐惧或焦虑的事件；(2)将儿童报告的恐惧或焦虑事件按等级程度由小到大的顺序排列。

第二，放松训练。一般需要6～10次练习，每次历时0.5小时，每天1～2次，以达到全身肌肉能够迅速进入松弛状态为合格。

第三，系统脱敏练习。包括：(1)放松；(2)想象脱敏训练；(3)实地适应训练。

(四)满灌疗法

满灌疗法又称"暴露疗法""冲击疗法"，同系统脱敏疗法有许多相似之处。满灌疗法也是利用交互抑制原理来消除个体对于特定场景的焦虑或恐惧反应。不同的是，系统脱敏疗法是采用递进的方式逐步接近最大焦虑场景，而满灌疗法不需要进行任何放松训练，治疗师将儿童直接暴露于其中(包括想象、现实情境或回忆)，甚至不厌其烦地讲述儿童感到最害怕的情景中的细节，此时儿童往往会在短期内感受到强烈的焦虑冲击，但治疗师不允许儿童采取闭眼睛、堵耳朵、哭喊等逃避措施。在这种暴露或反复刺激持续一段时间之后，儿童最担心的可怕的事情并没有发生，儿童的焦虑感受逐渐减轻，最终能够较为放松地面对该场景，破除了焦虑感受与场景刺激之间的联结。治疗过程中治疗师需使用放松技巧，安抚儿童的情绪。例如，让害怕猫的儿童触摸一只真实的猫。满灌疗法疗程较短，几个小时的时间便可完成。研究表明，满灌疗法在治疗特异恐怖症、强迫症、创伤后应激障碍等与焦虑相关的障碍时比其他疗法更加有效。但需要注意的是，治疗师应充分考虑儿童的承受性，如果使用不当，不仅无法消除其焦虑反应，反而会对儿童造成再一次的心理创伤。满灌疗法通常需与其他疗法相结合使用。

(五)示范技术

示范技术来自班杜拉的社会学习理论，儿童可通过观察他人(包括治疗师)的行为及该行为带来的后果，习得适应性行为来替代不适应的行为。示范技术可以是儿童观察他人榜样行为后进行模仿练习，也可以仅做观察学习却不进行模仿，例如，一些不被期望的行为。示范可以现实中的真人为榜样，也可通过观看录像的方式进行。行为治疗强调治疗师自身的示范作用，认为治疗师的态度、信念、行为等都可能成为儿童观察学习的对象。

(六)理性情绪行为疗法

理性情绪行为疗法是由美国心理学家艾利斯创立的，是指在心理治疗过程中治疗师将患者不合理、造成其心理困惑的认知改变成合理、健康的认知。艾利斯认为，引起情绪困扰的根本原因是根植于个体内心的不合理信念，这种非理性具有天生性，来源于人的生物性本能如追求享乐、惰性等。由于社会群体的存在，他人的评价容易影响个体对于自己的看法，一旦受到他人的批评或拒绝，个体会感到沮丧并指责自己的无能。不合理信念更像是一种儿童时期的思维，例如，将“想要”变为“必须”，将“愿望”变为“要求”。绝对化是不合理信念的共同特征。理性情绪行为疗法的主要程序可被划分为 ABCDE 5 个环节。A 指激发事件的原因，B 指人们对事件持有的观念或信念，C 指观念或信念所引起的情绪及行为后果，D 指劝导干预，E 指治疗或咨询效果。此疗法适用于各种神经症和某些行为障碍的患者。

(七)认知疗法

认知疗法会借用许多其他流派的方法，例如，行为治疗取向，当事人最终将学会用合乎实际的认知方式取代原有的功能缺损的偏差认知。认知疗法一般包括以下技术：行为练习家庭作业、放松训练、社会技能训练、羞恶攻击练习、阅读书籍等。家庭作业的布置可以使当事人亲自体会改变了的认知模式在现实生活中的有效性，个体的参与度提高，延续了治疗室外的治疗。认知疗法中治疗师会给当事人推荐一些励志的自助书籍，促使当事人进行自主学习并借鉴他人经验。认知疗法同样具有较高的教育性。认知疗法适用于儿童及儿童家庭辅导，尤其适用于焦虑、抑郁、社交恐惧等。特殊儿童经常会面临被外界“贴标签”的困境，一旦被诊断为特殊儿童，他们就可能认为“我是没有价值的”“我难以做好事情”，对自己的评价严重下降，治疗师在干预中可以使用这样的语句：“什么样的人是有价值的?”“给自己贴标签对自己有好处吗?”“如果你不给自己贴标签，那么你会有怎样的变化?”通过这样的方法帮助儿童提高对自我的认识和控制，改善其与社会环境相互作用的模式。

(八)心理日志

心理日志是运用当事人书写心理日志的方法来促进当事人自身的心理和精神成长。将心理日志应用到特殊儿童的心理治疗领域时，可以采用灵活多样的方式展开具体操作。例如，儿童可以通过语言将自己的故事“讲”出来，或将自己的故事“书写”出来，也可以运用身体性的舞蹈、戏剧将故事演出来，在故事的重新书写中发现生活的新的意义空间。但是这一技术需要儿童进行一段时间的反思与内省，它可以经由儿童自行操作，无须治疗师过多干预，但是此技术对于有强迫症倾向的儿童应当慎用，儿童很可能陷入毫无成效的过度写作状态之中。

(九)绘画治疗

绘画治疗是以绘画创作活动为中介的一种非言语性的心理治疗，目的是发展象征性的语言，运用绘画的方式间接反映儿童的内心世界，找出儿童潜在的各种问题，从而进行治疗，直至发生治疗性的改变的一种新型艺术治疗手段。[①] 它主要运用投射技术，通过儿童作品的所有信息，透视出他们的心理景观，以便解读儿童对自己和家庭乃至社会的理解与认识。绘画治疗主要有三种形式。第一种是家庭动力画，即以"我的家庭"为主题的家庭画。让儿童画出自己的家庭，这种方式可以看出儿童的家庭结构以及家庭环境对儿童的影响，从侧面看出儿童和家人的亲密程度。第二种是画面分割画，指儿童用铅笔或签字笔将纸面随意分割后，用彩笔涂上自己喜欢的颜色。治疗师可以和儿童交替分割，也可以将画面分割好。这样可以促进治疗师和儿童之间的互动，适用于初画者和高抗拒者，它在统合失调症患者的治疗上颇有效果。第三种是涂鸦画，儿童可以根据自己的意愿涂画，不必在意绘画是否完成。在绘画过程中儿童的问题会呈现出来，有时候会出现攻击性、挑战性的心象，有时候会出现转移的意象。这种绘画的优点是可判断其转移和攻击性的一部分，或稍微减少儿童在导入时的防卫或抗拒，是常见的绘画治疗手段。绘画治疗将感受到但无法诉说的东西通过绘画表达出来，不但用于门诊、临床及特殊儿童心理诊断，还可以为特殊儿童心理咨询提供相关信息。绘画治疗综合运用大脑偏侧化理论和投射理论，是特殊儿童意念和情感的呈现，也是特殊儿童发泄情绪的途径之一。它迎合了儿童的兴趣爱好，是特殊儿童易于接受的一种治疗方式。[②] 对自闭症儿童进行的团体绘画心理干预证明绘画有效地促进了儿童社会技巧的改善，使儿童可以获得良好的人际关系和持久的友谊。当然，对于无法运用蜡笔与纸张的儿童，如肢体残疾人、色盲，这一技术的应用会受到限制。

（十）游戏治疗

游戏治疗是指通过游戏，对儿童的心理和行为障碍进行矫正和治疗的方式。在游戏治疗中，游戏本身是治疗的一种手段或方式而不是治疗的目的。凡是运用游戏作为沟通媒介的心理治疗都可以称为游戏治疗。[③] 游戏治疗最早起源于针对智力障碍儿童进行的干预，至今临床工作者已经对特殊儿童的游戏治疗进行了较多研究，认为游戏治疗可以帮助特殊儿童克服自身的障碍，并具有更多的发展空间。例如，研究者指出，箱庭疗法是在治疗者的陪伴下，来访者自由挑选玩具，在盛有细沙的特制箱子中进行自我表现的一种心理疗法。它在针对多动症、智力障碍、唐氏综合征儿童及精神障碍儿童的治疗中收到了很好的效果。同时，箱庭疗法可以改善特殊学校的师生关系、亲

---

① 梁兰兰、杨柳、明兰：《绘画艺术疗法在特殊儿童干预中的应用研究》，载《贵州工程应用技术学院学报》，2017(2)。

② 王玉：《绘画治疗在特殊儿童教育中的应用与反思》，载《中小学心理健康教育》，2015(16)。

③ ［英］里查德·纳尔逊-琼斯(Richard Nelson-Jones)：《实用心理咨询与助人技术》，江光荣等译校，20～40页，北京，中国轻工业出版社，2008。

子关系、教师人际关系。[①]

四、典型案例分析

案例名称：听觉障碍儿童心理健康教育活动设计案例。[②]

活动主题：我能行。

(一)活动目标

(1)在众人面前大胆表现，克服胆怯心理。

(2)能在众人面前说出自己的意见。

(3)参与活动，亲自感受“我能行”。

(二)活动对象

学龄初期听觉障碍儿童。

(三)活动实施方法

鼓励法、游戏法、角色扮演法、讨论法等。

(四)活动前准备

(1)请学生每人准备一个节目。

(2)教师准备表演游戏的头饰、音乐等。

(3)教师准备小奖品及智慧卡——“我能行”卡片若干。

(五)活动过程

(1)请学生自愿举手，给大家表演。

①教师：“老师知道我们班的小朋友都会唱歌、跳舞、讲故事，谁来为大家表演?”

②请积极举手的学生来表演。表演后，教师马上用语言表扬，奖励小礼物，以激发胆小的学生产生表演的欲望。

(2)鼓励胆小的学生大胆表演。

①“刚才有那么多的小朋友给大家表演了，他们勇敢吗?(勇敢)他们真棒。还有谁来为大家表演?”

---

① 高晓雷、高蕾：《箱庭疗法在特殊教育学校心理治疗中的应用》，载《资治文摘(管理版)》，2010(6)。

② 毛颖梅：《特殊儿童心理咨询概论》，172～173页，天津，天津教育出版社，2007。

②请平时胆小的学生给大家表演。(对于他们的表演适当降低要求，并对他们的表现给予及时的表扬和奖励。)

(3)能在众人面前大胆说出自己的意见。

①组织学生分组讨论：看电视好不好(也可选择班级近期的某一现象作为讨论主题)。

教师参与，鼓励学生积极讨论。

②组织学生集中讨论，要求学生在别人说话时注意倾听，有不同意见，等别人说完了再举手发言。

(4)人人参与活动，体验“我能行”。

①给学生提供分组活动的区域。表演游戏：“小蝌蚪找妈妈”“怕羞的小黄莺”等的舞台、音乐、服饰……

②学生分组商量，选择角色。

③请学生表演，教师给予适时的鼓励和适当的帮助。

(六)活动结束

让学生为自己的成功欢呼，贴上智慧卡——“我能行”。

第六节
社会工作

在现代，社会工作(social work)是一项高度专业化的活动，它的基本特征之一就是其大部分的实践过程和工作技巧都是建立在系统的理论知识之上，而并非仅仅依赖于社会工作者个人的经验与悟性。[①] 自20世纪80年代末中国社会工作教育恢复重建以来，经过30多年，我国社会工作的发展基本走上了专业化之路。2006年10月，《中共中央关于构建社会主义和谐社会若干重大问题的决定》指出要“建设宏大的社会工作人才队伍。造就一支结构合理、素质优良的社会工作人才队伍，是构建社会主义和谐社会的迫切需要。建立健全以培养、评价、使用、激励为主要内容的政策措施和制度保障，确定职业规范和从业标准，加强专业培训，提高社会工作人员职业素质和专业水平”。此文件不仅为我国社会工作的专业发展给予了政策保障，也为培养各领域社会工作人才提供了保障。2018年12月，民政部召开民政领域社会工作推进视频会议，深入

① 卓彩琴：《残疾人社会工作理论》，13页，广州，华南理工大学出版社，2008。

贯彻习近平新时代中国特色社会主义思想和党的十九大精神，全面落实中央对社会工作的决策部署，加快推进民政领域社会工作发展。政策的不断推进落实，不仅带动着各领域社会工作的专业化提升，更促使各领域社会工作不断朝着纵深方向发展。

就目前而言，残疾人社会工作(social work for disabilities)与学校社会工作(school social work)作为社会工作学科领域的独立分支，已经有较为成熟的理论体系，特殊教育社会工作(social work in special education)处于二者之间，在中国尚未形成系统的概念、理论，更缺乏系统、专业的服务内容与服务标准。中国特殊教育在近年来虽然得到了飞跃式发展，但各类特殊教育相关服务的发展依旧处于初级阶段，加上中国社会工作发展模式侧重于规模的提升，忽视专业化模式的形成①，导致特殊教育社会工作的发展状况不容乐观。

社会工作常用的工作方法包括个案工作法、小组工作法、社区工作法。这三种社会工作方法几乎适用于各类别的社会工作当中，在此基础之上，部分领域的社会工作也相应地发展出了与其社会经济背景、专业性质、理论依据相符的社会工作模式。残疾人社会工作和学校社会工作在理论基础不断丰富的情况下，正朝着专业化方向不断发展。因此，结合我国特殊教育起步晚、发展快、规模大的基本状况，特殊教育的政策发展依存于残疾人法律法规不断完善的现实情况，残疾人社会工作与学校社会工作的方法、内容与标准等对于特殊教育社会工作的发展有着重要的借鉴意义。

一、残疾人社会工作

事实上，残疾人社会工作与其他领域的社会工作需要的专业技巧并无太多相异之处。残疾人与社会中的其他成员一样，同样会遭遇工作、生活中的困境，需要得到社会工作者的帮助。近年来，我国的残疾人社会工作虽发展迅速，但残疾人的服务需要和实际供给尚不平衡。残疾人社会工作与其他领域社会工作最大的区别是对象的不同，残疾人往往因自身障碍所限，对社会工作者的专业能力要求更高，从而增加了残疾人社会工作开展的难度。

(一)残疾人社会工作的内涵

残疾人社会工作是专门为残疾人群体提供的专业性社会工作服务。服务的群体不仅包括残疾人个人，也包括残疾人家庭、残疾人组织和其他残疾人相关群体。② 经过长

---

① 柴定红：《英美社会工作专业化模式及其对中国的启示》，硕士学位论文，南开大学，2009。

② [美]Juliet C Rothman：《残疾人社会工作》，曾守锤、张坤等译，3～22页，上海，华东理工大学出版社，2008。

时间的发展，残疾人社会工作已经成为一门独立的学科，并且已经存在专业的理论与体系，但其实质上与特殊教育社会工作依然存在区别。

(二)残疾人社会工作的内容

残疾人社会工作不同于其他的残疾人服务，其根本目标是增强残疾人的社会功能，激发其社会资本，并推进社会和谐发展。① 从残疾人社会工作目标的基本方向来看，它与其他领域社会工作的目的是一致的，只是服务人群的不同，导致了其具体目标的差别。

从工作内容来看，残疾人社会工作并不等同于一般的残疾人服务，而是社会工作者运用社会工作方法，使残疾人平等参与社会生活和分享社会发展成果。② 从事残疾人社会工作的工作者不仅要帮助残疾人补偿自身缺陷和克服环境障碍，还需要为残疾人寻求社会资源与相关社会福利，他们是残疾人适应环境、生活、社会的重要助力。此外，残疾人社会工作的开展涉及许多不同的学科以及不同领域的专业人员，社会工作者不仅是这个团队的一员，更是残疾人与其他专业人员之间沟通的重要渠道。因此，残疾人社会工作者的重要性不言而喻，但其工作内容对专业性的要求也更高，不仅需要专业的社会工作知识、强大的沟通协调能力，更要时时关注最新的残疾人政策导向，为残疾人提供动态社会工作服务。

(三)残疾人社会工作的方法

1. 残疾人个案工作法

从宏观层面来看，残疾人个案工作法与其他领域的个案工作法并无实质差异。但如果能科学地借鉴运用个案社会工作的一系列理论，则对于改变残疾人个体现状具有极为重要的意义。在运用个案工作法解决残疾人迫切需要解决的社会问题时，社会工作者更能够了解服务对象的生活环境、心理状态，引导其积极参与社会活动，并充分整合医疗机构、福利机构、公益组织等各部门的有效资源，为其提供便利，引导其重建自我。③ 个案工作法更强调个别化的工作方法，也更能切实解决残疾人所遭遇的具体生活、工作困难或其他社会问题。所以在障碍各有异同、问题各有区别的情况下，个案工作法成为解决残疾人问题的重要手段与有效方式。

2. 残疾人小组工作法

残疾人小组工作法主要是通过小组成员互动的方式，达成经验分享、相互支持与

---

① 马良：《中国残疾人社会工作历史、现状与发展趋势分析》，载《残疾人研究》，2013(1)。

② 卓彩琴：《残疾人社会工作理论》，3～11页，广州，华南理工大学出版社，2008。

③ 顾东辉：《社会工作概论》，102～125页，上海，上海译文出版社，2005。

相互教育。[①] 在小组成员的互动中，残疾人也能相互学习和启发，通过建立新的人际经验满足对社会的需求，提升自己解决社会问题的能力。由此可见，使用残疾人小组工作法更能激发残疾人对小组的归属感。新型社会关系的建立和小组成员互动过程中情感的联结，也能促进残疾人对社会的认同与新组员社会化。

3. 残疾人社区工作法

残疾人社区工作法是指依托社区、充分利用社区资源为残疾人服务，不断满足残疾人日益增长的物质与精神需求，促进残疾人平等参与社会生活的一项工作方法。[②] 从中国的现状来看，残疾人社区工作法的开展基本是以社区居民委员会为中心的，但因为残疾人本身生理及心理障碍的特殊性，加上社区服务的人群更广、需求更多、所面临的问题更加复杂，使得残疾人社区工作法在解决实际问题时效果并不如残疾人个案工作法与残疾人小组工作法。但是从另一个方面来看，残疾人社区工作法对于社区中残疾人活动的发起、残疾人协会的创办、无障碍环境的建设和残疾人权利的保障都是有百利而无一害的。

从我国残疾人目前的实际状况来看，残疾人个案工作法与残疾人小组工作法是解决具体问题时较为合适并且行之有效的工作方法。残疾人社区工作法更多的是从宏观层面保障残疾人的权利，为残疾人更好地融入社会创造积极条件。

二、学校社会工作

学校社会工作在我国真正高速发展是从党的十六届六中全会召开后开始的。我国以在中小学试点为主要方式，结合各地区实际情况具体开展的学校社会工作如雨后春笋般迅速发展[③]，但整体发展情况并不乐观。

(一)学校社会工作的内涵

学校社会工作也被称为教育社会工作(education social work)，就是将社会工作的价值理念、方法和技巧运用于教育机构，通过家长、学校、社区的互动，解决学生问题，促进学生的发展，构筑“教”“学”“成长”的和谐环境，使学生更好地适应社会。[④] 学校社会工作的特点在于工作情景的特殊性，社会工作人员为解决学生问题，成为联结学校、家庭和社区的坚实纽带，从而协助学校解决学生问题，促进教育机会均等，弥补学校教育的空白。

---

① 周沛：《残疾人社会工作理论与务实研究》，载《残疾人研究》，2013(1)。

② 卓彩琴：《残疾人社会工作理论》，3～11页，广州，华南理工大学出版社，2008。

③ 孙跃：《我国高等院校学校社会工作介入模式研究》，硕士学位论文，南开大学，2009。

④ Juliet C R, *Social Work Practice Across Disability*, Boston, Allyn & Bacon, 2002, pp. 22-29.

(二)学校社会工作的内容

不同国家、地区的学校社会工作服务内容既有共性，也有差异。其共同内容为因应儿童及少年的需求，主要协助学生处理行为问题、情绪问题、入学出勤问题、经济需求、特殊儿童的服务等。[①] 由此可见，以学生为中心，满足其在学校中的需求、解决其实际问题是几乎所有地区学校社会工作的共识。

在实际学校社会工作的开展过程中，学校社会工作者的工作职责与学校心理辅导人员或者咨询人员并不相同。学校社会工作者是学校辅导团队的一分子，他们与学校其他专业人员相互协作，解决学生问题。这也对学校社会工作人员的专业能力提出了更高的要求，他们不仅要实时评估学生的基本生理与心理状况、学业情况、家庭情况等，更要与团队中的其他专业人员分工合作。

(三)学校社会工作的模式

学校社会工作实务最先在美国萌芽，迄今已经有 100 多年的历史。学校社会工作在具体的实践中逐渐形成了多种不同模式，以传统临床模式(Traditional Clinical Model)、学校变迁模式(School Change Model)、社区学校模式(School-Community Model)、社会互动模式(Social Interaction Model)为主要代表。而我国学校社会工作尚处于起步阶段，这些已经逐渐发展成熟的学校社会工作模式值得我们学习，其发展经验也非常值得借鉴。

1. 传统临床模式

传统临床模式的学校社会工作发展于 20 世纪 30 年代的美国，受该模式影响的学校社会工作者通常会以个案工作法为主要方式，为学生及其家庭提供服务，促使学生适应学校生活。[②] 传统临床模式是我国常用的学校社会工作模式，通过与学生一对一交流的方式解决学生问题。

在此模式下开展的学校社会工作，社会工作者能多次直接与学生接触，迅速地使问题得到一定程度的解决。但其界限极易与学校心理工作相混淆，而且传统临床模式以个别学生及其家庭为工作对象，忽视学校与社区的作用，无视外部环境因素，将学生的情绪、行为与心理问题仅归因于家庭，失之偏颇。

2. 学校变迁模式

学校变迁模式关注的焦点在于学校环境，认为学生所出现的情绪行为偏差或适应

---

① 胡中宜：《学校社会工作员参与学生辅导工作之实务策略》，载《教育心理学报》，2012(4)。

② 孙跃：《我国高等院校学校社会工作介入模式研究》，硕士学位论文，南开大学，2009。

不良的主要原因在于学校。① 学校变迁模式以学生需求为基本出发点，认为解决学生问题需要从学校层面入手解决。结合 20 世纪 60 年代美国因种族隔离造成公立学校动荡不安的时代背景，学校变迁模式的确有利于协助处于不利地位的学生获得平等的受教育机会，帮助学生去除被学校、教师强加在身上的标签，推进公立学校改革。

3. 社区学校模式

行为社会学理论的出现推动了学校社会工作目标和方法的改变，社区学校模式应运而生。社区学校模式认为，社区是学校生存和发展的制度环境，社区影响学校具体的决策与教育规划，因而学生产生问题的根源在于学校、社区之间关系的失调。② 由此，学校社会工作者被赋予担任学生、学校、社区关系的桥梁，帮助学生适应学校生活，解决学生问题。社会工作者的工作不再限于学生、学校、家庭三者之间，也不再以个案工作法作为解决问题的主要方式，社会工作者的角色由此开始朝着协调者转变。

4. 社会互动模式

在社会互动模式的视角下，学校社会工作者从学生与家庭、学校、社区的沟通中处理学生、学校和社区的问题。社会互动模式的目标有两个：一是从学生与学校的互动中找出问题，扫除阻碍“学生、家庭、学校、社区”之间互惠互动的障碍，并发展出上述各个系统之间的互助系统；二是运用专门化的方法论，确定各系统间的共同利益，调适困扰学生的问题。③ 因此，社会互动模式其实是前三种学校社会工作模式的发展与整合，也是学校社会工作专业化发展的成熟模式。它不仅能够有效协调以学生为中心的生态系统各子系统间的关系，也能寻求多方合作，切实解决学生问题。

上述几种方式的粗略对比可见表 4-15。

表 4-15　学校社会工作模式一览表

模式	观点	工作对象
传统临床模式	学生情绪、行为与心理问题源于家庭。	学生、家庭
学校变迁模式	学校环境导致学生的情绪、行为出现偏差或适应不良。	学生、学校
社区学校模式	学生问题的根源在于学校、社区之间关系的失调。	学生、学校、社区
社会互动模式	学校社会工作是一个整合系统，重视各子系统之间的互惠互动。	学生、家庭、学校、社区

---

① 林胜義：《学校社会工作》，6～13 页，台北，巨流图书公司，2003。

② 许莉娅：《学校社会工作》，76～79 页，北京，北京大学出版社，2009。

③ 周群英：《学校社会工作务实模式与专业发展初探》，载《社会工作》，2014(3)。

三、特殊教育社会工作

特殊教育社会工作的开展与残疾人社会工作和学校社会工作有着密不可分的联系。在对残疾人进行的社会工作中，残疾人教育是非常重要的组成部分；在学校社会工作中，服务对象包括全体学生，特殊儿童也在其中。

综上，本书所讨论的特殊教育社会工作，正是介于残疾人社会工作与学校社会工作的公共区间。特殊教育社会工作既属于残疾人社会工作的一部分，也包含于学校社会工作。三者关系如图 4-14 所示。

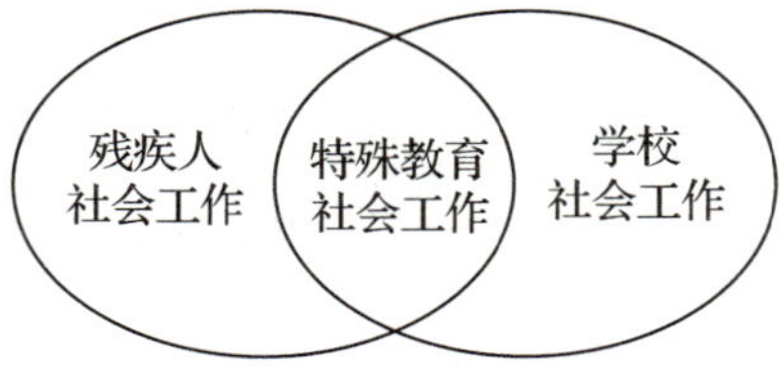

图 4-14　特殊教育社会工作定位

然而，目前特殊教育社会工作在我国的发展状况并不乐观。残疾人社会工作与学校社会工作尚缺乏有力的政策支持与充足的实践经验，特殊教育社会工作缺乏发展的充分必要条件，大多数情况下被纳入残疾人社会工作或学校社会工作。但实际上，特殊教育社会工作的推进对于满足特殊儿童发展的需要、开展特殊教育相关服务、促进专业团队多方合作都有着重要的意义。

(一)特殊教育社会工作者的重要角色

结合残疾人社会工作内容，遵循学校社会工作模式的发展轨迹，特殊教育社会工作者同样是协调各方专业人员，为解决特殊儿童问题共同助力的协调者，也是特殊教育相关服务团队的合作者。

特殊教育社会工作者最重要的任务就是协助特殊儿童或家庭找到所需要的资源，提升他们解决问题的能力。多数情况下，特殊儿童所遭遇的问题都可以通过社会工作者帮助其整合社区资源、社会资源加以解决，如协调相关机构或组织的服务，为其寻求更好的福利及避免服务的重叠或不足，倡导或检查修订相关政策或服务流程，维护特殊儿童的权益。此外，社会工作者还在特殊儿童、家长和教师之间扮演居中调解的角色，以便特殊儿童能在最少受限制的环境中学习、生活。

(二)特殊教育社会工作的服务内容

特殊教育社会工作在我国的发展尚属初级阶段，这一工作基本在残疾人社会工作与学校社会工作两个范畴中开展。以下结合美国《残疾人教育法》中所规定的特殊教育社会工作服务内容进行分析(见表 4-16)。

表 4-16　美国特殊教育社会工作服务内容一览表

内容	说明
记录	为特殊儿童准备社会或发展历程记录。
咨询	为特殊儿童和家庭提供团队和个体咨询服务。
合作	与父母及其他人合作，共同解决特殊儿童生活环境(家庭、学校、社区)中影响特殊儿童适应学校生活的种种问题。
组织资源	组织学校和社区资源，使特殊儿童在他的教育计划里能够尽可能有效地学习。
干预	帮助开发积极行为干预策略。

依据美国特殊教育社会工作的服务内容，特殊教育社会工作的服务内容主要包括：记录、咨询、合作、组织资源、干预。

首先，对特殊儿童资料进行记录。社会工作者为特殊儿童提供的服务并不是一次性的，而是一个持续的、动态的过程。因此，对特殊儿童的资料进行记录、汇总与整理，不仅能够持续对特殊儿童进行监测，更能为特殊儿童在评估、转介、召开个别化教育计划会议时提供有价值的参考。

其次，为特殊儿童及相关人员提供咨询服务。社会工作者应为特殊儿童及其家庭、教师、专业团队其他成员等提供咨询服务，具体可分为两个方面：一是为特殊儿童及其家庭提供心理咨询、政策咨询等服务；二是将特殊儿童的身心情况、家庭经济状况、在校表现等与外部人员进行交流沟通，为相关人员协助解决特殊儿童问题，使之更好地融入学校生活提供便利。

再次，为特殊儿童整合、提供资源。社会工作者是特殊儿童沟通外部资源的重要枢纽，充分了解并指导特殊儿童利用学校资源、社区资源、社会资源等是社会工作者的重要工作之一。享有学校、社区中的无障碍环境，参与相关康复训练，获取辅具支持，争取相关社会福利，是特殊儿童应当享有的权利。社会工作者应提醒并主动为特殊儿童获取相关资源，以使特殊儿童尽快适应学校生活，也为其进入社会提供良好基础。

最后，社会工作者需协助专业人员开发积极行为干预策略。尤其强调在提供了融合环境的基础上，提升其学习能力的干预性服务。

(三)特殊教育社会工作策略

特殊教育社会工作策略类型较多，以下主要从联结、协商和倡导三个方面对策略进行梳理和归纳(见表 4-17)。

表 4-17　特殊教育社会工作策略一览表

联结	协商	倡导
寻求资源	服务个别化	直接果断地要求
联系资源	澄清各方需求	运用知识(权威)
教导特殊儿童	协商差异	运用申诉渠道
陪同特殊儿童	调整外在要求	诉讼
监督服务		

联结是帮助特殊儿童解决问题的重要策略，能帮助特殊儿童顺利了解并获取所需的相关资源。例如，举办户外休闲、团体活动，帮助特殊儿童融入集体，增强其社会归属感；招募志愿者，提供学业辅导服务，对特殊儿童进行补救教学，帮助其学业发展；举办特殊教育家长讲座，提升家长的教养能力，最大限度地发挥家庭的作用；陪同门诊，包括服药、定制辅具、鉴定等，实时了解特殊儿童的情况；提供卫生教育，分享药物资讯、症状资讯，为特殊儿童康复训练提供便利；申请经济补助，协助办理低保，尽可能为特殊儿童及其家庭争取经济支持等。

协商是帮助特殊儿童解决问题的直接策略，是特殊儿童解决家庭矛盾、与其他特殊教育相关服务人员良性沟通的重要渠道。例如，举办个案研讨会、专业团队会诊，整合各领域专家意见，并进行记录反馈，结合特殊儿童实际需求，制订个别化教育计划；协调特殊儿童家庭冲突，化解家庭矛盾，为特殊儿童提供良好的家庭环境；协助特殊儿童及其家属与医疗单位、教育单位等专业人员进行对话沟通，以获取专业建议等。

倡导是帮助特殊儿童解决问题的必要策略，通过特殊手段满足特殊儿童必要的需求，帮助其获得必需的支持。例如，倡导一般青少年机构公平对待特殊儿童，接受其参与休闲活动；请教师协助学生融入班级，在学习中给予特殊儿童足够的关注与支持；在特殊儿童基本权利遭到侵犯时，帮助特殊儿童及其家庭运用法律手段维护其合法权益等。

能够合理、正确地使用特殊教育社会工作策略，是一名合格的特殊教育社会工作者应该具备的基本能力。此举不仅能够保障特殊儿童的权利，为特殊儿童学习、生活给予支持，更能极大地提升社会工作效率，为特殊教育社会工作的开展提供有力的保障。

第七节
翻译服务

沟通是人与人之间建立关系、促进理解的桥梁。而语言文字是人类最重要的交际工具和信息载体。人类自有语言交流以来，翻译活动也就一直相伴相随。翻译不仅担负起不同语言使用者相互对话、相互交流、相互理解的重任，使人类各种语言与文化之间的沟通成为可能，而且还帮助人类社会不断向文明的更高阶段发展。翻译的重要性无论在过去还是现在都是不言而喻的。

全国第二次残疾人抽样调查数据公报显示，我国有 3 000 多万名听觉障碍和视觉障碍人士。[①] 手语和盲文是他们使用的特殊语言文字，也是国家语言文字的重要组成部分。随着社会文明程度不断提高，听障人士的求知欲望、参与意识和维权意识不断增强。为了不断提高听障人士交流的无障碍程度，我国自 20 世纪 90 年代起，先后在中央电视台、省级电视台、市级电视台甚至部分县级电视台的部分新闻节目中配备了手语翻译。其他形式的新闻媒体时常根据需要(如政府召开和听障人士相关的会议、残疾人大型文艺演出、听障人士相关案件等)，短期或临时聘请手语翻译。手语翻译在听障人士的生活中发挥了积极的作用，听障人士通过手语翻译获得了更多信息。[②]

信息科技与网络的发展和进步，也为盲文的翻译和盲人读取文字带来了极大助益。电脑翻译软件和读屏软件的应用拓宽了视觉障碍人士学习、工作与生活的范围，也大大地提升了视觉障碍人士与明眼人之间沟通和交流的机会，使视觉障碍人士也可以通过电脑获取教材内容、相关信息或完成作业，不再因盲文点字及大字读物的取得与制作受限而严重影响学习及求职。[③]

由此可见，为听障人士和视障人士提供规范的手语翻译和盲文翻译，关乎特殊人群语言文字权益的实现，关乎特殊人群文化素质的提高和融合发展。

一、翻译的含义

(一)广义的翻译

“翻译”一词在现代汉语的词汇系统里是非常特殊的，它既可以指翻译活动的主体，

---

① 薛静：《第二次全国残疾人抽样调查最新数据公报》，载《中国听力语言康复科学杂志》，2007(1)。
② 孟繁玲：《手语翻译的职业概况及社会作用》，载《新闻爱好者月刊》，2008(9)。
③ 杞昭安：《视觉障碍者之教育》，见王文科：《特殊教育导论》，台北，心理出版社，1997。

即翻译者；也可以指翻译的行为和过程；还可以指翻译活动的结果，即译文。从翻译的操作者来看，翻译活动可以分为“人类翻译”和“机器翻译”。从领域来看，翻译活动可以分为“文学翻译”和“技术翻译”。从翻译的程度来看，翻译活动尤其是笔译活动，除了逐字、逐句、逐章节的全译之外，还存在摘译、编译、译述、缩译、综述、改写等多种形式。① “翻译”一词集三种含义于一身，主体、行为与结果交织在一起，更使对翻译的界定显得复杂。

美国语言学家奈达(Eugene A. Nida)认为，所谓翻译，是指从语义到文体在译语中最切近而又最自然的对等语再现原语的信息。②

(二)特殊儿童翻译服务的含义

就特殊教育领域而言，翻译服务主要提供给听障和视障这两大类感官受损儿童。手语翻译是指把听障人士使用的手语的意义用健听人的有声语言传达出来给健听人，或把健听人社会的有声语言的意义用手语表达出来传达给听障人士；有时，是把一种手语(如中国手语)的意义用另一种手语(如美国手语)表达出来的过程。手语翻译是听障人士和健听人之间沟通的“桥梁”。③ 2009 年，我国劳动和社会保障部制定了《国家职业标准：手语翻译员(试行)》，该标准界定的手语翻译员的定义为：以手语、口语为交流手段，在听障人士与健听人士之间进行传译服务的人员。④

盲文翻译是根据盲文的点位、拼写语法，将明眼文译成盲文，或将盲文译成明眼文的一种辅助沟通行为，且该翻译绝大多数是运用电脑程序辅助完成的。⑤

二、翻译服务对于特殊儿童的重要性

(一)打破沟通的阻碍

打破沟通的阻碍是翻译服务最直接的目的。听障人士通常因为自身感官的缺陷而难以参与他人会话，部分听障人士更是无法通过语言表达自己的立场与观点。此外，在行为主义理论中，问题行为出现时需挖掘其背后的原因，而不只是解决和消除它。许多听障人士正是受其本身听力与语言障碍的限制，而无法正确表达意愿，导致问题

① 许钧：《翻译概论》，3 页，北京，外语教学与研究出版社，2009。

② 谭载喜：《奈达论翻译》，10 页，北京，中国对外翻译出版公司，1984。

③ 张宁生：《手语翻译概论》，1 页，郑州，郑州大学出版社，2009。

④ 中华人民共和国劳动和社会保障部：《国家职业标准：手语翻译员(试行)》，1 页，北京，中国劳动社会保障出版社，2009。

⑤ Mann R W, “Selected Perspectives on A Quarter Century of Rehabilitation Engineering”, *Journal of Rehabilitation Research & Development*, 1986, 23(4).

行为的产生。因此，当听障人士能够通过翻译服务有效表达、有效沟通时，能减少其问题行为的产生。对于视障人士而言，翻译服务能丰富其获取信息的渠道，从而使其更便利地参与社会生活，促进其与外界的沟通交流。

(二)营造无障碍环境

1985 年 3 月，在残疾人与社会环境研讨会上，中国残疾人福利基金会、北京市建筑设计院联合发出了“为残疾人创造便利的生活环境”的倡议，其中的无障碍环境包括物质环境、信息和交流的无障碍。对于听障人士与视障人士而言，翻译服务就能帮助他们无障碍地接收外界信息、与他人进行无障碍沟通。

随着社会水平的不断发展，听障人士与视障人士在参与社会生活时对信息获取的要求在不断提升，对翻译服务的要求也越来越高。翻译服务包括为听障人士提供手语翻译，以协助听障人士在学习、工作、生活时及时获取信息，更好地与他人交流，融入社会；也包括为视障人士提供盲文翻译，以便视障人士能够无障碍地阅读书籍、使用电子设备接收外界信息。

(三)增强特殊儿童的安全感与自我效能感

听障人士与视障人士通常会因为自身感官障碍而缺乏对周围环境的感知，从而缺乏安全感。在此情况下，沟通成为他们获知外部环境信息的主要方式，尤其是对于听障人士而言，即时的翻译服务能够使他们随时知道周围的人究竟在谈论什么话题，更能够帮助他们参与讨论，从而摆脱被“孤立”状态下的紧张感与焦虑感；对于视障人士而言，翻译服务也能为他们的生活提供更多便利，增强他们的安全感。

特殊需要人士的自我效能感提升会比普通人困难，尤其是感官上的障碍会使他们“失败的经验”远多于“成功的经验”。翻译服务能够帮助听障人士与视障人士在学习生活中更加顺利、便捷，弥补沟通缺陷，拓宽信息摄取渠道，从而增强其自信心，提升其自我效能感。

三、翻译服务的内容

(一)手语翻译服务

结合我国台湾地区手语翻译员的工作职责，下文从行政与教学两个方面归纳手语翻译具体的服务内容①，如表 4-18 所示。

---

① 苏芳柳：《大学校院手语翻译服务之研究》，载《特殊教育研究学刊》，2000(3)。

表 4-18　手语翻译服务内容一览

行政	教学
参与教育专业团队会议。	主动与教师、学生联系，建立良好互动关系。
为教育专业团队人员提供听障学生相关信息。	与学生建立良好关系，评估其接收性与表达性沟通方式及能力。
参与个别化教育计划会议及内容的拟定。	了解教材内容、教学方式，进行课堂翻译。
协助教育团队专业人员与学生沟通。	促进课堂互动，记录学生课堂学习状况。
负责学校一切相关活动的手语翻译事宜。	协助教师与听障学生沟通，调整评估方式。
	辅导学生课后作业，进行补救教学。
	社团及其他课后活动翻译事宜。

手语翻译服务在行政方面的服务重点是沟通。手语翻译员可以通过与教育专业团队其他成员建立良好关系，并解释手语翻译守则、自身的工作性质与内容，帮助教育专业团队其他人员了解手语翻译员的工作。在此基础上，手语翻译员可与其他教育专业团队成员共享听障学生信息，增进对听障学生的了解，协助其与听障学生沟通。此外，手语翻译员还可结合自身专业优势，从专业角度对学生的个别化教育计划内容提出建议，并协助学校完成相关手语翻译事宜。

手语翻译服务在教学方面的服务内容更倾向于支持。课前，手语翻译员通过与班级的教师、学生建立良好关系，与听障学生建立信任关系，与教师沟通了解教材重点、教学方式，调整学业评估方式，为听障学生营造和谐的学习氛围；上课时，为听障学生提供课堂手语翻译服务，在不干涉课堂教学的情况下，进行重点提示，记录学生课堂学习情况，以此提高听障学生的学习效率；课后，在必要情况下为听障学生进行补救教学，帮助听障学生完成作业，提醒其在课前做好预习与准备，帮助听障学生更好地融入班级，并向听障学生提供其他的翻译服务与咨询。

因此，手语翻译服务其实不只是在课堂上为听障学生进行课堂翻译，还从学习、生活等各方面为听障学生提供帮助，为学校提供翻译服务。手语翻译员不仅要与教育专业团队人员交流，帮助听障学生与各方人员沟通，还需深入了解听障学生的情况，帮助其融入集体、有效学习。

(二)盲文翻译服务

盲文翻译服务在绝大多数情况下都是运用电脑程序辅助完成的，在多数情景中是通过科技辅具为视障人士提供便利，而非人工服务。因此，“翻译服务的工具”部分将会对一些常规软件进行列举说明，在此不做赘述。

四、翻译服务的工具

实际上，翻译服务可以依服务主体划分为人工服务和科技辅具两种，它们都能在一定程度上拓宽感官障碍人士的信息接收渠道，甚至协助其与他人进行沟通交流。上文已经对人工服务内容进行了归纳整理，下面从科技辅具的角度详细介绍适用于听觉障碍人士与视觉障碍人士的各种软件，并对其功能进行简要介绍。

(一)语音文字转换软件

计算机转录又被称为“实时字幕”或者“实时语音转换文本”(Communications Access Real-Time Translation)。美国全国法院记者协会(National Court Reporters Association，NCRA)将实时语音转换文本定义为“使用按音速记机器，如笔记本电脑和实时软件将口语单词即时翻译成文字文本形式”。以下列举几项目前国内外可供汉语语音转换文本的软件。

1. 科大讯飞实时语音转写

实时语音转写基于深度全序列卷积神经网络框架，通过 WebSocket 协议，建立应用与语言转写核心引擎的长连接，将音频流数据实时转换成文字流数据结果。该软件运用超大规模的语言模型，智能预测语境，提供智能断句和标点符号的预测。针对上下文进行语义理解，将中间结果进行智能纠错，确保准确性。目前在国内，该软件被广泛运用于各种会议、直播字幕、电视台，能够即时地将音频信息转换为文字(字幕)形式，便于听障人士获取信息。

2. 华为语音识别

该软件可通过语音说出操作指令，对设备进行操作，支持将短语音、长语音、远场语音识别音频转换为文本，通过应用程序编程接口(API)调用识别不同音频源发来的实时音频，或识别音频文件。识别的语言为中文普通话，具备粤语、四川话、闽南话等多种方言及蒙古语、藏语、维吾尔语等少数民族语言的识别能力，能够覆盖绝大多数带方言口音的普通话识别场景。

此外，随着智能手机应用范围的不断扩大，目前越来越多的辅助应用软件也能起到实时转换的作用，且大多能够同时支持 Android 与 iOS 两种操作系统。

(二)读屏软件与盲文编辑软件

读屏软件的主要功能是将电脑或手机屏幕上的信息以语音或点字的方式输出，使无法以视觉阅读电脑或手机屏幕的视觉障碍者读取其中的资讯。① 在一般电脑或手机上安装读屏软件后，视觉障碍者即能通过屏幕报读软件的辅助来操作设备中的各项功能。

目前国内视障碍者使用的中文读屏软件主要有以下 5 种。

1. 阳光读屏

阳光读屏是由中国盲文出版社开发的一款读屏软件，其语音服务器在对朗读内容的分类型配置方面，可以使用较快语速朗读控件类型、输入字符等较次要的内容，用优美慢速的语音朗读控件名字(包括按钮名称、链接名称和文本内容等)，甚至灵活到对于每一种内容类型都可以进行语音角色、语速、语调、音量和声卡的配置。

2. 争渡读屏

争渡读屏是一款屏幕朗读软件，用于协助视力障碍人士操作电脑，包括商业版、网络版、公益版和之多云。争渡读屏商业版具有争渡路标、光学字符识别(optical character recognition，OCR)、争渡监视等特色功能；争渡读屏网络版用于局域网环境，适合学校、残联培训中心、图书馆等单位使用，功能与商业版相同；争渡读屏公益版为免费版本，基础功能完整且能永久使用，没有使用时间限制，支持常规软件和基本的第三方软件；之多云是一款集聊天助手、语音助理、语音输入法、音乐视听下载、新闻阅读、实用查询、验证码识别等常用功能为一体的综合性视障人互联网生活辅助工具。

3. 中文 JAWS

中文 JAWS 由美国自由科技(Freedom Scientific)公司研发，是目前世界上使用人数最多的读屏软件之一。该软件支持不同的语言，屏幕阅读器结合扬声器或点字显示器，通过播放或摸读的方式来读取屏幕的图片、功能表、文字、符号和控制按钮等。中文版由我国台湾地区联合国际视觉辅具中心和香港地区的看汉科技有限公司代理销售。

4. 晨光

晨光语音及点字读屏软件自 2004 年发行以来，已经过多次升级。该软件支持中英文语音输出，其中中文包括粤语及普通话。它通过把窗口系统及其应用程序里的文字以语音读出和点字显示，从而协助视障人士独立应用计算机。

5. NVDA

NVDA 是一个免费且开放源码的 Windows 操作系统的屏幕阅读器。它通过合成器语音或者盲文点字的反馈，方便盲人和低视力人群使用在 Windows 操作系统下运行的电脑。它支持包括 web 浏览器、电子邮件客户端、互联网聊天程序和 Office 套装在内的流行应用程序。该程序内建的语音合成器支持超过 43 种语言；支持文档格式的朗

① 林柏荣：《视窗导盲鼠系统与无障碍网页之研究》，硕士学位论文，淡江大学，2003；林欣仪：《供视觉障碍人士使用之再造数位学习系统》，硕士学位论文，高雄师范大学，2007。

读，如字体名称或大小、样式和拼写错误；可自动朗读鼠标指向的文本，还包括用声音提示鼠标所在位置的选项；支持许多点字显示器的实时刷新，支持带点字键盘的点字显示器的电脑盲文输入；无须安装，可完全在 U 盘或者其他可携式媒体上运行。

5 种读屏软件的综合比较如表 4-19 所示。

表 4-19　5 种读屏软件的综合比较

比较项目	阳光读屏	争渡读屏	中文 JAWS	晨光	NVDA
是否能使用点字输入中英文	是	是	否	香港中文点字	是
是否能朗读盲文点字档	否	是	否	否	是
是否能朗读简体中文	是	是	否	是	是
调整语音朗读速度	中英文可分别调整	中英文可分别调整	中英文同步调整	中英文可分别调整	中英文同步调整
是否有简体中文字音字词选择辅助功能	是	是	否	是	是
是否提供使用训练教程	购买后提供	定期提供	购买后提供	需与香港视网膜病变协会联系	官网提供
Office 软件朗读功能	全面支持 Office 软件	全面支持 Office 软件	支持 Office 2010 及以下版本	支持 Office 2003 至 Office 2013 版本	全面支持 Office 软件
支持系统	Windows 系统	Windows 系统	Windows 系统	Windows 系统	Windows 系统

除上述读屏软件外，中国盲文出版社开发的另一款盲文编辑器——阳光专业版盲文编辑器也被特殊学校、各地区残疾人联合会或盲文读物出版社广泛应用。该系统适应当今计算机主流操作系统，能将汉字直接翻译为盲文，将盲文直接翻译为汉字，将电子版的汉字翻译为盲文；可选用现行盲文和双拼盲文两种盲文文字，印制纯盲文文本或盲汉对照文本两种版式，提供盲汉对照文本的同步编辑修改功能，为不懂盲文的人提供编印盲文的条件，为学习盲文的人提供学习条件。

五、翻译服务的标准

《国家职业标准：手语翻译员(试行)》将手语翻译员设立为四个等级，分别是：五级手语翻译员(国家职业资格五级)、四级手语翻译员(国家职业资格四级)、三级手语翻译员(国家职业资格三级)、二级手语翻译员(国家职业资格二级)。本书将详细介绍该标准规定的手语翻译员的工作要求(见表4-20至表4-23)。

(一)五级手语翻译员

表4-20　五级手语翻译员的工作要求

职业功能	工作内容	技能要求	相关知识
指语传译	字母拼打	能读出、打出汉语手指字母，速度达到每分钟30个字母，正确率达到100%。	(1)《汉语手指字母方案》。 (2)《汉语拼音方案》。
	音节拼打	能读出、打出汉语手指音节，正确率达到75%。	
	短语拼打	能读出、打出5～10个音节组成的手指语短语，正确率达到75%。	
汉语传译(手译)	单词翻译	能将800个常用汉语单词翻译成手势语，速度达到每分钟15个单词，正确率达到75%。	(1)手语手形、位置、方向、运动知识。 (2)中国手语手势动作图解符号。 (3)手语翻译的基本要求。 (4)800个常用汉语单词的手势语。
	句子翻译	能将800个常用汉语单词分别组成的句子翻译成手势语，正确率达到75%。	
	短文翻译	能将800个常用汉语单词分别组成的短文翻译成手势语，正确率达到75%。	
手语传译(口译或笔译)	单词翻译	能将800个常用汉语单词的手势语翻译成汉语，正确率达到75%。	口语翻译为手语的基本要领。
	句子翻译	能将800个常用汉语单词的手势语分别组成的句子翻译成汉语(口语或书面语)，正确率达到75%。	
	短文翻译	能将800个常用汉语的手势语组成的短文翻译成汉语(口语或书面语)，正确率达到75%。	

(二)四级手语翻译员

表 4-21　四级手语翻译员的工作要求

职业功能	工作内容	技能要求	相关知识
指语传译	字母拼打	能读出、打出汉语手指字母，速度达到每分钟 35 个字母，正确率达到 100%。	(1)一般手势语中的汉语手指字母。 (2)使用汉语手指字母的基本要求。
	音节拼打	能读出、打出汉语手指音节，正确率达到 80%。	
	短语拼打	能读出、打出 8～12 个音节组成的手指语短语，正确率达到 80%。	
汉语传译(手译)	单词翻译	能将 1 000 个常用汉语单词翻译成手势语，速度达到每分钟 20 个单词，正确率达到 80%。	(1)1 000 个常用汉语单词的手势语(含五级手语翻译员规定的 800 个常用汉语单词的手势语)。 (2)手语翻译的基本技术。 (3)中国手语与地方手语的关系。
	句子翻译	能将 1 000 个常用汉语单词分别组成的句子翻译成手势语，正确率达到 80%。	
	短文翻译	能将 1 000 个常用汉语单词分别组成的短文翻译成手势语，正确率达到 80%。	
手语传译(口译或笔译)	单词翻译	能将 1 000 个常用汉语单词的手势语翻译成汉语，正确率达到 80%。	口语翻译为手语的基本要领。
	句子翻译	能将 1 000 个常用汉语单词的手势语分别组成的句子翻译成汉语(口语或书面语)，正确率达到 80%。	
	短文翻译	能将 1 000 个常用汉语单词的手势语组成的短文翻译成汉语(口语或书面语)，正确率达到 80%。	

(三)三级手语翻译员

表 4-22　三级手语翻译员的工作要求

职业功能	工作内容	技能要求	相关知识
指语传译	字母拼打	能读出、打出汉语手指字母，速度达到每分钟 40 个字母，正确率达到 100%。	数理化手势中的汉语手指字母。
	音节拼打	能读出、打出汉语手指音节，正确率达到 85%。	
	短语拼打	能读出、打出 10～15 个音节组成的手指语短语，正确率达到 85%。	
汉语传译(手译)	单词翻译	能将 2 000 个常用汉语单词翻译成手势语，速度达到每分钟 20 个单词，正确率达到 85%。	(1)中国手语的手势语主要类型。 (2)中国手语的基本词(基本手势)。 (3)2 000 个常用汉语单词的手势语(含四级手语翻译员规定的 1 000 个常用汉语单词的手势语)。
	句子翻译	能将 2 000 个常用汉语单词分别组成的句子翻译成手势语，正确率达到 85%。	
	短文翻译	能将 2 000 个常用汉语单词分别组成的短文翻译成手势语，正确率达到 85%。	
手语传译(口译或笔译)	单词翻译	能将 2 000 个常用汉语单词的手势语翻译成汉语，正确率达到 85%。	手语的表达顺序。
	句子翻译	能将 2 000 个常用汉语单词的手势语分别组成的句子翻译成汉语(口语或书面语)，正确率达到 85%。	
	短文翻译	能将 2 000 个常用汉语单词的手势语组成的短文翻译成汉语(口语或书面语)，正确率达到 85%。	

(四)二级手语翻译员

表 4-23　二级手语翻译员的工作要求

职业功能	工作内容	技能要求	相关知识
指语传译	字母拼打	能读出、打出汉语手指字母，速度达到每分钟 45 个字母，正确率达到 100%。	国际手语中的手指字母。
	音节拼打	能读出、打出汉语手指音节，正确率达到 90%。	
	短语拼打	能读出、打出 12～18 个音节组成的手指语短语，正确率达到 90%。	
汉语传译(手译)	单词翻译	能将 3 000 个常用汉语单词翻译成手势语，速度达到每分钟 25 个单词，正确率达到 90%。	(1)中国手语规范工作的历史。 (2)3 000 个常用汉语单词的手势语(含三级手语翻译员规定的 2 000 个常用汉语单词的手势语)。
	句子翻译	能将 3 000 个常用汉语单词分别组成的句子翻译成手势语，正确率达到 90%。	
	短文翻译	能将 3 000 个常用汉语单词分别组成的短文翻译成手势语，正确率达到 90%。	
手语传译(口译或笔译)	单词翻译	能将 3 000 个常用汉语单词的手势语翻译成汉语，正确率达到 90%。	文艺表演中的手语与日常生活中的手语的异同。
	句子翻译	能将 3 000 个常用汉语单词的手势语分别组成的句子翻译成汉语(口语或书面语)，正确率达到 90%。	
	短文翻译	能将 3 000 个常用汉语单词的手势语组成的短文翻译成汉语(口语或书面语)，正确率达到 90%。	
培训与指导	培训	(1)能编制手语翻译员培训计划。 (2)能设计手语教学过程。 (3)能培训五级、四级、三级手语翻译员。	(1)手语翻译员培训计划的编制方法。 (2)手语教学的基本原则与活动设计方法。 (3)教学法的选择与应用知识。
	指导	能对五级、四级、三级手语翻译员进行业务指导。	集体或个别指导的方法。

第八节
休闲娱乐

随着社会的不断发展，休闲活动日益受到大众的重视，休闲娱乐也与个体的生活质量有着重要联系。适当的休闲不仅能促进身心愉悦，对于个人的生长与发展更有着积极的促进功能。研究指出，提供符合特殊儿童年龄的适当的休闲活动，有助于提升其社会适应能力。[①] 在参与休闲活动的同时，特殊儿童可以发展良好的社会互动关系，提升社交生活技能。休闲活动也是不断创造新的生活经验与体验的机会。

近年来，两期特殊教育提升计划的实施不断助推我国特殊教育进入新的发展阶段，相关研究也不断转向追求特殊教育质量的提升。纵观国际领域，在自我决策(self-determination)思潮的推动下，推广重度障碍儿童的社区参与和休闲娱乐，提高其自主性也成为强化其独立生活技能的重要课题。

美国的《所有残疾儿童教育法》《残疾人教育法》和《美国残疾人法案》(Americans with Disabilities Act)等法律，规定体育馆、网球场、游泳池、健身房、高尔夫球场、公园等休闲运动场所应使残疾人能够进入并使用。2002 年，美国智力障碍协会将“健康”(包括身体健康、心理健康)，列为智力障碍定义的诊断向度之一。此以“健康为重”的思潮，带动了各国智力障碍定义的更新。《中华人民共和国残疾人保障法》第五章明确规定“国家保障残疾人享有平等参与文化生活的权利”；“残疾人文化、体育、娱乐活动应当面向基层，融于社会公共文化生活，适应各类残疾人的不同特点和需要，使残疾人广泛参与”，保障残疾人进入休闲娱乐设施的权利。

一、休闲娱乐的内涵

亚里士多德认为，凡在一种自由选择、自我满足的心态下，从事一种并无特殊目的也不感到劳累的活动，即属休闲。

以时间、活动、经验、行动四个维度界定休闲，更能体现出休闲娱乐活动与一般活动相比的本质特点。[②] 从时间角度而言，休闲活动时间是指除满足生存(如睡眠、清

---

① Heyne L A and Schleien S J, “Leisure and Recreation Programming to Enhance Quality of Life”, In Cipani and Spooner, *Curricular and Instruction Approaches for Persons with Disabilities*, 2nd ed., Needhan Heights, MA, Allyn and Bacon, 1999, p. 133-167.

② 吕建政：《休闲教育的课程内容与实施》，载《大叶学报》，1999(2)。

洁卫生等基本生存需求的时间)及维持生活(耕作、上班等谋求生活时间)之外，可自由运用的时间；从活动特点而言，休闲娱乐是指除工作、家庭、社会义务之外，个人依其所好从事的活动(看电影、和朋友逛街、从事艺文活动等)；从经验角度而言，休闲娱乐是一种富于精神性的心理态度、灵魂的处境，活出自我、超越自我的存在经验，如安排完整而平衡的生活；从行动而言，休闲娱乐活动能依据反省性的自我决策，采取有意义的开创的行动，即休闲与工作、家庭并非截然分开，也非不可分割的生活领域。

除此之外，休闲娱乐还具有以下四个基本特征：就活动性质而言，休闲娱乐不是经济性的活动，其更侧重愉悦与享受；就活动意愿而言，休闲娱乐是自愿自发性的活动，个体更乐于从事；就活动形式而言，休闲娱乐没有固定的形式，更侧重关注内心的自由轻松；就活动价值而言，休闲娱乐通常不是社会上所谓“重要”的活动，但对个体是可贵的、有意义的。

二、休闲娱乐对于特殊儿童的重要性

特殊儿童与普通儿童一样需要适度的休闲娱乐来缓解压力，增加生活乐趣，减少行为问题的产生。为使特殊儿童融入社会，与普通人共同生活，为其提供休闲娱乐服务，教导休闲娱乐技能尤为重要。①

(一)协助特殊儿童融入社区生活

特殊儿童是否能成功融入社区，与其休闲技能有直接关系。特殊儿童因缺乏休闲技能，很少能有效地与其他普通人互动，也较少拜访邻居，而造成社会参与或关系不佳。因此，应通过教育训练和相关服务，并多为其提供参与的机会，提高其参与社会和社区活动的可能性，促进其自我意识发展和自我决定的能力，使其能有正常的社会生活。

(二)发展社会交往能力及人际接纳能力

特殊儿童可借助参与休闲娱乐活动的机会学习人际关系、社交和沟通的方法，以获得友谊，促进社会交往能力发展。

(三)增进自尊及自我概念

提供特殊儿童能从事的休闲活动，可增加其社会互动的机会，促进其正向的心理

① 麦秀茹：《小学特教班休闲教育课程发展与实施之行动研究》，硕士学位论文，台湾屏东大学，2005；黄淑吟：《同侪教导对智能障碍学生休闲技能教学效果之研究》，硕士学位论文，彰化师范大学，2002。

成长，提升其满意与自尊度；另外，参与具有娱乐趣味的休闲活动，能改善特殊儿童对自我的接纳与自信心。

(四)提供身心调节的机会，减少对照顾者的依赖

许多重度障碍儿童对个人自由的时间无法做适当的安排。学会了休闲的技能和方法，可以使他们依自己的兴趣和喜好在自由的时间合理安排自己的活动，不但可以调节身心，也可以减少他们对照顾者的依赖。

(五)减少不适当的行为产生

经教育训练与服务，特殊儿童习得休闲技能而能多参与普通人的休闲活动，在运动及欢乐之余，可降低其焦虑感，也可减少不适当的行为(如自虐、异食癖等)。

(六)可提升其他方面的技巧或能力

由以上可知，休闲教育训练及服务可使特殊儿童减少不适当的行为，增强其休闲技能、社交、人际沟通与互动及学科学习等方面的能力，进而成功融入社区，并提升其生活品质。基于此，特殊儿童的休闲娱乐教育与服务有其重要性及迫切性。但是，当我们观察特殊儿童接受休闲娱乐教育与服务的现状，可以发现并不尽如人意。

三、特殊儿童参与休闲活动的阻碍因素及解决策略

有许多因素影响特殊儿童参与休闲活动，结合大量学者的已有研究可以发现，特殊儿童参与休闲活动训练和服务的限制大致可分成外在因素和内在因素两大类。①

(一)外在因素

1. 经济问题

特殊儿童或其他成年特殊人群由于自身经济独立程度有限，家人若不重视其休闲生活，将使他们参与休闲活动的机会大大降低。

2. 交通问题

许多特殊儿童无法独自搭乘交通工具，或者政府无法提供便利的免费或便宜交通工具，使得他们较难参与社区的休闲活动。

3. 环境障碍

有些公共设施缺乏适当的无障碍设施，尤其是旧式建筑，加上自然环境中的障碍，

---

① Sitlington P L, Clark G M and Kolstoe O P, *Transition Education and Services for Adolescents with Disabilities*, 3rd ed., 2000, pp. 79-92.

使得特殊儿童参与社区休闲活动困难重重。

4. 他人的态度问题

一些公共与商业设施无法接纳特殊儿童和其他普通人群共同使用环境中的设施；有些问题则来自共同使用这些设施的普通人群，他们对与特殊儿童共同使用设施感到不自在。另外，家人是否重视休闲活动也影响其参与休闲活动，若家人对休闲活动持负面态度(例如，休闲玩乐是浪费钱的活动)，则特殊儿童参与休闲活动的机会将更有限。

5. 缺乏有效的服务系统

相关政府机构不重视特殊儿童的休闲活动，在硬件(如无障碍空间)与软件(如提供特殊儿童休闲服务方案)上未提供完善服务，因此无法协助特殊儿童参与社区融合的休闲活动。

(二)内在因素

1. 技能有限

特殊儿童的休闲技能、认知技能、沟通技能、社交技能皆比一般人弱，他们要独立进行休闲活动的机会比一般人受限，甚至许多重度或极重度特殊儿童没有他人协助，几乎无法进行休闲活动。倘若他人(家人或其他照顾者)无法提供协助，他们几乎都是无所事事、发呆度过整日。

2. 健康问题

许多特殊儿童可能因先天健康问题，限制了他们可参与活动的种类与范围。我国台湾地区学者进行了一些调查，发现特殊儿童参与的多是静态的活动，或从事与自己实际年龄有着明显差距的活动(例如，30 岁大人玩芭比娃娃)。①

3. 缺乏基本知识

特殊儿童对于了解社区的支持系统有困难，也无法自己去运用这些资源，因此也限制了他们参与社区休闲活动的机会。

4. 依赖他人

可能由于特殊儿童能力受限，也可能因家人或朋友的保护，或社会支持与服务系统的不足，特殊儿童少有能独立参与社区休闲活动者，他们多数需要依赖重要他人的协助。

上述这些因素是我们在为特殊儿童规划休闲娱乐方案或提供休闲娱乐活动服务时必须思考的问题，同时应思考如何将这些限制降至最低，以使特殊儿童参与社区融合的休闲活动机会大大提高。

---

① 余嫔：《休闲教育的实施与发展》，载《大叶学报》，2000(2)；刘明松：《多重障碍学生之休闲教育》，载《台东特教》，2012(35)。

(三)解决策略

就以上问题，研究者对于促进特殊儿童与普通儿童在休闲娱乐环境中的互动，提出了三种方法。①

1. 整合现有休闲方案

为特殊儿童选择一个社区现有之传统且适合年龄的休闲方案，受过训练的融合教育专家或其他相关的专业人员与休闲方案的主持人共同找出能减少该方案内容与特殊儿童者能力差异的方法(使方案的要求和特殊儿童能力尽量配合)，因此过去完全被排拒在外的特殊儿童可以至少部分参与适合年龄的活动。这种方式提供了一个可以扩展参与者社区社会网络的融合休闲方案。虽然这种方式一开始似乎耗费时间，但是它对开发潜在的社会关系网络有很大的助益。

2. 反向回归主流方式

已有休闲娱乐方案是为特殊儿童设计的，但是反向回归主流方式是将其调整为同时能吸引与服务普通儿童的方案。社区或学校休闲娱乐相关部门负责执行，他们将原先只为特殊儿童规划的夏令营、课后活动，增加一些可以和不同能力儿童互动的活动。方案可以依据参与者实际年龄区分组别，特殊儿童可以不用和比他年纪小或大的人参与活动，而是和适龄同侪互动，特殊儿童与普通儿童有机会彼此相互学习。

3. 零拒绝方式

休闲娱乐服务相关人员与休闲方案制定者不是依循传统，在机构内规划隔离的休闲方案，而是共同设计符合许多不同能力儿童的休闲方案。方案并非为特定人士设计，而是能包含社区的所有参与者，因此是完全融合的方式。这种方式能促进社区成员地位平等。

目前国内虽尚未有休闲治疗专家或融合专家以协助我们为特殊儿童规划融合休闲方案，但是学校和其他机构在为特殊儿童规划休闲方案时，或许可以考虑以反向回归主流方式进行，以促进特殊儿童与普通儿童的互动，进而建立友伴关系。

四、休闲娱乐教学与服务的内容

由于休闲活动的种类众多，研究者对休闲的类型也有不同的看法。就分类方法而言，学者普遍认为对于休闲类型的研究，可分为主观分类法、因素分析法及多元尺度评估法三种取向。

---

① Schleien S, Green F and Stone C, "Making Friends within Inclusive Community Recreation Programs", *American Journal of Recreation Therapy*, 2003, 2(1).

(一)主观分类法

主观分类法是指研究者将具有共同性质的休闲活动，依自己主观的判断将其归于某一类型的方法，如依活动的目的、性质、意义、自由程度、投入状况、时间等加以分类。

1. 以活动目的为主的分类法

琼斯(Jones)以休闲活动的目的为导向，将休闲活动分为三类。①

(1)以放松为目的，包括严肃性工作(如宗教活动)、复杂性工作(如艺术活动)、简单性工作(如做家务、散步)、被动性的活动(如看电视、听音乐)。

(2)以娱乐为目的，包括个人爱好、逃避性活动、竞争性活动。

(3)以个人的发展为目的，包括自我充实的活动(如参加研习、听演讲)、增加生活经验的活动(如旅行、观光)、创造性活动(如写作、烹饪、室内设计等)、服务性活动(如担任义工)。

2. 以个体参与休闲活动的心理内涵为主的分类法

外国学者赫希曼(Hirschman)将休闲活动区分为心智的(intellectual)、浪漫的(romantic)、支配的(competence-mastery)、逃避的(escapism)四类。②

(二)因素分析法

因素分析法是指采用科学统计法中的因素分析将休闲活动分成若干类，并且依据此分类的丛聚特性命名。分类的统计单位有活动参与的行为模式、参与的次数、程度或频率等。这种方法的优点是量化且客观，缺点是常常无法整合各个休闲类型的特性，因此造成各个类型间的关系不清楚。

文崇一将休闲活动分为五大类，即知识艺术类、娱乐类、体力类、社交类、消遣类。另有学者以此法将休闲活动分为五大类，即网络休闲类、自我充实类、社团体能类、社交友谊类、视听感官类。③

用因素分析法对休闲活动做分类十分便利，但研究者发现，因素分析法区分的类型是以因素负荷量为依据的，因此常常导致分类项目较多、复杂，且因为不同的选项，造成分析结果不一致、分类不清。

---

① Jones J E, “Art and Elderly: An Annotated Bibliography of Research and Programming”, *Art Education*, 1978, 31(7).

② 转引自张文桢：《小学生休闲态度与休闲参与之研究——以屏东县为例》，硕士学位论文，屏东师范学院，2002。

③ 文崇一：《台湾地区居民休闲活动的分析——变迁中的台湾社会》，台湾“中央研究院”民族学研究所集刊，1988。

(三)多元尺度评估法

多元尺度评估法将所列出的活动两两配对，形成多组相对休闲活动，再由受试者来评定，从这些多组相对的休闲活动中，依自己的知觉判断说明其相似之处，然后分出活动类型。

哈维斯特(Havighuest)以多元尺度评估法实施分类的内容为：自主—他人导向、参与—旁观、减少厌烦—逃避参与、主动—被动、寻求刺激—弥补工作、创造性—非创造性、自我表现—工具性、消磨时间—享受、竞争—合作、自我统整—角色文化、独处—交际。①

布洛克和马洪(Bullock & Mahon)在综合多项研究的基础上，发展出“个人本位休闲教育”之概念模式，提出休闲教育与服务须以个体的需求与期望为基础，包含三大领域的教学与服务(见表 4-24)。(1)休闲觉知：对休闲生活、自我与休闲资源的觉知；(2)技能学习：包括休闲活动技能、社区使用技能、社交技能与沟通技能等；(3)自我决策：包括做选择、休闲计划、自我规范。休闲教育与服务等的最终目标，在于提升个人对自我生活的满意度。②

表 4-24　休闲教育与服务内容各领域的对应

领域	训练层级			
	第一层级：观赏活动	第二层级：社交活动	第三层级：体能活动	第四层级：自我实现活动
休闲觉知				
技能学习				
自我决策				

五、休闲娱乐教学与服务的步骤

综合斯克莱恩(Schleien)等研究者的观点③，结合考量国内目前特殊儿童服务方案的实施状况，本书提出下列规划特殊儿童休闲娱乐教学与服务方案的步骤。

---

① 转引自张文桢：《小学生休闲态度与休闲参与之研究——以屏东县为例》，硕士学位论文，屏东师范学院，2002。

② Bullock C C and Mahon M J, *Introduction to Recreation Services for People with Disabilities: A Person—Centered Approach*, Champaign, IL, Sagamore Publishing, 1997, pp. 22-49.

③ Schleien S, Green F and Stone C, “Making Friends within Inclusive Community Recreation Programs”, *American Journal of Recreation Therapy*, 2003, 2(1).

(一)以生态评估及问卷搜集邻近社区的休闲资料

要有效地提供休闲服务，必须全面地了解特殊儿童居住的社区，包括社区内居民的休闲态度、喜好及社区内的休闲设施。规划者可利用《学校及社区生活调查表》(见表 4-25)，搜集上述资料。当规划者越了解社区，其所规划的休闲活动就越能符合特殊儿童和普通儿童的需求，进而能增加他们共同参与休闲活动的机会。

表 4-25 学校及社区生活调查表①

障碍类别/程度：________ 评估者：________(与该生关系：________)	
社区环境	□ 城市 □ 农村 □ 城乡接合部 □ 其他 ________
最喜欢的同学(朋友)	________、________、________
最喜欢的家人(亲友)	________、________、________
学校中最喜欢的场所	□ 图书室 □ 教师办公室 □ 操场 □ 教室 □ 医务室 □ 餐厅 □ 其他 ________
学校中最喜欢的活动	□ 玩篮球 □ 打羽毛球 □ 跑步 □ 散步 □ 看书 □ 玩游戏 □ 玩拼图 □ 给植物浇水 □听音乐 □ 画画 □ 玩电脑 □ 其他 ________
放学后常做的活动	□ 直接回家 □ 去同学家玩 □ 到处游玩(常去地：________) □ 其他 ________
喜欢去的休闲活动场所	□ 公园 □ 电影院 □ 博物馆 □ 购物中心 □ 亲友家 □ 文化活动中心 □游泳池 □其他 ________
常去的商家	□ 便利店 □ 早餐店 □书店 □ 花店 □ 面包店 □ 杂货店 □ 其他 ________
常从事的活动	□ 散步 □ 遛狗 □ 帮家人购物 □ 逛街 □ 看电视 □ 骑自行车 □ 拜访亲友 □ 听音乐 □ 游泳 □ 园艺 □ 下棋 □ 其他________
较少从事的活动	□ 散步 □ 遛狗 □ 帮家人购物 □ 逛街 □ 看电视 □ 骑自行车 □ 拜访亲友 □ 听音乐 □ 游泳 □ 园艺 □ 下棋 □ 其他________
喜欢的强化物	□ 自由活动 □ 看电视 □ 听音乐 □ 看书 □ 画画 运动：□ 骑自行车 □ 投篮游戏 □ 跑步 □ 其他______ 游戏：□拼图 □玩电脑游戏 □玩游戏牌 □ 其他______ 食物：□糖果 □ 饼干 □ 饮料 □ 其他______ 社会性增强：□ 赞美 □ 拥抱 □ 握手 □ 其他______

注：评估者为二人以上时应注明。

① 陈雅柠：《谈重度障碍学生之休闲技能训练》，载《特教园丁》，2006(4)。

(二)找出特殊儿童的需求

访谈特殊儿童的父母、照顾者(如保姆)和教师，可协助规划者找出特殊儿童喜好的活动与事物及其优先顺序。依据特殊儿童的喜好，加上所搜集的社区资料，规划者可以着手设计适合他们进行的休闲活动。表 4-26 是针对能指认图片的特殊儿童设计的休闲与兴趣检查表。

表 4-26　针对能指认图片的特殊儿童设计的休闲与兴趣检查表①

我喜欢的休闲活动 姓名：________					
☞请仔细看下列图片，并选出三种你最喜欢做的活动(请家长协助引导孩子指认或勾选)。					

参观博物馆	散步	骑自行车	游泳	园艺	画画

听音乐	投篮球	打羽毛球	看电视	唱歌	跑步
☞其他我还喜欢的活动有(请将你喜欢从事的活动照片或图片剪贴至下框中)。					
图片粘贴处 1	图片粘贴处 2	图片粘贴处 3	图片粘贴处 4		
☞休闲兴趣检查结果，该生喜欢从事的活动为：					

(三)公告融合休闲活动

一旦安排好休闲活动的行程与活动内容，即可在社区内发布，以广邀社区内有兴

① 陈雅柠：《谈重度障碍学生之休闲技能训练》，载《特教园丁》，2006(4)。

趣的民众参与，甚至通过地区性的媒体，告知民众这些休闲活动。

(四)实施方案

将方案计划付诸实施，方案的负责人要随时检查方案的实施是否符合目标。

(五)评鉴方案

评鉴方案的负责人可以检查整个方案的成效，并对实施过程进行适当的反馈。

(六)总结发现并决定未来的努力方向

若没有明确地分析评鉴资料，就无法对该休闲方案做出正确修正，以改善整个方案的实施。评鉴方案的资料必须明确地写下来，并做充分讨论，以作为方案改进的参考及未来努力的方向。具体评估项目可参见表 4-27。

表 4-27　休闲活动与服务选择评估指标①

指标	评估项目	适切性
正常化原则		
适合年龄	对于同年龄普通儿童而言，该活动能否引起他们的兴趣?	是　否
吸引力	对于经常出入休闲场所的人而言，该活动是否具有吸引力?	是　否
环境弹性	该活动是否可以在各种不同的环境中进行，如不受空间大小影响?	是　否
活动弹性	该活动是否可以用在各种不同休闲活动情况中，可以单独娱乐，也可做团体娱乐?	是　否
监督程度	该活动是否能适合各种不同的生活形态，不必特别加强监督和管理?	是　否
长期使用	该活动是否既适合少年儿童，也适合成年人?	是　否
个别化原则		
技能弹性	该活动是否适合具备高级和初级技能的人，而不需做大幅修改?	是　否
障碍适应	该活动是否能适应特殊儿童的特殊情况，如感官、动作、智力、行为等?	是　否
关于环境的考虑		
方便	该活动在个人的环境中是否随时可以进行，且相当方便?	是　否
持久	该活动是否在一年之内不需修补或换用设备?	是　否
安全	该活动对特殊儿童是否会造成身心伤害，对他人和整个环境是否有不良影响?	是　否
干扰	该活动会不会干扰他人或环境，如太吵闹、占地太多等?	是　否

① 纽文英:《启智教育课程与教学设计》，104 页，台北，心理出版社，2004。

续表

昂贵	该活动是否花费太高？该活动除供休闲娱乐之外，是否有多重用途？	是　否
每种活动的分类计分： 正常化原则：__________ 个别化原则：__________ 关于环境的考虑：__________ 每种活动的总分：__________		

六、休闲娱乐教学与服务的原则

要促进特殊儿童参与多元的休闲娱乐活动，教育及训练是重要且不可或缺的一环，大量文献分析并阐明了教师及特殊教育相关服务人员在进行休闲娱乐教学与服务时宜考量的原则。①

（一）安全原则

安全是从事休闲活动的基本原则，教学必须确保活动空间及设施是安全无虞的。

（二）尊重个人兴趣原则

进行休闲娱乐技能教学前，必须了解及确认个别学生的喜好和兴趣，这样才能维持学生的高度学习动机。

（三）适龄原则

教学者除选择学生喜爱的活动之外，仍需考虑教导与其年龄水平相符的活动（例如，高中学生不宜选择幼教影片观赏，或玩积木堆叠及着色画）。选择的技能以促进学生生活适应、融入正常社会为佳。

（四）适性原则

考量学生的特殊需求，并参酌其身心成熟程度，安排合理的活动时间、技能难易度以及活动频率。

① 陈韵淳：《小学阶段智能障碍学生休闲娱乐及其相关因素之研究》，硕士学位论文，彰化师范大学，2003；Westling D L and Fox L, *Teaching Students with Severe Disablilties*, 3rd ed., Englewood Cliffs, NJ, Prentice-Hall, 2003, pp. 77-196.

(五)社交互动原则

特殊儿童与普通儿童互动不仅能使双方获得正向模仿模范及沟通技巧，且能发展友谊，使普通儿童也能学习如何照顾与关怀他人，所以提供异质团体的休闲互动是非常重要的。

(六)泛化原则

休闲技能除了要能配合其他领域的表现，亦强调多样性，在不同的情境实施。协助学生将习得的技能迁移到不同的情境及社区生活当中。

(七)易达性原则

囿于特殊儿童的先天条件，进行社区休闲技能教学时，教学者及服务提供者应考量交通的便利性，以及能否独立进行。

(八)经济实惠原则

配合家庭的经济情况，选择家庭能够负担的休闲技能。

教学者及服务提供者应谨记及遵守上述休闲技能教学的 8 项原则，以下针对重度及多重障碍特殊儿童说明如何进行休闲技能之教学与服务。

(1)实施生态评估，收集目前及未来生态环境中的相关资料，了解特殊儿童的生态环境及进行基本能力分析，以便确定适宜的教学目标。

(2)进行休闲兴趣评价。特殊儿童往往无法准确地表达自己的意向，可从主要照顾者及教师方面取得资料，以确认及辨识特殊儿童的主要学习兴趣，并针对个别学生的状况规划和调整教学与评估内容。

(3)分析上述资料，依特殊儿童的需求及程度，制订适合的个别化教育计划。

(4)利用工作分析法编列出技能教学训练的内容，并据以实施社区本位教学，即能在真实情境下，融入社区进行休闲活动。

(5)尽量使用自然提示，且提示应由最多减到最少。

(6)定期给予评估，切实掌握特殊儿童的学习成效。

(7)休闲辅具与多媒体的使用：重度及多重障碍特殊儿童对于辅具的需求更甚于其他障碍类别的学生，因而为这类特殊儿童进行休闲技能训练时，应依其学习需求选编与应用辅具及多媒体教材，以增进教学效果。

(8)依据特殊儿童的能力设计教学活动，以让所有儿童皆能全程参与活动，落实全面参与的原则。

(9)教学活动的设计应尽可能地让特殊儿童家庭或家长参与其中。

(10)跨专业合作的运用：重度及多重障碍特殊儿童的障碍类别及情况繁复，需要各类专业团队及特殊教育相关服务人员共同协助，提供适宜的服务。

特殊儿童由于受限于本身的能力，在学习及生活上有其特殊需求。教师在从事休闲娱乐技能教学时，有时会忽略了特殊儿童的兴趣，或教导特殊儿童进行一些在该社区中根本不存在的休闲活动，导致为教学而教学，对于特殊儿童并无实际意义。所以在为多重障碍特殊儿童选择休闲娱乐技能时，应该本着生态评估、功能性分析、个别化重要技能模式的原则，为特殊儿童进行最适宜的休闲教育，进而促进其身心健康，这样更能向一般大众展现特殊儿童的无限潜能，达成融合及回归的真谛。

第九节 卫生保健

一、服务内容与范围

(一)卫生保健服务概述

保健是指在疾病出现和发展之前所采取的有利于保持健康的措施和行为的总和。现代医学认为，卫生保健是一门应用科学，它立足预防，研究保持健康及影响健康的决定因素，综合应用健康教育、行为医学、医学心理学、环境医学等现代医学的理论和原理，提出增进健康的策略、措施和方法，从而达到预防疾病、保持与增进健康、延长寿命和提高生活质量的目的。

卫生保健在医学教育中属于预防医学范畴，整个内容贯穿了预防为主的方针。卫生保健的主要任务包括阐明现代健康观点，通过大众传媒、社区教育、学校教育等帮助人们建立科学健康的行为生活方式，以及综合运用现代医学技术开展卫生保健服务。①

(二)特殊儿童卫生保健服务的范围

根据卫生保健的主体不同，可将卫生保健服务分为社区卫生保健以及学校卫生保健。

1. 社区卫生保健

社区卫生保健关于特殊儿童的服务主要包括以下几个方面。

---

① 陈建中：《卫生保健》，3页，南京，东南大学出版社，2006。

(1)特殊儿童的分类和转诊。社区儿童保健人员对特殊儿童的发现、确认和随访需要规范有序地进行，参与多学科、多领域合作，促进早期干预康复。规范化筛查和转诊流程的执行需要在妇幼保健机构和专科医院的指导下完成。

(2)特殊儿童的干预咨询。国内已经开始由三甲专科医院牵头、二级妇幼保健机构协助建立特殊儿童的发现、评估和干预网络。及时给社区儿童保健人员及家长提供相关信息，有助于特殊儿童得到及时、有效的早期干预。

(3)特殊儿童的家庭支持。特殊儿童干预需要家庭投入长期的精力和物力，家长的心理状态和养育技能都需要一定的支持和鼓励。社区儿童保健人员给予养育指导和传达社保政策，将有助于家长对特殊儿童早期干预的坚持。

2. 学校卫生保健

《特殊教育学校暂行规程》第四十八条明确规定："特殊教育学校应认真执行国家有关学校卫生工作的法规、政策，建立健全学校卫生工作制度。"

学校卫生保健工作一般通过学校的卫生机构来执行。学校的卫生机构一般分为两类：一类是隶属于教育部门的卫生机构，如区域性的中小学卫生保健所、高等院校的医院、中小学的校医院或卫生室；另一类是隶属于卫生部门的疾病预防控制中心，如学校的卫生科。此两类机构都是通过校医院(设保健科)、卫生室(按学生人数 600∶1 的比例配备专职技术人员，学生人数不足 600 人的学校，可以配备专职或兼职保健医师)或校医室来开展具体的学校卫生工作。对于特殊教育学校，需要配备专职或兼职校医，负责学校卫生保健工作和教学、生活的卫生监督工作。学校应建立学生健康档案，每年至少对学生进行一次身体检查，注重保护学生的各项身体机能。

根据《中小学卫生保健机构工作规程》，学校卫生保健机构的主要任务包括以下方面。

(1)协助教育行政部门规划、部署学校卫生工作宣传。协助学校全面贯彻教育方针，实施学校卫生工作。

(2)调查研究本地区中小学生体质健康状况。其中包括建立健全学生体检档案，并根据学生健康状况和发育水平，提出干预措施，指导学校卫生保健工作。

(3)开展和指导中小学生常见疾病及其他疾病的防治工作。对在体检中发现有器质性疾病的学生要及时做好转诊工作；对于因病不能坚持学习的学生要及时向学校提出处理意见。

(4)帮助学校开展健康教育和咨询，普及卫生保健知识，提高学生的卫生素养和自我保健能力。

(5)协助所在地区教育行政部门制订本辖区中小学卫生技术人员的培训计划。

(6)指导学校开展各项卫生工作，协助卫生行政部门对学校教学卫生、体育卫生、环境卫生、劳动卫生、饮食卫生等实施卫生监督。

(7)开展辖区内学生卫生保健服务。

(三)特殊儿童卫生保健服务的内容

在美国，特殊儿童的卫生保健服务主要是指学校健康服务和学校护理服务。学校健康服务和学校护理服务的内容可能涉及各种情况，包括：特殊喂养；清洁式间歇导尿；吸痰；处理气管造口术；管理、分配药物；为学生的在校安全制订计划；确保为在校学生提供护理，防止其在学校日常活动中受到伤害(例如，时常给学生换座位，防止生褥疮)；慢性疾病的处理；指导和促进针对学校所有护理人员的教育与技能培训。总结起来，特殊儿童的卫生保健内容主要包括生活照顾、技能训练、教育指导、心理辅导以及体育锻炼等方面。

二、不同障碍类型儿童的转介标准与保健要点

不同障碍类型的特殊儿童具有不同的生理、心理发展特点，因此，应提供有针对性的卫生保健服务。下面对不同障碍类型的特殊儿童分别说明其转介标准。[①]

(一)视觉障碍儿童的转介标准与保健要点

视觉障碍儿童的转介标准为我国《残疾人实用评定标准(试用)》规定的视力残疾标准，其分为盲和低视力两类(见表 4-28)。

表 4-28 中国视觉障碍分类标准

类别	级别	最佳矫正视力(a)
盲	一级盲	无光感<a<0.02，或视野半径<5 度
	二级盲	0.02≤a<0.05，或视野半径<10 度
低视力	一级低视力	0.05≤a<0.1
	二级低视力	0.1≤a<0.3

视觉障碍儿童卫生保健服务的重点在于保护残余视力，根据视觉障碍的损伤程度不同，提供不同的卫生保健服务。具体保健要点如下。

第一，保护残余视力。视觉障碍儿童应重点保护其残余视力，促进视觉障碍的康复。积极消除损害视力的因素，例如，借助充足的光线去看，借助视力辅具(如高倍放大镜)来看，每次看的时间不宜过长，所看的材料应色彩鲜明、轮廓清楚、重点突出

① 戴旭芳：《特殊儿童学校卫生学》，57 页，重庆，重庆大学出版社，2014。

等，防止视力进一步下降。对视觉障碍儿童，必要时配备合适的康复器材和生活学习辅具，如调整视力的眼镜，导盲器如盲杖、导盲犬、障碍探测器、盲文写字板等。同时，要训练和发展触、听、嗅等其他感觉功能，并保护好相应感觉器官。

第二，通过充分发挥其他感觉的能力来弥补视觉的缺陷，如触觉训练。尽早触摸各种物体，如各种玩具、生活用品、家具、花草、小动物等；利用嗅觉或听觉辨别方向等，但要避免不利因素的影响，如玩具不够清洁、触压强度大、温度过高或过低、化学药品对皮肤的损害等。

第三，视觉障碍儿童也应积极参加体育锻炼，增强体质。不要因为其视力缺陷而阻止或限制其参加体育锻炼，而应在一定的保护措施下，创造条件，鼓励其积极参与到各种体育活动中，如体操、田径、游泳、柔道、盲人门球、盲人足球等。

第四，积极培养视觉障碍儿童的兴趣爱好和良好的个性特征。

第五，提供无障碍设施与环境。学校、家庭及社会应提供适合视觉障碍儿童生活或学习的设施和环境。生活空间布局要合理，交通路线要安全、通畅，配制无障碍设施，如盲道、盲文符号牌、交通音响信号装置等，尽量为视觉障碍儿童创设一个安全便利的生活和学习环境。

(二)听觉障碍儿童的转介标准与保健要点

听觉障碍也称听力残疾、听力障碍、耳聋等。听觉障碍分为聋和重听两类。

听觉障碍儿童的保健要点如下。

第一，听觉障碍儿童应重点保护剩余听力，促进听觉障碍的康复。积极寻找和消除引起听觉障碍的原因，对疾病及时进行医学治疗，防止听觉损伤的进一步加重。有剩余听力的儿童及时配备合适的助听器，尽早进行相关康复训练，如听力训练。另外，保护耳要注意饮食卫生(如少吃高脂食物，多吃纤维素和蛋白质丰富的蔬菜、水果，避免缺乏维生素 A、钙、镁、锌等营养元素)，戒烟戒酒，尽量避免接触噪声，慎用耳毒性药物，等等。

第二，听觉障碍儿童也要保护好视觉、嗅觉等感觉器官，尤其是视觉器官——眼睛。注意用眼卫生，养成良好的用眼习惯，坚持做眼保健操，做好卫生保健和防止外伤工作，预防近视、弱视、沙眼、眼外伤及儿童其他常见眼病。

第三，尽早进行科学的听觉语言训练(包括必要的手语)，并保护好声带等发音器官。对发音器官无损害的听觉障碍儿童一定要进行语言训练，做到“三早一坚持”：早发现诊断，早配置辅具，早训练实践，坚持长期进行。另外，要保护好声带，不要经常大喊大叫，防止疲劳等。

第四，听觉障碍儿童要积极参加体育锻炼，重点锻炼动作的平衡和协调能力，全面增强身体素质，提高抵抗疾病的能力，促进身体的康复。

第五，积极培养听觉障碍儿童的兴趣爱好和良好的个性特征，必要时进行心理辅导。

第六，提供适合听觉障碍儿童学习和生活的环境。尽量减少噪声，保持安静，安置必要的扩音设备，学习时安排其目视学习和听取声音方便的座位。在学习锻炼和生活的场所，如教室、走廊、实验室、宿舍、餐厅等，配置作息指示灯(信号灯)或电子显示器等。

(三)智力障碍儿童的转介标准与保健要点

智力障碍是指智力显著低于一般人水平，并伴有社会适应行为的障碍。智力障碍包括在智力发育期间(18 岁之前)，由于各种有害因素导致的精神发育不全或智力迟滞，或者智力发育成熟以后，由于各种有害因素导致的智力损害或智力明显衰退。

智力障碍儿童是指年龄在 18 岁以下的智力障碍者，包括三要素：18 岁以下；智力低下；适应行为有缺陷。

对智力障碍儿童要及早进行干预，从生理、心理、社会等全方面进行护理和教育。具体保健要点如下。

第一，注意体育锻炼和营养，增强儿童的身体素质。

第二，智力障碍儿童应加强感知觉与动作的发展训练。

第三，加强智力障碍儿童语言的学习与训练，应抓住语言发展关键期，因材施教。

第四，一定要注意培养智力障碍儿童的生活自理能力和社会适应能力。

(四)言语与语言障碍儿童的转介标准与保健要点

言语与语言障碍是指由各种原因导致的不同程度的言语障碍(或说话异常)或语言障碍(或语言异常)，经治疗 1 年以上不愈或病程超过 2 年者，不能或难以进行正常的言语交往活动(3 岁以上)。其具体分级标准参见本书表 4-9。

言语与语言障碍儿童的卫生保健要点在于通过医学检查，找到引起言语与语言障碍的疾病或原因，尽可能控制这些病因，如改善听力，甚至配戴助听器；唇腭裂者，尽早手术矫正；智力低下者，要全面改善脑功能等。

言语与语言障碍儿童的语言训练很重要，决定了其语言功能的恢复程度。语言训练要做到“三早一坚持”。

(五)肢体障碍儿童的转介标准与保健要点

根据肢体障碍的病变部位不同，肢体障碍可分为以下三类。

①上肢或下肢因伤、病或发育异常所致的缺失、畸形或功能障碍，如先天缺肢、短肢、下肢不等长、截肢、肢体畸形等。

②脊椎因外伤、病变或发育异常所致的畸形或功能障碍，如脊柱裂、驼背、脊柱

侧弯等。

③中枢、周围神经因外伤、病变或发育异常造成的躯干或四肢的功能障碍，如小儿麻痹后遗症、中风引起的偏瘫等。

另一种划分肢体残疾的等级方式根据运动系统有几处残疾、致残部位高低和功能障碍程度综合考虑，并以功能障碍为主，分为以下四类。

①肢体残疾一级，即不能独立实现日常生活活动，如四肢瘫、截瘫、偏瘫，四肢存在不同部位缺失。

②肢体残疾二级，基本上不能实现日常生活活动，如双上臂或双前臂缺失等。

③肢体残疾三级，能部分独立实现日常生活活动，如单前臂及其以上缺失等。

④肢体残疾四级，基本能独立实现日常生活活动，如单小腿缺失、脊柱强直等。

肢体障碍儿童的卫生保健应加强健全肢体的体育锻炼，保持身体的健壮。

第一，体育锻炼中尤其注意对肢体的残存功能进行训练，防止关节挛缩或肌肉废用性萎缩。

第二，肢体障碍儿童往往需要借助一些辅具(如助行器、假肢、轮椅、生活辅具等)来完成日常生活活动，科学正确地选配合适的辅具很重要，装配好还要进行相应的功能训练，如假肢训练，尽快促进其机能的康复。

第三，针对不同程度的障碍，进行相应生活自理能力的训练或职业劳动技能的培训，提高生活质量和社会适应性。

第四，要做好肢体障碍儿童的心理保健工作，引导他们自信、自强、自立，培养乐观、向上、坚强、豁达的个性品质。

第五，学校、家庭及社会要重视为肢体障碍儿童提供无障碍的、良好的交通便利及生活学习环境。

(六)多重障碍儿童的转介标准与保健要点

多重障碍根据以哪种障碍为主，可分为以下几类。

①以智力障碍为主的多重障碍，如唐氏综合征伴语言障碍。

②以视觉障碍为主的多重障碍，如盲伴智力低下。

③以听觉障碍为主的多重障碍，如聋伴语言障碍。

④以肢体障碍为主的多重障碍，如脑瘫伴情绪行为障碍。

多重障碍儿童的卫生保健要点如下。

第一，早诊断、治疗和康复。从日常生活观察发现，结合生理和心理指标测查，及早发现多重障碍的存在，有针对性地进行医学治疗和康复训练。

第二，早期进行教育和训练。多重障碍儿童一般残障程度都较重，对他们的教育主要应是一种“生活教育”，包括最基本的生活技能、生活习惯、休闲娱乐、简单的社会交往技能等，情况好的可进行合适的职业技能训练。

第三，身体锻炼和心理保健。不能忽视体格的锻炼和心理保健。

第四，提供更多的关怀照顾。需要社会各方面提供帮助，包括生活、学习照顾，安全保障，辅具装配，社会接纳，等等。

(七)脑瘫儿童的转介标准与保健要点

脑瘫是指出生前、刚出生后或婴儿期由各种原因所致的一种非进行性脑损伤综合征，主要表现为中枢性运动障碍和姿势异常，同时经常伴有癫痫、智力、语言、视听觉、情感、学习等多种障碍，患病率为2‰～6‰。

根据运动障碍的特点，脑瘫可分为痉挛型、手足徐动型、共济失调型、迟缓型以及综合型。根据运动障碍功能的部位，脑瘫可分为四肢瘫、双瘫、偏瘫、截瘫、双重性偏瘫、三肢瘫以及单瘫。

脑瘫儿童的保健要点如下。

第一，早诊断早治疗。通过病史、生长发育、运动发育、肌张力、反射、视、听、语言、智力、日常生活活动测查等综合评定。可通过手术治疗、运用矫形器等改善其功能。

第二，运动康复训练。有运动疗法、理疗(水疗、电疗、光疗等)、中医(按摩等)、作业疗法等。

第三，其他综合康复。其他障碍的康复训练，如语言、视、听康复等。

第四，提供教育和心理保健，如特殊教育、引导式教育、认知教育等，并注重心理保健。

第五，要对脑瘫儿童从多方面照顾关怀。

三、特殊儿童卫生保健服务的常见策略

(一)建立合理的生活制度

帮助特殊儿童建立合理的生活制度，即根据不同年龄、不同类别特殊儿童的生理和心理特点，科学安排一日生活，包括睡眠、进餐、学习、活动、游戏等每个生活环节的时间、顺序、次数和间隔，并使特殊儿童形成规律和习惯，逐渐将这一生活安排固定下来。

首先，教育教学的安排要符合中小学生学习时间卫生标准；其次，特殊儿童的上课时间应比普通儿童短些，学习内容、学习量、教学方法都应与不同残障儿童的身心特点相适应，如表4-29所示。

表 4-29　某智力障碍儿童一日在校作息时间表(2017 年)举例

时间	内容
8：00—8：30	入校后放书包、打招呼、如厕、玩耍等。
8：30—9：00	集体律动、游戏或听音乐、唱歌等。
9：00—9：10	如厕、喝水、拿文具、坐好等，做好课前准备。
9：10—9：40	课程学习：语文或数学(隔日轮流，按学生需求实施个别教学或加课中操)。
9：40—10：00	课间操：体操、眼保健操。
10：00—10：30	如厕、课间加餐、休息。
10：30—11：00	技能训练：学生最需要的某项技能(按学生需求实施个别教学或加课中操、课中游戏等)。
11：00—11：10	如厕、休息。
11：10—11：30	休闲活动。
11：30—12：30	午餐、整理、清洁。
12：30—14：30	午休。
14：30—15：00	起床。
15：00—15：30	如厕、午后加餐。
15：30—16：00	文体课：音乐、体育、手工、美术等(按学生需求实施个别教学)。
16：00—16：20	休闲活动。
16：20—16：30	放学、再见。

(二)日常生活活动的护理和训练

特殊儿童日常生活的护理，除了建立合理的生活制度外，还应进行日常生活活动的护理和训练，即衣食住行、个人卫生所必需的护理及基本动作和技巧的训练，如如何洗漱、吃饭、步行、如厕等。

在特殊教育学校，特殊儿童的主要日常生活活动包括：饮食、睡眠、锻炼、清洁卫生、学习、娱乐及简单的家务劳动。日常生活活动的基本动作和技巧对于一般人来说是极为普通、容易的，但对于某些残障者往往属于高超技能，需要特殊的训练指导，甚至多方面的护理与照顾。

例如，普通幼儿 1 岁后会配合大人为其穿脱衣服；1.5 岁能自己脱去鞋袜、手套和帽子(不会解带)；2 岁起能脱去宽松外衣(不会解纽扣)；3 岁时会穿鞋(不系带子，不分左右)；4 岁起学会穿简单的外衣和扣上大纽扣，但对衣服前后的辨别有时需要提醒；5 岁起学会穿脱一般衣服，解开和扣上细小的纽扣；6 岁后能独立穿脱衣服。但脑瘫儿童由于动作限制，需要特别的训练与指导。

脑瘫儿童穿脱衣服的训练，主要采用“分阶段小步骤训练”方法。首先，将穿衣服或脱衣服的过程分解成几个阶段、多个步骤的简单动作；其次，逐个阶段或逐个步骤分项训练，直至该项动作能熟练掌握：最后，将熟练掌握的各项动作串联起来，进行整体训练，直至完成完整的穿或脱衣服过程。

【例 1】偏瘫患儿穿套头衫或背心的分解训练步骤：患手先穿上袖子→健手再穿上另一袖子→以健手为主，将衣服套入头部→拉下衣角。脱的训练步骤与穿的训练步骤相反。

【例 2】偏瘫患儿穿裤子的分解训练步骤：取坐位→将裤筒套进患侧小腿→套另一裤筒于健腿→躺下，边蹬健足，边向上提拉裤子到腰部→系好裤带。脱的训练步骤与穿的训练步骤相反。

【例 3】截瘫患儿穿裤子的分解训练步骤：取坐位→双腿套上裤子→转右侧半卧位，提拉左侧裤筒→再转左侧半卧位，提拉右侧裤筒→左右侧交替移动，将裤子提拉到腰部→系好裤带。脱的训练步骤与穿的训练步骤相反。

（三）体育锻炼

《特殊教育学校暂行规程》第二十六条规定：“特殊教育学校应重视体育美育工作。学校要结合学生实际，积极开展多种形式的体育活动，增强学生的体质。学校应保证学生每天不少于一小时的体育活动时间。学校要上好艺术类课程，注意培养学生的兴趣、爱好和特长，其他学科也要从本学科特点出发，发挥美育功能。美育要结合学生日常生活，提出服饰、仪表、语言行为等方面审美要求。”特殊儿童的体育锻炼包括体育课、课外体育活动、医疗康复锻炼等。

（四）膳食管理

《中国居民膳食指南（2016 年）》对中国儿童和青少年膳食提出了总要求：了解食物，学习烹饪，提高营养科学素养；三餐合理，规律进餐，培养良好饮食习惯；合理选择零食，禁止饮酒，多饮水，少喝含糖饮料；不偏食、节食，不暴饮暴食，保持适宜的体重增长；增加户外活动，保证每天活动 60 分钟。

第一，在膳食管理方面，学校要加强对师生的营养知识和健康教育，可通过课堂教学、讲座、板报、广播等多种形式对师生进行营养知识、常见营养疾病防治知识的宣传教育，培养师生科学的营养观念及良好的饮食卫生习惯。

第二，进行学生营养健康的干预。学校在进行营养健康教育的同时，还应结合本地实际，与相关政府部门一起开展一些有利于改善学生营养健康方面的干预工作，如实施“学生营养餐计划”“学生饮用奶计划”等，呼吁社会各界都来关注我国儿童的营养与健康成长问题。

第三，注意食品营养的强化。即在食品原料中添加身体所必需的某种营养素物质。例如，添加了赖氨酸的饼干、增加钙的牛奶、添加了维生素C的糖果等。某些强化食品对儿童的生长发育确实有一定的好处，但必须注意的是：强化食品不是滋补品，不是吃得越多越好；强化食品也不是药品，没有治疗作用。如果生活中我们注意合理搭配儿童饮食，教育儿童不偏食，一般食物的营养也能满足儿童发育的需求。

第四，加强学校的膳食管理。学校由总务校长领导，下应设有总务处，学校的膳食管理委员还应有校医或保健教师参与，共同加强对学校食堂的管理，特别是卫生、安全方面，对食堂工作人员的健康证、上岗证，食品、餐具的卫生情况等进行监督，共同管理学校的膳食工作，保证学生的膳食平衡营养。

第五，随时进行膳食调查。膳食调查是营养调查的基础，通过了解学生的膳食情况和问题，及时进行评价和调整。膳食调查的主要内容如下：①编制的食谱是否合理，能否满足学生需要；②每人每天所吃食物品种、数量是否调配合适；③饮食制度、卫生制度是否合理，是否严格执行；④了解烹调加工方法对维生素保存的影响程度；⑤观察食品情况、学生饮食习惯以及调查学生生理状况等；⑥其他未加工食品的采购情况、膳食的管理情况等。除此之外，对于不同类别的特殊儿童，也应在饮食上有不同的侧重点，例如，对苯丙酮尿症儿童，要采用低苯丙氨酸饮食疗法，以避免患儿智力损伤。

(五)疾病预防与急救

《中小学幼儿园安全管理办法》第二十三条规定："学校应当按照国家有关规定配备具有从业资格的专职医务(保健)人员或者兼职卫生保健教师，购置必需的急救器材和药品，保障对学生常见病的治疗，并负责学校传染病疫情及其他突发公共卫生事件的报告。有条件的学校，应当设立卫生(保健)室。新生入学应当提交体检证明。托幼机构与小学在入托、入学时应当查验预防接种证。学校应当建立学生健康档案，组织学生定期体检。"《特殊教育学校暂行规程》第四十九条也明确指出："特殊教育学校的校园、校舍、设备、教具、学具和图书资料等应有利于学生身心健康。学校要做好预防传染病、常见病的工作。"

对急性传染病的预防，主要预防措施如下：首先是控制传染源，学校要做到"五早"，早发现、早诊断、早隔离、早治疗、早报告；其次是切断传播途径，在无疫情时搞好卫生管理，切断传播途径，在疫情出现时采取防疫措施，做好消毒工作；最后是保护易感人群，具体措施有提高免疫力与执行计划免疫。

对于学校常见的儿童疾病，如流行性感冒、细菌性痢疾、病毒性肝炎、沙眼、视力不良、龋齿、脊柱变形、缺铁性贫血等，应及时做好预防与治疗工作。

特殊教育学校要做好特殊儿童的卫生保健工作，掌握常见的特殊儿童急救护理常识，例如，癫痫发作时的护理方法。

四、典型案例分析

为了分析饮食护理对脑瘫伴营养不良患儿的应用效果，研究者选取某福利院接收的13例脑瘫伴营养不良患儿，均进行饮食护理干预，比较干预3个月前后生长发育指标、微量元素水平及呛咳情况。①

（一）卫生保健服务对象

脑瘫患儿由于口咽协调功能发生障碍，致使喂养困难，多伴有营养不良，若喂养方法不恰当，会进一步影响患儿生长发育，甚至会出现营养性疾病，增加感染风险，降低大脑功能。饮食护理主要是针对饮食要求、进食姿势及方法等对患儿照顾者进行指导，为患儿提供科学膳食，确保营养均衡，并能正确喂养，以改善患儿营养状况，以利于其生长发育，这对促进其康复治疗具有重要作用。

（二）卫生保健服务方法

1. 进食体位

适合坐位进食患儿可坐在前有餐桌、后有靠背的餐椅中进食，患头正中、躯干垂直、颈轻向前屈曲位，屈膝90°；重度脑瘫患儿大多坐立困难，可用被褥垫在背部，尽量使背部伸直，头稍向前倾，双侧肩膀向内收，髋关节屈曲呈直角，并略微分开，膝关节屈曲后应略高于关节，双足底有所支撑。在这种体位下，进食时，患儿全身肌张力不会因此提高，有条件的可以使用专用椅子。保持患儿良好姿位是顺利进食的前提条件，可以预防进食时患儿误咽和呛咳。

2. 食物要求

根据患儿实际情况选择高蛋白、富含营养、易消化的清淡饮食，从流质到半流质再到固体食物过度，温度适宜，可以避免患儿由于食物原因造成进食困难。由于重症脑瘫患儿活动少，容易发生便秘，因此要多吃蔬菜和粗纤维食物，多饮水。

3. 环境准备

进餐前打扫室内卫生，开窗通风，保持环境清洁、卫生，播放舒缓的音乐，让患儿放松情绪，益于其进食；对餐具进行严格消毒，清洁患儿皮肤，以防发生皮肤感染。

---

① 吴美华：《饮食护理对脑瘫伴营养不良患儿应用效果分析》，载《实用临床护理学电子杂志》，2019(1)。

4. 进食时间

每次进食时间长的可采取少量多餐的方法，尽量缩短每次进食时间，减少患儿进餐的不愉快感。

5. 进食方法

选择大小合适的勺子，将食物小口、缓入慢喂，喂食时将勺子沿患儿口部正中进入舌部 1/3 处轻向下压，诱导其合拢双唇。有强力咬合反射的患儿容易反射性地咬住奶嘴或调羹，此时不可强力拉出，耐心等待患儿松口后迅速取出或让患儿全身放松，防止咬伤。此外，使用调羹进食的，可以在进食前用调羹的背面在患儿的唇部按摩，以使其放松；吞咽困难的，可在进食后用手在患儿的下巴处往前摸，再用手指在颈部从上往下摸，协助其吞咽食物。咀嚼困难的，尽量把食物放在两侧牙齿上，并用手控制下颌的张开和闭合，增加咀嚼力。进食中如发生窒息，应立即清除口腔和呼吸道的分泌物，保持呼吸道通畅；对心搏骤停的，立即进行心肺复苏，并及时与医生联系，送入医院进一步治疗。

(三)卫生保健服务结果

护理后，患儿身高、体重、皮脂厚度等生长指标以及钙、锌、铁、铜等微量元素水平均较护理前明显提升，护理后呛咳发生率明显比护理前降低。饮食护理对脑瘫伴营养不良患儿具有较好的应用效果，可有效改善患儿营养状况，增强其体质，促进其生长发育。

第十节 交通服务

一、服务内容与范围

交通服务的内容包括：到校与离校的交通，进入学校建筑和到建筑周围的交通服务，运送特殊儿童所必需的专用设备(例如，专用的或经改造的巴士、电梯、坡道)。①

在美国，《残疾人教育法》中所提出的“最少受限制环境原则”要求将限制特殊儿童接触普通儿童与社会生活的环境因素降至最低程度，因此，交通服务成为其特殊教育

① 叶元：《美国特殊教育相关服务》，硕士学位论文，华东师范大学，2011。

相关服务的一项重要内容。《中华人民共和国残疾人保障法》《中华人民共和国义务教育法》《残疾人教育条例》等相关法律法规中提出了保障特殊儿童的无障碍交通环境的要求。

二、转介标准

关于交通服务的转介标准，美国的《残疾人教育法》明确规定：如果交通服务对于提供免费、合适的教育是必要的，而且对于获得其他服务是公平的(包括非学术的和课外的活动)，那么交通服务就应该作为特殊教育相关服务予以提供。一般而言，如果学区为普通儿童提供交通服务，那么他们必须同样为特殊儿童提供该服务。然而，即使学区没有为普通儿童提供交通服务，他们也会被要求为特殊儿童提供该项服务。是否将交通作为一项必要的特殊教育相关服务，由每个特殊儿童的需求决定，且该决定必须由个别化教育计划小组在具体分析问题的基础上做出。

美国《残疾人教育法》要求个别化教育计划小组考虑儿童的障碍如何影响其对交通这一特殊教育相关服务的需求，包括确定儿童的障碍是否阻碍了其使用提供给普通儿童的交通服务，或者是否阻碍了其以与普通儿童同样的方式到达学校。美国特殊教育项目办公室的政策文件中也指出，如果公共机构没有为普通儿童提供交通服务，那么为特殊儿童提供交通服务的情况要具体问题具体分析：如果公共机构确认某特殊儿童需要交通服务，并有助于其从特殊教育中受益，那么交通服务就必须作为一项特殊教育相关服务提供给该儿童，并且对该儿童和其父母是免费的。在任何情况下，每个特殊儿童对于交通这一特殊教育相关服务的需要以及交通服务的类型都应该在评估过程和个别化教育计划会议中讨论，而且交通服务安排的商定也应该写入该特殊儿童的个别化教育计划。

从逻辑上讲，个别化教育小组应该会认为交通服务是肢体障碍学生的一项需求。然而，其他特殊儿童从安全或者获得免费、合适的教育角度出发，可能也会要求特殊的交通安排。例如，一名智力障碍学生也许能够和普通学生一起乘坐校车，但是他需要在自家门前下车，而不是在两个街区之外车来车往的十字路口处的车站下车。类似的，一名有情绪或者行为障碍的学生可能需要一项正向行为支持的计划，用来处理该学生在校车上可能出现的行为。学生特殊的交通需求必须写入个别化教育计划。如果一份个别化教育计划指定交通服务为一项提供给该学生的特殊教育相关服务，但是这名学生由于违纪而被停止乘坐校车，这会被视为学校单方面的暂时停止，除非学区为该学生提供了另外的交通服务。而在校车上发生的问题行为也应该像发生在学校里的问题行为那样得到处理，要么列入个别化教育计划中处理，要么在正向行为支持计划中处理。

三、交通服务措施

在针对特殊儿童的交通服务当中，存在的服务措施主要由到校与离校的交通路线规划、校车的特殊调整以及在整个交通环境中可能涉及的无障碍设施三个部分构成。

(一)交通路线规划

根据我国相关法律规定，县级以上地方人民政府应当根据本行政区域的学生数量和分布状况等因素，依法制定、调整学校设置规划，保障学生就近入学或者在寄宿制学校入学，减少学生上下学的交通风险。对确实难以保障就近入学，并且公共交通不能满足学生上下学需要的农村地区，县级以上地方人民政府应当采取措施，保障接受义务教育的学生获得校车服务。由于特殊教育学校和学生在地理位置上的分散，特殊儿童的到校与离校交通路线明显长于普通儿童的路线。一般来说，校车会从家里把特殊儿童接上，送到专门针对特殊儿童特点的学校。特殊儿童残障的多样性往往导致特殊教育校车路线上会有好几个不同的目的地。普通儿童的分组接收地点通常在一个指定的社区，一般只需要送到当地的一所学校。对特殊教育学校交通路线进行科学的规划，可以提高校车接送的效率，降低学校的运营成本，提高校车的服务水平。

(二)校车的特殊调整

为了保障交通运输的安全，对于存在着不同障碍的特殊儿童所乘的校车必须经过各方面的特殊调整，以符合特殊儿童的身心特点。例如，美国对于轮椅使用者提供的服务措施包括以下几项。

(1)必须在具有轮椅固定位置的新校车上提供符合联邦性能要求的轮椅固定装置和乘客约束系统。

(2)在汽车上运输轮椅时，轮椅应朝向前方。

(3)轮椅应通过两个前固定装置和两个后固定装置固定，如果是三轮式轮椅，则应通过一个前固定装置和两个后固定装置固定。

(4)轮椅固定装置、乘客约束系统及其固定点需要进行动态试验。

(5)车门处应设置液压升降系统，以方便轮椅进出。

除了车辆内置设施的调整之外，对于校车驾驶人员和车辆照管员还应进行相应的岗前培训，培训内容包括特殊儿童的身心特点，以及应对突发情况的紧急策略演练。

(三)相关无障碍设施

特殊儿童在家校往返的交通活动中，离不开相关无障碍交通设施。结合我国《无障碍设计规范》的要求以及特殊儿童的身心特点，针对特殊教育的交通服务所需的无障碍设施及应配备的场所如下(见表 4-30)。

表 4-30　特殊教育交通服务中应配备的无障碍设施

设施名称	作用	应配备的场所
缘石坡道	位于人行道口或人行横道两端，为了避免人行道路缘石带来的通行障碍，方便行人进入人行道的一种坡道。	校园、城市道路
提示盲道	表面呈圆点形，用在盲道的起点处、拐弯处、终点处和表示服务设施的位置以及提示视觉障碍者前方将有不安全或危险状态等，具有提醒注意作用的盲道。	校园、城市道路
无障碍出入口	地面坡度不大于 1∶20 且不设扶手的出入口。	校园、城市道路
轮椅回转空间	为方便乘轮椅者旋转以改变方向而设置的空间。	校园、城市道路
轮椅坡道	在坡度、宽度、高度、地面材质、扶手形式等方面方便乘轮椅者通行的坡道。	校园、城市道路
无障碍通道	在坡度、宽度、高度、地面材质、扶手形式等方面方便行动障碍者通行的通道。	校园、城市道路
无障碍楼梯	在楼梯形式、宽度、踏步、地面材质、扶手形式等方面方便行动障碍者及视觉障碍者使用的楼梯。	教学楼、公共场所
无障碍电梯	适合行动障碍者和视觉障碍者进出和使用的电梯。	教学楼、公共建筑
升降平台	方便乘轮椅者进行垂直或斜向通行的设施。	教学楼、公共场所
无障碍机动车停车位	方便行动障碍者使用的机动车停车位。	停车场
盲文地图	供视觉障碍者用手触摸的有立体感的位置图或平面图及盲文说明。	交通站点
盲文站牌	采用盲文标识，告知视觉障碍者公交候车站的站名、公交车线路和终点站站名等的车站站牌。	交通站点
过街音响提示装置	通过语音提示系统引导视觉障碍者安全通行的音响装置。	城市道路
语音提示站台	设有为视觉障碍者提供乘坐或换乘公共交通相关信息的语音提示系统的站台。	交通站点

四、典型案例分析

本书以美国爱达荷州教育厅所提供的特殊儿童交通服务为例，介绍在交通服务中学区职责、个别化教育计划团队的决策、特殊儿童交通服务的具体需求等内容。①

爱达荷州规定，特殊儿童在有需要时可以接受特殊的交通服务。在这种情况下，学区有责任免费为家长提供交通服务。与其他特殊教育相关服务一样，提供交通服务的目的是帮助特殊儿童接受特殊教育。个别化教育计划团队需根据每个学生的个人需求来决定是否为他们提供交通服务。

(一)学区的职责

(1)学区不得为了配合巴士班次而缩短特殊儿童的上课时间。特殊儿童的在校时间应与普通儿童相同，除非有特殊原因(通常是医疗原因)需要缩短或延长在校时间。

(2)学区要做好准备来接送学习时间超出正常上课时间的特殊儿童。

(3)当特殊儿童需要参加与特殊教育相关的课外活动时，学区需提供往返于课外活动的交通。

(二)个别化教育计划团队的决策

大多数特殊儿童应该获得与普通儿童相同的交通服务，除非个别化教育计划团队另有决定。学生的个人需要是做出交通服务建议的主要考虑因素。关于运输服务的决策，也应考虑最少受限制环境原则。个别化教育计划团队应考虑特殊儿童的残疾对其交通需求的影响，包括确定特殊儿童的残疾是否使其无法使用与普通儿童相同的交通服务，或者使其无法像普通儿童一样去学校。在任何情况下，如果特殊儿童因以下原因(包括但不限于以下原因)无法独立往返学校，都应考虑提供交通服务：

(1)肢体残疾。

(2)认知障碍。

(3)健康问题。

(4)严重或不稳定的行为/情感障碍，以致影响特殊儿童本人或其他人的安全。

(5)妨碍特殊儿童进行安全沟通的障碍。

(6)视力或者听力障碍。

(7)特殊儿童的年龄限制(例如，一个 2 岁的特殊儿童需要交通服务来参加早期干预)。

(三)交通服务提供者参与个别化教育计划团队

在需要的情况下，个别化教育计划小组可能会包括一名交通服务提供者。如果交

---

① State of Idaho Department of Education，"Transportation of Students with Disabilities"，https：//www.sde.idaho.gov/sped/sped-manual/files/chapters/chapter-5-individualized-education-programs/Transportation-of-Students-with-Disabilities.pdf，2021-04-02.

通服务提供者不能参加会议，可以通过其他方式(如书面形式或通过电话进入会议)向个别化教育计划团队提供意见。交通服务提供者可帮助个别化教育计划团队成员了解交通服务的具体内容，包括以下需要考虑的内容：

(1)特殊儿童可能被分配乘坐的车辆的类型和配置。

(2)大致的行程时长，包括上下车的时间。

(3)在寒冷天气下，上下车过程中或者车门或轮椅升降门打开时，汽车上的温度。

(4)要使用的乘客安全系统的设备或类型。

(5)车辆是否配备应急沟通系统。

(6)司机和乘务员的培训水平和技能。

(7)如果没有个别化教育计划团队的具体建议，车辆是否分配乘务员。

交通服务提供者还将在个别化教育计划团队中收集交通服务的信息，以便为及时、有效和安全地开展交通服务制订适当计划。如果交通服务提供者不是个别化教育计划团队的成员，个别化教育计划团队也应当将有关交通服务的信息传达给交通服务提供者，以便他们安排特殊儿童的服务。包括交通服务在内的特殊教育相关服务应当在个别化教育计划生效后立即开始。

(四)特殊儿童交通服务的具体需求

如果特殊儿童有医疗、身体或行为问题，以下问题可能需要由个别化教育计划团队解决。

(1)考虑到交通环境(包括行驶的时长)，特殊儿童是否可以被安全送达，而不会对其本人或他人造成不应有的风险？

(2)考虑到预期的交通环境，特殊儿童是否有医疗、身体或行为方面的问题，会使其面临不合理的风险？

(3)在提供交通服务的过程中，特殊儿童的辅助设备或适应性设备(如移动座位设备、轮床、呼吸机或氧气设备)是否能被安全地固定和运输，是否有充分的使用说明？

(4)特殊儿童是否因特殊的医疗保健计划而有以下考虑：①特定的医疗保健计划的类型和频率；②提供医疗保健服务的人员的技术水平；③司机对特殊儿童所进行的一般性观察不能满足其需求；④需要额外的工作人员来解决该特殊儿童的需要？

(5)特殊儿童是否正在接受行为干预计划，并在需要时帮助其解决行为问题？该计划是否包括交通环境里的策略和支持？司机是否知道该计划并接受过处理可能发生的问题行为的培训？车上是否还需要其他成年人？

(五)校车上的行为管理

当个别化教育计划团队确定特殊儿童需要特殊的交通服务，并将其作为个别化教育计划中的一项特殊教育相关服务时，该计划中的所有交通服务的程序保障都应提供给特殊儿童。当儿童在公共汽车上出现不良行为时，学区可以采取和在学校内处理不良行为相同的方法。这些方法可能包括训诫、暂停交通服务或离开现场。无论何时实施行为管理，该学区都应遵循爱达荷州《特殊教育手册》第 12 章中所规定的特殊儿童的纪律管理规则。如果特殊儿童对自己或他人造成危险，该特殊儿童的交通服务可能会被改变。对交通服务的司机和辅助人员进行适当的培训，有助于防止不良行为的发生。

暂停交通服务是否算停学，将视以下情况而定。

(1)如果交通服务是个别化教育计划中明确规定的特殊教育相关服务，那么暂停交通服务将被视为停学。除非该地区以其他方式为该特殊儿童提供交通服务，因为交通服务是特殊儿童获得所有其他服务所必需的。

(2)如果交通服务不是个别化教育计划中所规定的特殊教育相关服务，那么暂停交通服务将不被视为停学。在这种情况下，学生和家长有义务自行上下学。

如果特殊儿童的个别化教育计划中明确要求提供特殊的交通服务，而儿童在校车上的不良行为导致了暂停交通服务，个别化教育计划小组应确定在校车上的行为是否与个别化教育计划中提到的教室中的不良行为模式相似。如果两类不良行为不相似，个别化教育计划团队应该考虑为交通服务环境中制订一个单独的行为干预计划，并且可能需要对交通服务提供者进行培训。

第十一节
定向行走

定向行走对视觉障碍儿童走出家门、接受教育、实现就业及融入社会有着举足轻重的作用，是视觉障碍群体一生中最重要的技能之一。[①]

定向是指个体运用感觉信息确定自己在环境中的位置以及确认自己与其他物体之间关系、物体与物体之间关系的心理过程；行走是个体在定向的基础上，依靠下肢在环境中空间位置的变化，即从一个地方移动到另一个地方的能力。定向通常与行走密切相关，定向除了环境学习和空间认知之外，其主要目的是为行走服务。定向是行走的前提，是保障行走方向性、正确性的前提。定向为行走服务，但如果没有行走，定向得再精确，个体也不能到达目的地。

定向行走是指通过教学帮助视觉障碍儿童形成正确的时间和空间概念，初步掌握

---

① 谢敬仁、彭霞光：《中国盲人定向行走训练的现状与发展对策》，载《中国特殊教育》，2008(12)。

定向行走的基础知识和基本技能，能基本做到在室内、学校、常用的公共交通设施等环境中安全、有效、自如、独立地行走。其重要意义在于使视觉障碍儿童掌握相对安全、便利的自由移动能力，从而拓宽他们独立活动的领域、丰富他们的生活。[①] 定向行走是视觉障碍儿童生存与发展不可缺少的技能之一。

一、服务内容与范围

通过定向行走学习，学习者的感知觉将得到训练，形成正确的时间、空间概念；掌握定向行走的基础知识和基本技能；具备良好的心理素质，补偿其丧失或削弱的感官功能，矫正盲态及错误的行走方法；基本做到在熟悉的环境中安全、有效、自然、独立地行走；形成积极进取、乐观开朗的生活态度，基本做到适应社会，能利用交通工具，参加社会活动。此为定向行走学习的总目标。

根据《盲校义务教育定向行走课程标准(2016 年版)》，定向行走训练学习领域主要涉及六个方面：主动参与、概念发展、行前训练(感觉训练和心理行为矫正)、定向技能、行走技能、社会适应。

(一)主动参与

主动参与，即具有积极的态度和兴趣参与定向行走的学习，这是视觉障碍儿童获得定向行走技能、提高独立行走能力、形成乐观开朗的生活态度的重要途径。其主要内容包括以下几个。

(1)了解定向行走的定义及其关系，了解定向行走课程的意义，了解影响定向行走的因素。

(2)懂得视力的丧失导致行动相对困难，而通过定向行走训练，视觉障碍儿童能够走出家门，在熟悉的校园、熟悉的环境中安全、有效地行走。

(3)激发视觉障碍儿童的学习热情，使他们能够主动参与有关技能的学习。

(4)通过沟通和交流，说服或带领有需求的视觉障碍儿童参与定向行走，使他们明白、学习定向行走，从而为自己以后上学、工作奠定基础。

(二)概念发展

视力的缺陷严重影响了视觉障碍儿童对某些事物概念的形成和认知的程度。促进视觉障碍儿童的概念发展是他们学习定向行走的基础，也是安全有效行走的前提。概念发展包括以下几个方面。

---

① 何侃：《特殊儿童康复概论》，194 页，南京，南京师范大学出版社，2015。

(1)进行认知准备，发展基本概念，了解物体的形状、自身形体的方位关系、他人形体的方位、身体与物体之间的关系、物体与物体之间的关系、量的概念等；了解室内及校园周围的环境。

(2)了解地形及地址的概念、方向概念、方位概念、动作概念、距离概念、时间概念及相对复杂的空间概念等。

(3)了解道路交通知识及路式，知道人行道的位置及行走原则，懂得交通信号灯变化的含义；了解道路、人行道、安全岛、人行横道、十字路口、护栏、盲道、过街天桥、过街地道、公交桥、公交车站等；了解室外、校外环境概念。

(4)了解视觉障碍的基本知识，在日常生活或社交活动中及时了解有关定向行走的新知识，乐意探究生活环境中尚不明白的事物。

(三)行前训练

行前训练主要是对视觉障碍儿童进行行走训练前的心理准备、感知觉及身体姿势的训练，增强视觉障碍儿童行走时的兴趣和自信心，矫正常见的盲态和异常步态，为他们接受系统的定向行走训练打下基础。

(四)定向技能

定向技能是指个体运用感觉信息确定自己在环境中的位置以及确认自己与其他物体之间关系、物体与物体之间关系的技能。视觉障碍儿童由于视力残疾，必须充分利用其他感觉器官和剩余视力来进行定向。定向是能否到达目的地的关键，所以定向技能训练在定向行走教学中十分重要。要让视觉障碍儿童在简单环境与复杂环境中均能辨别方位。

(五)行走技能

通过行走技能的学习，绝大多数视觉障碍儿童将学会多种行走技能(如导盲随行、在熟悉环境中不持杖独立行走、在熟悉环境中持杖行走、异常天气行走、公共场所行走等)，在此基础上学会有目的地制订行动计划，进行个体活动，为走向社会打下坚实的基础。行走技能具体包括以下内容。

(1)获得随行技巧的基本知识及技能。

(2)获得独行技巧的基本知识及技能。

(3)获得盲杖技巧的基本知识与技能。

(4)校内持杖行走。

(5)校外熟悉环境中持杖行走。

(6)异常天气持杖行走。

(7)校外公共场合持杖行走。

(8)个体校外活动。

(六)社会适应

定向行走训练对发展视觉障碍儿童的社会适应能力具有独特的作用。定向行走能力较强的儿童交往的机会多，社会学习的机会也随之增多。这种能力迁移到日常学习和生活中，能够提高其综合素质和社会适应能力，使其在现实生活中自立自强。

二、转介标准

当前定向行走训练从最初单纯为视障退伍军人提供支持，逐步发展到为更多的人群提供服务，如视障儿童青少年、老年视障者及多重障碍的视障者等，以期帮助他们提高行走能力和生活质量。[①] 我国上海市历经多年的实践与探索，更是将定向行走训练的服务对象逐步由盲人扩大到低视力者[②]，并且明确规定全盲者、低视力者需要接受定向行走训练。根据我国第二次残疾人抽样调查标准，最佳矫正视力小于 0.3 或者视野半径小于 10 度者需接受定向行走训练。

三、常见干预策略

(一)我国盲校定向行走的教育训练形式

(1)在体育课中加入定向行走基本内容。

(2)以课外活动形式对个别学生进行定向行走训练。

(3)按照教育部的课程计划，对小学一至五年级的视觉障碍儿童以每星期每班一节的形式开设定向行走课程。[③]

(二)定向训练的方法

1. 路标定向

路标是某一特定环境里所特有的标志。路标的用途在于确定并保持方向、做参考点、确定物体的位置、获得其他信息，发挥以点带面的作用。低视力儿童在定向中要应用路标，首先必须学会发现路标、记住路标并且判断其准确性。

---

① 沈剑辉、钱志亮：《特殊儿童定向行走训练》，25 页，南京，南京师范大学出版社，2015、

② 张健、吴静华：《盲人定向行走训练工作探索与实践》，3 页，上海，上海科技出版社，2015。

③ 谢敬仁、彭霞光：《中国盲人定向行走训练的现状与发展对策》，载《中国特殊教育》，2008(12)。

（1）平路与坡路。视障儿童在定向行走中可以通过路面起伏的情况判断自己所处的位置，并确定行走的方向。视障儿童平时要注意走平路和走坡路时的不同感觉，体会脚、腿肌肉紧张度和平衡觉（升降）方面的变化，注意积累经验。低视力儿童应该学会运用残余视力观察并发现平路和坡路的异同。

（2）直路与弯路。视障儿童应该了解路有直路和弯路之别，懂得直路有利于定向、弯路定向比较困难，学会利用直路与弯路进行定向。

（3）路的质地定向。路的质地是指路面结构的性质。路有不同的质地，如水泥路、砖路、沥青路、石子路、土路等，走在不同质地的路上，脚底的感觉不同。视障儿童要注意体会这些感觉并且时时处处加以比较，才能运用不同的感觉确定不同质地的路面，从而帮助定向。不同的质地，其路面色彩也不尽相同，低视力儿童应注意不同质地路面的色彩变化。

（4）路周边特有的标记。视障儿童在行走的路途中，有很多可以作为定向的标记，如路边的电线杆、路口旁的树、邮政信箱、垃圾桶、商店、指示牌、修车行、加工厂、学校等，这些特殊的标记为视障儿童的准确定向、有效行走提供了依据。

2. 线索定向

线索定向是指视障儿童利用环境中的线索进行定向。这些线索是指环境中存在的位置相对固定的声音、气味、风向及光线等。线索可以是移动的，也可以是静止的。

（1）声音。特殊的环境里有特殊的声音，所以在听到某种声音的时候就可以和某种环境联系起来，即通过声音判断周围的环境。例如，马路上有汽车马达声，运动场上有人们的运动嬉笑声，食堂里有锅碗瓢盆声，厕所有冲水声，河边能听到流水声，铁路旁能听到火车声，等等。视障儿童利用声音判断周围环境的同时，也可以通过声音的方位进行定向。

（2）气味。气味是由物体散发出来的，不同的物体散发出不同的气味，所以一定的气味总是与一定的物体相联系。例如，食堂的饭菜香，厕所散发的臭味，鲜花的芳香，蛋糕店的甜蜜香气，等等，这些都是视障儿童用以定向的线索。

（3）阳光。太阳东升西落，自东向西而行，视障儿童可以利用阳光实现定位，即根据太阳在不同时间处于不同位置的原理来判断东南西北。

（4）阴影。了解什么是阴影；懂得阴影说明了什么；懂得阴影面积越大，物体就越大，反之则越小；懂得光线被遮挡得越完全，阴影越暗，说明物体的密度就越大；学习利用树、建筑物等的阴影来进行定向。

（5）气流。气流是视障儿童通过面部汗毛的运动和温度觉而感知到的信息，如风、冷气、热气等。冬天的窗户边常有冷气流，而靠近暖气片常有暖气流；夏天的河边、阴凉处常有冷气流，而柏油马路、太阳下常有暖气流。靠近热的东西时感觉到的热流通常被称为热辐射，靠近冷的东西时所感觉到的冷气流通常被称为冷辐射。上述气流都可以为视障儿童定向提供很好的信息。

3. 罗盘(时钟)定向

地球磁场决定了地球有东、西、南、北四个固定的方向，东—西方向与南—北方向可以视为相互垂直。

(1)方向辨别。根据罗盘的指示，视障儿童要学会在不同的场所判断东、南、西、北、中等方向，可以先在家里练习；然后在不同场所判断东南、西北、西南、东北等；再将简单方向进行组合并进行定向训练，如左上、左下、左前、左后、右上、右下、右前、右后等。

(2)内时钟定向。这是指视障儿童将自己看作时钟的轴心处，将周围的事物按照时钟钟点的位置确定方向的一种方法。学习内时钟定向法首先必须了解时钟面上钟点的位置，先从最简易的 12：00、6：00、3：00、9：00 四个方位入手，然后再学习其他方位点。其优势在于不受东西南北固定方向限制，随时随地均可以使用。

(3)外时钟定向。这是指视障儿童将自己面前的事物按照时钟钟点的位置确定方位的一种方法。视障儿童通常将自己定位在 6：00 的位置。

4. 六点盲文定位

六点盲文定位是指将自己周围或自己面前的事物按照六点盲文的位置确定方位的一种方法，一般左上角为 1 号点位，右上角为 4 号点位，左中点为 2 号点位，右中点为 5 号点位，左下角为 3 号点位，右下角为 6 号点位。

5. 触觉地图定位

触觉地图是指人们把道路交通情况按照一定的比例缩小后，以触觉的方式表达出来的图形。与明眼人使用的地图一样，触觉地图的上、下、左、右分别代表北、南、西、东，并且用一些特定的触觉符号(图标)来代表实物，所以学习使用触觉地图前必须首先懂得使用图标，然后浏览全图，找出自己所在的位置和将要到达的位置，用手指“探索”最佳行走路线，再以触觉的形式在地图上“行走”，指出沿途的符号和路标，最后才实地行走。建议视障儿童首先使用简易的、熟悉的环境地图，然后慢慢过渡到复杂的、陌生的环境地图。

6. 心理地图定位

心理地图是大脑对一定路线、环境所形成的图形，如从卧室到卫生间的路线像“L”，客厅像个“日”字形……它建立在对环境信息了解与掌握的基础上。例如，要形成某房间的心理地图则须对该房间的形状有所了解，然后将家具按比例一一填充到房间里，最后进行全局统筹，形成心理地图。简言之，其形成实质上是将有关路标、线索集合起来为定向提供系统信息，为行走更好地服务。

7. 建筑物定位法

(1)常见建筑物的形状定向。常见建筑物的形状包括各种街道的形状、房子的形状、花园等其他建筑物的形状等。同类建筑物的形状总有一些相似性或共同的特点，视障儿童可以利用这些共同特点识别建筑物并为定向服务。

(2)入口定向。常见建筑物的入口位置为朝南正中间(朝南是取阳光在南，中间一般是取对称美)；建筑物入口处的前面常见的地形变化是台阶或坡道；建筑物入口处的前面常见的声音变化包括回声的突然变化、噪声等；建筑物入口的前面常见的气流变化有冷气流或暖气流。

(3)楼内房间编号系统定向。编号系统又叫编码系统，是指对建筑物内各个房间和街道的各个房屋进行数字化编码的形式。通过这一系统的规律，视障儿童可以比较顺利地进行定向，找到自己的目的地。一般楼内房间号码存在编码体系，例如：办公楼，一般单号在过道的一边，双号在过道的另一边，按门牌号向同一方向递增或递减；10层以下的楼一般第一位数代表楼层，后两位数代表房间号码，10层以上的楼一般前两位数代表楼层，后两位数代表房间号码；住宅单元楼的编码则是单元号在前，中间是楼层号，最后是房间号(户号)。

8. 街道门牌编号系统定向

城市街道存在着规律的编码体系，例如，街道门牌编号系统一般单号在路的一边，双号在路的另一边，按门牌向同一方向递增或递减。教学时，教师要根据当地公安部门对门牌编制的规定，对视障儿童进行指导、训练。

(三)行走训练的方法

1. 导盲随行

导盲随行即明眼人带路，是指视障儿童跟随引导者行走的一种方法，主要训练视障儿童如何在引导者的带领下美观、自然、安全、顺利地行走。

(1)基本动作。

①接触。

a. 动作方法。引导者走近视障儿童，与之同向并排站立，并以靠近视障儿童侧的手背轻触视障儿童手背，同时予以适当的语言提示，例如：“我带你走吧!”

b. 注意事项。引导者一般站在视障儿童的左侧为宜，根据我国行人右侧通行的交通规则，视障儿童右侧随行更为安全；引导者在靠近视障儿童时应事先给予暗示，要使视障儿童感觉到有人走近，否则既不礼貌，又容易惊吓到视障儿童。

②抓握。

a. 动作方法。视障儿童用被接触的手背，沿引导者手臂的外侧轻快地向上移动至肘关节上端，然后视障儿童轻握引导者的胳膊。抓握时，视障儿童的拇指放在引导者胳膊的外侧，其他四指在内侧。

b. 注意事项。抓握部位应根据视障儿童和引导者的身高确定，视障儿童上臂与身体贴紧并保持与上身平行，以确保信息传递的准确性；抓握不宜过松或者过紧，以稳为要。

③站位与随行。

a. 动作方法。一是站位。视障儿童抓握后立即后退半步，到引导者侧后方，视障儿童确信自己抓握侧的肩在引导者对侧肩的后面。二是随行。当引导者迈脚后，视障儿童根据抓握侧手所获得的信息跟随引导者行走。

b. 注意事项。本技巧应结合“接触”和“抓握”技巧进行练习，以保持动作的连贯性。初学随行技巧，视障儿童在随行过程中常常出现抓握不稳和动作变形等问题，要注意及时纠正；引导者在引导时要保持适当的速度，不要过快或过缓；视障儿童应根据抓握手所获得的信息，及时调整自己行进的速度和步伐。

(2)一人导多盲。

①动作方法。引导者将多个视障儿童进行总队排列，在引导者的帮助下，最后一位视障儿童以接触、抓握、站位的动作方法抓握前位视障儿童，倒数第二位视障儿童以同样的方法用被抓握侧的手抓握其前位视障儿童的异侧臂，以此类推；引导者接触前面第一位视障儿童，按基础导盲的动作方法引导。

②注意事项。引导者要保持匀速前进，避免忽快忽慢，以免脱落或冲撞；一人导多盲时要向视障儿童特别强调动作的规范性，以免队列变形，影响行走；因为导盲信息经多次传递后会逐渐失真，所以拐弯时要求引导者密切注意后面队伍拐弯的情况。

(3)换边。在行进的路口有障碍物，视障儿童不能通过时，则需要从引导者的一侧换到另一侧。

①动作方法。

a. 视障儿童从引导者的右侧换至引导者的左侧：视障儿童以左手沿引导者弯曲的手臂向上滑行；左手臂沿引导者的手臂向左侧滑行后，找到引导者的左臂轻轻地抓握；右手快速移至引导者的左手臂并正确地抓握，同时松开左手，身体保持与引导者半步的距离。

b. 视障儿童从引导者的左侧换至右侧：动作步骤同上，动作相反。

c. 视障儿童可以在引导者后交叉或换边，或引导者扶着视障儿童的肩换边。

②注意事项。建议先原地练习换边，然后练习在行走过程中换边；注意教导视障儿童不要同时松开双手，以免脱离接触。

(4)改变方向。导盲随行时，如果在行进的道路上遇到障碍物，则需要改变方向才能继续行走。一般的改变方向，视障儿童只要跟着引导者走即可。但是如果需要向后转向，就需要用改变方向的特殊技巧了。

①动作方法。若视障儿童在引导者的右侧，引导者先进行语言提示并止步，视障儿童向前半步，与引导者并排站立，然后同时向内转体，引导者与视障儿童面对面站

立。此时引导者用左手轻触视障儿童的右手背，视障儿童觉察后，迅速用左手握住引导者的左臂。视障儿童松开原本抓握的手，同时左转 90°，引导者右转 90°，用抓握方法立即重新建立导盲姿势。若视障儿童在引导者的左侧，动作同前，转体的方向相反。

②注意事项。当小角度改变方向时，无须使用此技巧。该技巧主要是在空间过于狭窄、比较拥挤的场合下向后转时使用。引导者先用言语提示换向，以免视障儿童不知道要换向而继续向前走。

(5)过狭窄通道。当遇到比较狭窄的通道或在人流拥挤的地方，即不允许两人并行时，视障儿童就必须学会使用“过狭窄通道”的技巧。

①动作方法。引导者将导盲臂从身体的一侧移至身后，手背轻贴后腰。视障儿童觉察到引导者的变化后，迅速从引导者的一侧移至引导者的背后，手臂伸直，步幅放小。

②注意事项。引导者在拐弯时注意手臂不要向身后移动，以免视障儿童误以为要过狭窄通道；过完狭窄通道后，引导者的手臂从身后恢复到原位，视障儿童也恢复到过狭窄通道前的姿势。

(6)进出门。门是比较狭窄的，如果门是敞开的，引导者用过狭窄通道的方法将视障儿童带进去即可，但如果门是关闭的话，就采用“进出门”技巧。

①动作方法。到门口时，引导者必须用语言提示视障儿童：“我们已经到了门口，门是向外(里)的，门轴在右(左)。”然后引导者用导盲臂握住门把手并打开门，视障儿童将非抓握手沿导盲臂前伸，握住门把手，把门开到大至足以通过，通过门后，轻轻地把门带上。进出门时视障儿童需要站在门的铰链侧。

②注意事项。进出门时视障儿童应在门轴一侧，门应当开到充分大。若门比较狭窄，根据需要可由视觉障碍儿童开门。

(7)上(下)楼梯。

①动作方法。上(下)楼梯时，引导者带视障儿童走向楼梯，当接近楼梯时稍做停顿，告诉视障儿童“要上(下)楼了”，或者夹紧一下被抓握侧的手肘。引导者先上(下)一级楼梯，视障儿童随即跟着上(下)楼梯，一步一级随行。当引导者上(下)楼梯时，视障儿童会感到引导者手臂的上升(下降)。当到达楼梯尽头时，引导者亦略加停顿或再夹一下手肘，示意视障儿童已经到了楼梯的尽头。

②注意事项。若楼梯有扶手，而视障儿童又愿意手扶楼梯上(下)楼，可让视障儿童走在楼梯扶手一侧，并把视障儿童的手搭在扶手上。

a. 最初学习时，可以进行语言提示，经反复练习后，在熟悉的环境中，视障儿童已可由引导者手臂的升降了解是上楼还是下楼时，引导者可不加语言提示。但在陌生的环境中仍需加停顿和语言提示。

b. 在接近楼梯口时，引导者务必略加停顿，使视障儿童有准备的时间。

c. 引导者的速度要适当，在视障儿童接近楼梯口尚未踏上楼梯时可略慢，在楼梯中行走的节奏要均匀。

(8)上(下)滚动电梯。

①动作方法。上(下)滚动电梯(以下简称“滚梯”)时，引导者带视障儿童走向电梯口，当接近电梯口时稍做停顿，告诉视障儿童“要上(下)滚梯了”，让视障儿童的另一只手感知扶手的滚动。引导者发出信号，两人同时跨上滚梯(如果是阶梯式电梯，必要时调整脚的位置)。当到达滚梯顶部(底部)时，引导者及时发出信号，两人同时跨出滚梯。

②注意事项。

a. 了解滚梯的基本概念，知道阶梯式滚梯与斜坡式滚梯的区别。

b. 感觉滚梯的起始部位，视障儿童的另一只手感知扶手，但不能抓紧，等脚跨上后可以抓住扶手。

c. 如脚在阶梯式滚梯的缝隙中间，视障儿童要及时调整脚的位置，根据手的感觉及身体升降的变化判断是否到达滚梯的尽头。

d. 根据引导者的信号及时上(下)滚梯，并及时走出电梯口。

(9)引导入座。

①动作方法。引导者示意视障儿童把手放在椅背或椅子的扶手上，视障儿童用腿轻碰椅面，以确定座位的朝向，然后一只手扶椅背，另一只手到座位上“清扫”一下，确认座位上没有东西后再坐下。

②注意事项。桌椅之间空隙较窄，视障儿童应当在落座之前用触觉充分感知，并注意不要被桌角碰到。

(10)乘坐公共汽车。

①动作方法。引导者将视障儿童引导到公交车的车门处，告知视障儿童车头的方向。引导者协助视障儿童将另一只手扶住门框(或用盲杖感觉车门)，用上楼梯的方式将视障儿童带上车，找到合适的位置坐下；如无座位，则让视障儿童抓住扶手。下车时用下楼梯的方式引导视障儿童走下车。

②注意事项。手扶汽车的门边，主要是感觉车门的位置，以便上下车。

(11)乘坐小汽车。

①动作方法。引导者将视障儿童引导到小汽车的车门处，告知视障儿童车头的方向。引导者被抓握的手放在车门的门把上，视障儿童的另一只手沿着导盲者的手下滑抓手把，把车门打开，一手扶车门，另一手扶车顶，进入小汽车，侧身坐下(同时松开扶车顶的手)，把车门关上。下车时动作相反。

②注意事项。手扶车顶主要是防止头部碰撞。

(12)接受和拒绝帮助。社会上许多明眼人想要帮助视障儿童，但不知道具体怎样做。明眼人不得体的帮助会使视障儿童陷入危险或尴尬的境地，此时视障儿童可用此法委婉地接受或拒绝帮助。

①动作方法。当明眼人想要帮助视障儿童过马路时，由于不了解导盲的方法，常常拉着视障儿童的手或在背后推其行走，这时视障儿童可以对引导者说："谢谢您的帮助，不过安全起见，还是让我握住您的手臂跟您走吧！"然后，视障儿童用手握住引导者的手臂，并退后半步建立抓握姿势。如果此时视障儿童确实不需要帮助，可以用另一侧手将引导者的手轻轻推开并向其致以谢意。

②注意事项。接受和拒绝帮助要有礼貌，语气要委婉；拒绝帮助时，推挡的动作要轻。

2. 独立行走

独立行走技巧是指视障儿童在了解环境的基础上，在熟悉的环境中不持杖行走的方法。视障儿童行走时，门窗、桌椅等设施和其他墙壁上的附设物件容易碰伤他们，因此，加强自我保护是安全行走的积极有效措施。

基本的行走技术包括跟踪行走与自我保护。跟踪行走，即沿墙行走，是指在过道行走时，为能确定自己的位置而与环境保持固定的接触，可沿墙壁或其他物体的边缘跟着行走，找到目的地。具体做法为：视障儿童站在他所要跟踪的物体的旁边，并与所跟踪的物体保持半步距离，然后伸直手臂，接近物体，使手臂在身体的侧前方，用小拇指和食指背轻触物体，手指向下并稍微弯曲。

自我保护包括上部保护法和下部保护法。上部保护法主要用于保护腰部以上部位避免被较高物体碰伤，下部保护法主要用于保护腰部以下身体部位避免被较低物体碰伤。①

(1)上部保护法。

①动作方法。视障儿童一臂屈肘抬起，上臂略高于肩，使前臂横于面前，掌心向外，指尖略超过对侧肩，以保护头部。

②注意事项。

a. 上部保护时，抬起的手臂适当放松，主要保护头及面部。

b. 实际生活中可根据情况，变通使用上部保护法。例如，将前臂竖立于脸前，可以防止单杠类的横向物体碰撞；而将前臂与水平线呈 45°角，既可挡防横向物体，又可挡防纵向物体。

c. 前臂与身体要保持一定的距离，当遇到障碍物体时才有足够的反应时间。

d. 在右侧通行的规则下，通常用左侧手臂进行上部保护，以避免直接碰上窗户。

e. 注意行进中要保持动作不变。低视力儿童不要让胳膊挡住自己的视线。

---

① 何侃：《特殊儿童康复概论》，200～201 页，南京，南京师范大学出版社，2015。

(2)下部保护法。

①动作方法。一侧手自然下垂后移至身体中心线前(一般位于体前约 20 cm 处)，掌心向内，五指放松。

②注意事项。手臂与身体的距离不宜太远或过近，否则会影响探知障碍物的有效性，太近了来不及反应，太远了手臂太累，必要时与上部保护法一起使用。

(3)顺墙行走。

①动作方法。面对行走方向，体侧与墙壁距离约 20 cm。视障儿童靠墙侧的肩膀略微下沉，手臂自然向下前伸，使手臂与垂直方向呈约 45°角，用小指和无名指的指背或指甲轻轻点触墙面。

②注意事项。提醒视障儿童指背或指甲尽量与墙保持接触，以免偏离方向；遇到粗糙的墙面时可以似触非触，以免受伤；遵循右侧通行的原则，特殊情况下也可以靠左侧行走；必要时可以用另一侧手进行上部保护；鼓励低视力儿童利用残余视力看前方的路况。

(4)沿物行走。沿物行走是指视障儿童在室内独立行走时，沿着墙、桌子或其他物体的边缘线行走的一种技巧。

①动作方法。手臂前伸，拇指向内，手指的背部轻轻接触物体的边缘线，沿物体的边缘线滑行。手的位置在身体前半臂左右，身体与物体亦保持一定的距离。

②注意事项。行走时身体要保持正确的姿势，不要偏转，手指轻轻与物体接触，以免受伤；必要时应辅助使用上部保护法或下部保护法。

(5)垂直定位。垂直定位是视障儿童通过已知物体的方位确定自己当前方位的一种技巧。

①动作方法。视障儿童以某一相对固定的物体为基准(如墙、门、桌子)，背部及脚跟紧靠着该物体，身体面对的方向就是自己行走的方向。

②注意事项。在熟悉的环境中视障儿童常用此法进行定位、定向，确定自己的前进方向。日常生活中尽量不用圆面的物体或活动的物体进行垂直定位。

(6)穿越空间。

①动作方法。当视障儿童穿过一个空间的时候，假如他知道这个空间，就会利用上部保护法或下部保护法通过。假如空间较大，视障儿童没有把握准确穿越时，可以先转过一个墙角，然后进行垂直定位，利用直线行走技巧通过，最后恢复到原来的行进方向。

②注意事项。要善于利用门窗、阳光进行定向和定位。

(7)上(下)楼梯。

①动作方法。

a. 上楼：当视障儿童走到楼梯初始台阶时，要站在有扶手的一侧。先用脚试探台阶的下沿或用手触摸到楼梯的扶手，脚与台阶的下沿要垂直，上去前先用脚轻碰台阶的竖面，试探台阶的高度和深度，然后用沿物慢行技巧，沿台阶左侧一步一级上楼。若感觉到扶手变平了，则表明台阶快要结束，一层台阶上完后应调整方向前进。

b. 下楼：当视障儿童走到台阶顶部时，要靠近扶手一侧站立，并抓住扶手，用前脚掌试探台阶的前沿，并与台阶垂直，然后用沿物慢行技巧，沿台阶右侧一步一级下楼。若感觉到扶手变平了，则表明台阶快要结束，一层台阶下完后调整方向前行。

②注意事项。建立楼梯的基本概念，了解不规则楼梯的上下方法。上下楼梯时动作要协调，特别是下楼梯时不要踩空。

(8)蹭地行进法。

①动作方法。当道路有持续不同质地的路面时，视障儿童可以选择双脚在不同质地的路面上，选择不好辨认的一侧为自己优势脚行走支撑侧，另一只脚每次抬起时脚跟稍微与地面有一个短暂磨蹭，以获得地面摩擦系数与优势侧不同的信息，确保自己沿着道路的方向前进。

②注意事项。行走的速度适当放慢，与地面的摩擦力不宜太大。

(9)踩边行走法。

①动作方法。左脚踩着硬路面或田埂支撑身体重心，右脚重心在脚跟，脚掌外展45°，踩着草地或田埂边线以探测定向信息。多应用于城市中硬面道路与路旁草地高度相似时，也可应用于乡村田埂路况。

②注意事项。熟悉相关的环境，放慢行走节奏，重心转换要稳。

(10)踢边行走法。

①动作方法。右脚探测道牙，平行定位，右脚离道牙5～10 cm，左脚负责支撑身体重心，右脚每次抬起后用脚尖向右前方踢道牙，之后落回离道牙5～10 cm处，确保获得沿着道牙行走的定向信息。这种方法多应用于城市中有道牙的道路。

②注意事项。行走速度适当放慢，步幅要适当缩小，与道牙摩擦距离要短，力量要小。

3. 手杖法

手杖法需借助工具——盲杖。盲杖由四部分构成：腕带、手柄、杖体、杖尖。目前使用的盲杖主要有弯把式盲杖、直段式盲杖、折叠式盲杖、三组红白相间的盲杖(可供聋盲人使用)等。[①] 盲杖实质上是将视障儿童的手臂延长，使视障儿童能了解自己身体周围地面的情况。使用盲杖行走是视障儿童最常见的行走方法，因此视障儿童应当了解盲杖的使用技巧等知识。

---

① 沈剑辉：《盲人定向行走训练指导师培训教材》，56页，北京，华夏出版社，2008。

(1)盲杖的握法。

①持握法。手的握法：用握手的方法握住盲杖手柄，大拇指在盲杖的上端，食指自然贴于盲杖扁平一侧，指尖指向杖尖方向，中指和无名指与小拇指托住手柄的下端，虎口向前。臂的位置：手握住盲杖手柄，手臂伸直，在身体的一侧放松下垂。盲杖杖尖触地向前滑动，直至手臂完全伸直，持杖的手腕内转使盲杖尖端滑向身体对侧，杖尖超出对侧肩约 5 cm。

②垂直握法。垂直握法就是像抓铅笔一样抓握，拇指、食指、中指握住盲杖，使盲杖和地面保持垂直，持杖的手在身体的一侧。

(2)持杖行走。

①斜杖直线行走。一般在过宽阔大道、较大空间、有边缘时常用这种方法，有时在室外比较熟悉的环境中行走也可采用这种方法。

具体动作方法如下：采用斜握法持杖，如果盲杖有弯头，可将弯头对着地面，上臂、前臂和手腕伸直，持杖的手在大腿前方 20 cm 左右，手柄端超出身体侧 5 cm 左右。盲杖与身体、地面成一定的角度，杖尖轻触到身体另一侧的地面。杖尖可以在地上滑行，当遇到地面裂缝和粗糙的路况时，可将盲杖略提起，越过不平整的路面后再恢复到原来的高度。

②持杖沿边缘线行走。这种方法主要在行走路线上有明显的边缘线时使用，如墙根、马路的道牙、草地边缘线等。

具体动作方法如下：视障儿童通过盲杖发现边缘线，将身体面向边缘线延伸的方向，即身体与边缘线平行，然后跨离边缘线小半步，利用斜杖直行技术，使盲杖的杖尖与边缘线接触，迈步前行。

③盲杖触地辨别。盲杖在地面敲击或滑行时会将地面信息通过盲杖传递到视障儿童的手中和耳中，视障儿童可以根据触觉信息和听觉信息判断地面的情况，例如，辨别路况，察觉、判断路面障碍物等。

④盲杖探索障碍物。视障儿童在行走过程中，若杖尖接触障碍物，应立即停止前进，可将杖尖抵住物体，以了解物体的高度；将不持杖的手的虎口靠近盲杖，手指外展，拇指在杖身一侧，从手柄处沿杖身慢慢地向下滑动，以了解障碍物的大小和种类。

四、典型案例分析

(一)服务对象信息

徐某某，男，17 岁，视力残疾二级，脑肿瘤压迫神经致盲。

(二)训练过程

1. 心理疏导

徐某某属后天致盲，16岁时，突如其来的改变使其无法再继续高中的学业，精神也受到巨大冲击，自觉已是废人，做不成任何事。他目前存在的最大问题是无法克服疾病致盲给他带来的不便，他无法跨越这条鸿沟。于是盲人定向行走小组工作人员讨论后认为，根据该视觉障碍者的情况，首先要疏导和减轻他的心理压力，使他减少烦恼和怨恨，在此基础上，进一步解决他行走的问题。

2. 制订训练计划

盲人定向行走小组工作人员认为，徐某某首先要有一个阳光的心理状态，于是他们带他到区盲人协会参加集体活动，体验大家庭的生活和快乐，让他的心情逐渐轻松起来，在此基础上，针对他的需求，为他制订训练计划。

(1)前期训练。首先，盲人定向行走小组为徐某某进行定向行走训练的基本技能技巧辅导，如导盲随行、独行技巧和盲杖技巧等方面的常规训练等。经过一段时间的培训，他对基本技能掌握得比较好，但因从来没有使用过盲杖，盲杖技巧掌握比较生疏，指导员就手把手教其盲杖的动作要领，强化训练，使其逐步形成动作记忆，初步掌握方法和技巧，并运用到实际生活中。

(2)后期训练。后期训练主要是根据前期训练的情况，在定向的基础上，增强其独立行走的能力，包括如何掌握辨别方向的技巧、了解和熟悉路线，如何正确掌握和搞清楚周围环境，安全、独立、有效地到达自己所要去的地方等。在训练过程中，根据徐某某存在的问题，盲人定向行走小组及时调整训练情况，采用多种方法解决问题，尤其是指导他利用路边各种路标，给自己指明行走的方向，再实地指导其行走，使他逐步了解、掌握根据不同的道路和道路周围环境情况变化做出应对，进而能比较从容地面对不同的路况和不同的环境出行，并做出正确的判断，从而更好地独立行走。

3. 训练成果

经过几个月的训练，徐某某能独自到街道残疾人联合会或者区残疾人联合会参加盲人协会的活动，他的生活圈子也从封闭的环境逐渐走向社会大家庭。认识的人多了，交流的人多了，他思想压力也小了很多。同时他也能为家庭做一些力所能及的事情，家庭成员之间的关系和谐了。此外，他还考虑到盲校就读，继续自己的高中学业。他说："没有盲人定向行走训练，就没有我的今天。"①

本案例告诉我们，感官障碍并不是视障儿童最大的障碍，心理障碍才是。盲人定向行走相关训练不仅需要专业的技术指导，而且需要人文关怀。特殊教育相关服务团

---

① 张健、吴静华：《盲人定向行走训练工作探索与实践》，91页，上海，上海科学技术出版社，2015。

队不仅要为视障儿童提供专业的技术支持，以便其更好地适应生活、适应社会，而且要加强对他们的心理建设。

第十二节 辅助技术及辅具

一、服务内容与范围

对于辅助技术的概念，可以从许多方面来定义。其中一个被广泛使用的定义，是由美国《1998年辅助技术法》（Assistive Technology Act of 1998）提出的：辅助技术是关于辅助技术装置和辅助技术服务的技术设计。可见，辅助技术是由辅助技术装置和辅助技术服务两个下属概念组成的。

辅助技术装置是指任何一种项目、一件设备或产品系统，不论是商业上取得现货供应还是修改或定制的，用来改善、维持或增进身心障碍者功能性能力的装置。我们也可以简称它为“辅具”。我国国家标准《残疾人辅助器具 分类和术语》将辅具分为11个主类、135个次类和741个支类。该标准等同于国际标准化组织的辅助技术分类标准（ISO 9999：2002）。《残疾人辅助器具 分类和术语》的11个主类分别是：(1)用于个人医疗的辅助器具；(2)技能训练辅助器具；(3)矫形器和假肢；(4)个人生活自理和防护辅助器具；(5)个人移动辅助器具；(6)家务辅助器具；(7)家庭和其他场所使用的家具及其适配件；(8)通讯、信息和讯号辅助器具；(9)产品和物品管理辅助器具；(10)用于环境改善的辅助器具和设备，工具和机器；(11)休闲娱乐辅助器具。

辅助技术服务是指任何一项直接帮助特殊儿童选择、取得或使用辅助科技装置的服务。

辅助技术服务内容主要包括：(1)对特殊儿童的需要进行评估，包括在特殊儿童习惯的环境中对其进行功能评估；(2)通过购买、租借或其他方式为特殊儿童提供辅助技术设备；(3)选择、设计、装配、定制、调适、使用、保养、维修或更换辅助技术设备；(4)借助辅助技术设备整合和使用其他治疗方法、干预策略或服务，例如，与教育和康复项目相关的治疗、干预或服务；(5)对特殊儿童进行培训或提供技术援助，如有可能，也可以对他们的家长进行培训和技术援助；(6)对专业人员、雇主或其他提供服务、受雇于或实质上参与该特殊儿童主要生活功能的个人进行培训或提供技术援助。

二、转介标准

一个特殊儿童是否需要辅助技术，特殊教育相关服务人员在初步接触该儿童时通常是不明确的，因此在特殊教育相关服务中考虑介入辅助技术，首先应从考虑一个特殊儿童是否需要辅助技术开始。考虑特殊儿童需要转介辅助技术服务的标准，核心是特殊儿童的功能性能力是否能满足其学习任务的需要。为此，需要将二者进行比较，然后针对特殊儿童在完成任务中的困难和障碍的程序，考虑是否需要介入辅助技术。其具体流程如下。①

(1)列出与特殊儿童能力有关的各领域，如肢体、学习能力、工作能力、沟通、认知、环境控制、社会能力、娱乐休闲等，明确各领域下可能涉及的特殊儿童功能性能力，然后对比特殊儿童个别化教育计划中的年度目标和短期目标，找出特殊儿童完成任务可能有困难和障碍的领域。

(2)如果存在特殊儿童完成任务有困难和障碍的领域，则需找出每个领域中特殊儿童难以独立做到预期层次的任务或难以完成的任务。

(3)在完成任务存在困难和障碍的领域，明确地知道特殊儿童会有哪些具体的障碍；为降低障碍程度，已采用了哪些特殊策略，做了哪些调整和修改，采用了哪些辅助技术。

(4)在完成任务有困难和障碍的领域，明确需要尝试新的辅助技术或需要增加的辅助技术。

(5)如果还有不清楚的问题，则需要进一步的调查或增加协助。

(6)在上述分析的基础上，对是否需要进行转介给出结论。

结论可能有三种情况：①当前需要得到满足，没有利用辅助技术，不希望借助辅助技术来实现目标，或这次不需要辅助技术。②对于特殊儿童或日常环境中的指定任务，辅助技术装置或服务是必需的，没有辅助技术的支持，特殊儿童不能取得适当的进步。③尚不清楚是否必须采用辅助技术，需要进一步调查。

如果本环节认定特殊儿童需要辅助技术的支持，那么就将进入辅助技术的正式服务阶段。

三、服务模式与流程

辅助技术服务是一整套系统而严密的流程，从转介服务开始，首先要对使用者各

① 郑俭、钟经华：《特殊儿童辅助技术》，15～23页，南京，南京师范大学出版社，2015。

方面的情况进行观察和评估，了解他主要的障碍、限制；在提供辅助技术装置后，还要对他本人或他的照顾者进行使用上的培训，并提供后期调整等各方面的服务，由此才能保证辅助技术的成功使用。辅助技术服务标准由不同的服务模式所决定，它们是推进辅助技术专业知识发展、提高专业实践发展的理论基础，也是引导辅助技术团队人员进行辅助技术装置的评估、选择，达到使用目的的指导方针。国际上常见的辅助技术服务模式包括：人类活动辅助技术模式（Human Activity Assistive Technology model，HAAT），学生、环境、任务、工具模式（Student，Environment，Task，Tool，SETT），结合人与科技模式（Matching Person and Technology model，MPT）和威斯康星州辅助技术模式（Wisconsin Assistive Technology Initiative，WATI）。下文将主要介绍使用范围最广泛的 HAAT 模式和 SETT 模式。[①]

（一）HAAT 模式

HAAT 模式是库克（Albert M. Cook）和赫西（Susan M. Hussey）于 1995 年提出的，主要由人（human）、活动（activity）、环境（context）、辅助技术（assistive technology）四个要素构成。HAAT 描述了一个人在某种环境下，使用辅助技术完成某事。该模式强调某人在某种环境中参与活动。因此，对这个模式的应用开始于个体参与活动，并在活动中引入辅助技术。该模式广泛应用于辅助技术的发展、研究、评估等领域。

1. 人的部分

该部分需要评估使用者在动作、感官、认知、情感等方面的能力，对使用者在这些方面的分析是最初评估、持续评估及结果评估的一部分。除此之外，也要明确人的生命角色（roles in life）及使用技术的经验、动机及使用周期等。生命角色因不同活动、不同情境而异，一般的角色包括父母、学生、工人、教师、消费者等。每个人的生命角色不同，所完成的活动也不同。动机是该部分的一个重要方面，包括完成特定活动的动机和使用辅助技术的动机两个方面。使用辅助技术的经验不同，也会影响辅助技术的评估和使用。由于缺乏经验和知识，新手需要依靠专业人员获得更多的信息，而有经验的用户知道他想要的技术，在获得辅助技术的过程中更加积极主动。

2. 活动部分

根据 HAAT 理论，在进行评估时，要考虑人所需完成的活动。根据《国际功能、残疾和健康分类》（International Classification of Functioning，Disability and Health，ICF）的定义，活动是指执行某个任务。在 HAAT 中，活动分为自我照顾、生产活动（工作、学习、志愿活动）和休闲三个方面。评估者不仅要考虑活动的不同，也要注意不同活动的时长和频率、是否涉及其他人等。活动是出发点，因此明确使用者想要或

① 郎倩倩、郑俭：《国外常用辅助技术服务模式的比较》，载《中国康复理论与实践》，2018(2)。

需要参与的活动是非常重要的。通过活动可以了解某人所需完成的任务，并引导产品的研发以及辅助技术的选择、使用与评估。

3. 环境部分

随着社会的发展，人们对残疾的理解从医学模式逐渐过渡到社会模式，认为残疾是人的特征、物理环境和文化环境动态影响的结果，社会认知、态度、制度和政策、基础设施等都会阻碍残疾人参与社会活动。根据残疾的社会模式，HAAT 中的环境部分主要包括以下四个方面：(1)物理环境，包括自然环境、建筑物和物理参数；(2)社会环境，包括同伴和陌生人；(3)文化环境；(4)制度环境，包括法律、法案和法规，教育、工作、组织和社区环境等制度层面的政策、实践和程序，以及社会文化机构。不同使用者对辅助技术的需要会因环境不同而存在差异，因此要考虑使用者的使用环境。

4. 辅助技术部分

HAAT 模式将辅助技术视为某人在环境中进行活动的推动者。辅助技术主要包括四个方面：人机界面、处理器、环境界面和活动输出。技术通过活动表现进行活动输出，人机界面和活动输出通过处理器相连接，将人所获得的信息和能力转换为信号来控制活动输出。一些辅助技术，如感官辅具需要检测外部环境的数据，这一过程通过环境界面来完成。在检测到外部数据后，处理器进行理解和格式转化，使它们通过人机界面传送给用户。库克等人认为，辅助技术不仅可以是主流市场中普通的技术，也可以是专门为残疾人生产的装置或设备，包括：简单、易获得的低辅助技术；复杂、成本较高的高辅助技术；电脑、移行装置、助听器等硬件装置；软件装置。

HAAT 模式是在综合考虑人、情境、活动、辅助技术四个部分内容的基础上，通过专业人员的评估，确定使用者所需完成的活动及辅助技术的需要。它不仅适用于学生，也适用于包括老年人在内的所有特殊群体。

(二)SETT 模式

SETT 模式由萨瓦拉(Joy Zabala)于 1995 年提出，是 HAAT 模式在特殊教育领域的具体化应用。它是帮助团队收集和组织信息的工具，用于指导服务的合作决策，帮助特殊儿童取得教育上的成功，由学生(student)、环境(environment)、任务(task)和工具(tool)四个要素构成。通过团队合作收集与学生、环境和任务有关的信息，为学生适配合适的辅助技术，并提供相应的服务、策略、调整、改进等。SETT 辅助技术的适配有以下四个步骤，每个步骤都有相对应的清单。

1. 考虑是否需要辅助技术

考虑一个学生是否需要辅助技术，需要了解学生所涉及的领域、所需完成的任务及存在的困难或障碍有哪些。在 SETT 模式中，首先需要从肢体、感官、沟通、认知、学业表现、环境控制、社会能力、工作表现、娱乐休闲等领域中选择出学生由于残疾而无法独立发挥其能力的领域，结合学生的目标及服务计划，明确因残疾阻碍学生发展的方面。这一步骤就相当于我们之前所提的转介环节，在此需要依据相应的标准来判定学生是否需要进行转介。

2. 收集数据信息并在合作的基础上进行分析

此步骤主要是收集关于学生、环境、任务方面的信息，通过设计一系列问题，引导相关人员收集数据信息。

(1)学生层面的问题：①学生的功能性障碍是什么(学生当前无法独立完成的任务是什么)；②与功能性障碍相关的特殊需求和现有能力是什么；③学生的爱好、兴趣、期望是什么。

(2)环境层面的问题：①当前的教育和物理环境怎样；②对学生和相关人员的支持是什么；③在此环境中他人所用的材料和设备是什么；④技术、环境和教育方面的无障碍设施是什么；⑤教师、家长和他人的态度与期望是什么。

(3)任务层面的问题：①个别化教育计划中学生在自然环境中的特殊任务是什么；②在沟通、教育、活动、工作、环境控制等特定的环境中，学生所需完成的特定任务是什么。根据上述问题收集信息后，可以了解学生当前的障碍、能力、任务等各方面的情况，为下一步工具的选择奠定基础。

3. 选择工具并生成辅助技术方案

选择工具并生成辅助技术方案即辅助技术的适配过程。将前面收集的关于学生、环境和任务的信息与潜在的可用辅助技术加以匹配，找出最合适的辅助技术。第一部分是找出工具，分三小步：在 SETT 的工具选择清单中列出学生需求、障碍等各方面的特征；找出潜在可用的辅助技术并将其特征列在表格中；将学生的特征与辅助技术的特征对比，在相吻合处做出标记。通过这三个步骤确定可用的辅助技术。第二部分是对所选择的辅助技术排序，并列出使用该辅助技术所需的培训、计划等。除了要考虑学生的特征与技术的特征相匹配外，还要考虑辅助技术的可获得性、安全性等特性。

4. 实施方案并评估其成效

确定学生所需使用的辅助技术后，设计并实施辅助技术方案。首先需要明确学生的基线水平及预期目标，确定方案实施过程中所需的策略、任务、人员等。实施过程中要注意收集数据，并记录在此期间遇到的问题。需要调整时，确定调整方案，并评估成效。

SETT 模式适用于特殊儿童，它为辅助技术的适配提供了一套流程，每个流程中有相对应的清单，使用者可根据这些清单收集相关的信息。在收集相关信息后，专业团队通过合作，为特殊儿童制定辅助技术的实施方案并写入其个别化教育计划中。

四、典型案例分析

随着社会对特殊儿童的关注及辅具的研发和推广，世界上很多国家和地区的学者都在进行如何利用辅助科技帮助特殊儿童提升学习和生活的便利性的相关研究。下面介绍的是一个孤独症谱系障碍儿童通过使用辅具提升其早期读写能力的实验教学案例。①

（一）实验对象

本实验选择学前孤独症谱系障碍儿童进行识字的干预研究，被试筛选标准为：①经三甲医院鉴定为孤独症；②目前在普通幼儿园随班就读；③能保持持续的出勤；④没有明显的问题行为；⑤具有一定的口语能力，无构音障碍，能大声读出字；⑥当前并未接受有关识字方面的干预训练；⑦得到家长知情同意并签订《家长同意书》。筛选过后，研究者通过一周的观察，确定了 3 名就读于某市两所融合幼儿园的被试。通过对家长的访谈、研究者的观察、《强化物调查表》获得 3 名被试的基本信息，如表 4-31 所示。

表 4-31　被试基本信息

姓名	被试 A	被试 B	被试 C
性别	男	男	男
年龄	6 岁	6 岁 8 个月	5 岁 10 个月
确诊年龄	2 岁 6 个月	3 岁	3 岁
智力分数	79	67	90
教育史	就读于融合幼儿园	就读于融合幼儿园	就读于融合幼儿园
主要照料者	母亲	母亲	母亲
视知觉与听力	良好	良好	良好
喜好情况	奇趣蛋、音乐、电子产品、笑脸贴、滑梯、口头表扬	海苔、巧克力、乳酸菌饮品、可乐、电子产品、口头表扬	草莓、糖果、积木、口头表扬

（二）实验方案

本研究采用直接教学、计算机辅助教学、直接教学结合计算机辅助教学的混合教

① 黄文桥：《融合教育背景下自闭症谱系障碍儿童识字能力的干预研究》，硕士学位论文，西南大学，2020。

学，对3名学前孤独症谱系障碍儿童的识字能力进行干预研究。因变量为识字能力。自变量为本干预研究中所采用的识字能力干预方法，包含3个子变量：直接教学、计算机辅助教学、直接教学结合计算机辅助教学的混合教学。直接教学主要采用识字教材进行两轮教学；计算机辅助教学采用识字软件进行两轮教学；混合教学包括识字教材和识字软件两轮教学。每轮教学均严格按照认字—识字游戏—识字儿歌环节进行。下面将从干预者、干预情境、干预流程等几方面进行具体介绍。

本研究的干预情境为识字能力教学情境。通过研究者持续一周的前期观察以及对家长的访谈发现，3名被试均对手机、平板电脑和计算机感兴趣，喜欢看动画片，玩电子游戏。孤独症谱系障碍儿童普遍具有视觉学习的优势①，视觉支持是美国国家孤独症谱系障碍专业发展中心(The National Developmental Center on Autism Spectrum Disorder，NPDC)所制定的权威循证报告中18种基于证据的孤独症谱系障碍儿童学业干预方法中的一种。它利用图片线索、日程表、地图、脚本和标签等一系列工具促进孤独症谱系障碍儿童的有效学习，广泛应用于孤独症谱系障碍儿童的教育教学之中。② 因此，本研究选用一套以视觉支持为基础的教材和配套计算机教学软件的教学材料，创设教学情景，作为干预情景。

本研究的教学实施流程如图4-15所示。首先，带领被试进入干预环境，根据每个被试的干预时间，研究者每天在固定时间到达，并带领被试进入提前布置好的语言评估室。之后，研究者与被试打招呼进行简单互动，告知其今天上课一起学习9个字，并展示识字教学材料与强化物。然后，研究者进行第一轮识字教学。每轮教学均包括认字、识字游戏、儿歌三个环节。认字环节：直接教学采用9张字卡逐一进行教学。先让被试观察字卡里的图片，讲解图片到文字的字形变化并解释字义，然后带领被试组词、跟读字音两遍；计算机辅助教学采用识字教学软件，该软件采用动画的形式，模拟图片到文字的字形变化并解释字义，然后组词、领读生字读音两遍。两类教学方法中，每个生字均讲解2分钟，9个生字共计18分钟。识字游戏环节：直接教学的识字游戏主要围绕当天教学的生字进行设计，包括找一找(读字音找生字)、贴一贴(生字贴到实物图片上)、说一说(组词训练)；计算机辅助教学包括寻宝、打果子和砸金蛋三个游戏。两类教学方法的游戏时间均为7分钟。儿歌环节：在直接教学中，研究者首先朗读一遍儿歌，然后逐句领读，被试进行跟读。在计算机辅助教学中，识字软件先朗读一遍儿歌，然后被试逐句跟读。两类教学方法的游戏时间均为5分钟。

---

① Ganz J B and Flores M M, "Effects of the Use of Visual Strategies in Play Groups for Children With Autism Spectrum Disorders and Their Peers", *Journal of Autism & Developmental Disorders*, 2008, 38(5).

② Asaro-Saddler K, "Using Evidence-Based Practices to Teach Writing to Children With Autism Spectrum Disorders", *Preventing School Failure Alternative Education for Children & Youth*, 2016, 60(1).

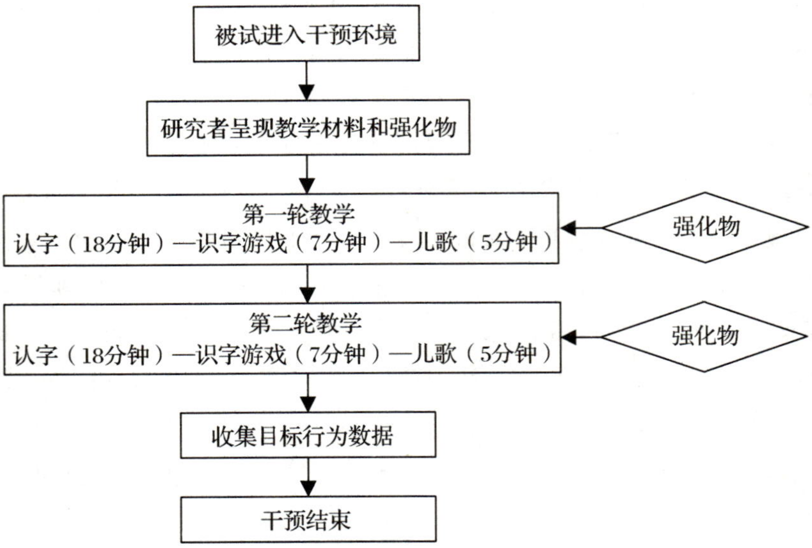

图 4-15　识字教学实施流程图

在第一轮直接教学以及混合教学中，研究者使用识字教材进行教学，第一轮计算机辅助教学中使用识字教学软件。第一轮识字教学结束后，研究者按照第一轮教学和练习流程开展第二轮教学和练习。第二轮直接教学仍使用识字教材进行教学，第二轮计算机辅助教学和混合教学则使用识字教学软件进行教学。两轮教学结束后，进行识字评估以收集数据。评估内容为本次干预学习的 9 个生字，主要考查字音、字形、字义和字的运用的掌握情况。

（三）辅助材料

本研究选取“直映认字”识字教材及配套计算机教学软件作为教学工具，如图 4-16 所示。直映认字是由国家教委小学语文实验教材原编委张秀琴发明创编的。孤独症谱系障碍儿童具有视觉学习的优势，利用视觉媒介传达信息并利用视觉支持的方法进行教学成为孤独症谱系障碍儿童的有效学习策略之一。① 直映认字识字教材及配套计算机

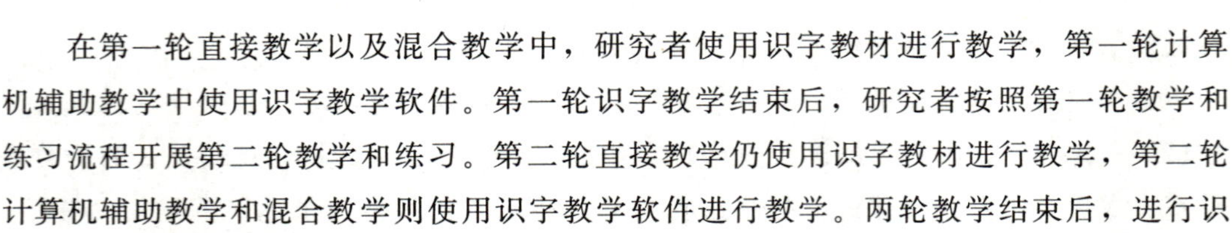

图 4-16　“直映认字”计算机软件

---

① Kathleen M, Emily H, “Video Modeling for Individuals with Autism: A Review of Model Types and Effects”, Education & Treatment of Children, 2007, 30(4).

教学软件利用了视觉支持和视觉媒介的方式输出传递目标行为，易于孤独症谱系障碍儿童接收信息并促进有效学习。因此，依据基线期水平，被试 A 和被试 B 选取直映认字一二册、被试 C 选取二三册进行识字教学。

（四）研究结果

实验结果表明，计算机辅助教学以及混合教学的干预效果明显优于直接教学，混合教学略优于计算机辅助教学，对被试 A 与被试 B 的干预效果尤为显著。这与科尔曼-马丁（Coleman-Martin）[①]和威廉斯（Williams）等人[②]的研究是一致的。具体来看，三种识字能力干预方法对字的运用的干预效果非常好。因此，在今后的教学中，可以结合孤独症谱系障碍儿童视觉学习的优势，有效采用计算机辅助教学以及混合教学方式，帮助提升孤独症谱系障碍儿童的识字能力。

本章小结

本章着重从特殊教育相关服务内容及其标准进行详细阐述，包括听力服务、言语语言治疗、物理治疗、作业治疗、心理咨询、社会工作、翻译服务、休闲娱乐、卫生保健、交通服务、定向行走、辅助技术及辅具服务内容与范围、转介标准、具体的服务模式与流程，并结合典型案例进行分析。

复习思考题

1. 听力服务的内容有哪些？
2. 言语语言治疗有哪些常见的干预策略？
3. 简述物理因子对人体的主要治疗作用。
4. 为什么说物理治疗学具有良好的发展前景？
5. 作业治疗和物理治疗的区别是什么？
6. 培智学校开展心理健康教育活动需要思考和解决哪些问题？
7. 影响特殊儿童心理健康的因素有哪些？
8. 请简要论述残疾人社会工作的内容。

---

① Coleman-Martin M B, Heller K W, Cihak D F, et al., "Using Computer-Assisted Instruction and the Nonverbal Reading Approach to Teach Word Identification", Focus on Autism and Other Developmental Disabilities, 2005, 20(2).

② Williams C, Wright B, Callaghan G, et al., "Do Children with Autism Learn to Read more Readily by Computer Assisted Instruction or Traditional Book Methods?: A Pilot Study", Autism, 2002, 6(1).

9. 请简要说明四种学校社会工作模式及其工作对象。

10. 请具体论述特殊教育社会工作的服务内容包括哪些方面。

11. 请简要说明特殊教育社会工作策略，并结合案例分析如何运用策略解决实际问题。

12. 为视觉障碍和听觉障碍儿童提供翻译服务有什么重要性？

13. 为视觉障碍和听觉障碍儿童提供的翻译服务的主要内容有哪些？

14. 目前可供视觉障碍和听觉障碍儿童使用的各种翻译软件有哪些？试分析其应用场景及利弊。

15. 各级手语翻译员应具备的基本技能要求有哪些？

16. 请简要论述休闲娱乐活动对特殊儿童有什么重要性。

17. 特殊儿童参与休闲娱乐活动受到哪些因素的阻碍？其解决策略是什么？

18. 为特殊儿童规划休闲娱乐服务方案的步骤有哪些？

19. 对特殊儿童休闲娱乐需要的生态评估可以从哪些方面入手？

20. 除检核表外，还有哪些方式可以协助特殊教育相关服务人员评估特殊儿童的娱乐活动偏好？

21. 学校卫生保健机构的主要任务是什么？

22. 特殊儿童卫生保健服务的常用策略有哪些？

23. 如果你是一名卫生保健服务人员，你将从哪些方面做好脑瘫儿童的卫生保健服务？

24. 定向行走训练的方法有哪些？

参考文献

[1][美]GERALD COREY. 心理咨询与治疗的理论及实践：8 版[M]. 谭晨，译．北京：中国轻工业出版社，2010.
[2][美]JULIET C. ROTHMAN. 残疾人社会工作[M]. 曾守锤，张坤，等译．上海：华东理工大学出版社，2008.
[3]陈小娟，张婷．特殊儿童语言与言语治疗[M]. 南京：南京师范大学出版社，2015.
[4]董欣．《培智学校义务教育艺术休闲课程标准》解读[J]. 现代特殊教育，2017(15).
[5]窦祖林．作业治疗学[M]. 北京：人民卫生出版社，2013.
[6]黄昭鸣，杜晓新．言语障碍的评估与矫治[M]. 上海：华东师范大学出版社，2006.
[7]蒋建荣．特殊教育的辅助与康复[M]. 北京：北京大学出版社，2012.
[8]郎倩倩，郑俭．国外常用辅助技术服务模式的比较[J]. 中国康复理论与实践，2018(2).
[9]李胜利．语言治疗学[M]. 2 版．北京：人民卫生出版社，2013.
[10]励建安．特殊儿童物理治疗[M]. 南京：南京师范大学出版社，2015.
[11]刘巧云．听觉康复的原理与方法[M]. 上海：华东师范大学出版社，2011.
[12]刘莎，董瑞娟．小儿行为测听(7)[J]. 听力学及言语疾病杂志，2017(5).
[13]马良．中国残疾人社会工作历史、现状与发展趋势分析[J]. 残疾人研究，2013(1).
[14]毛颖梅．特殊儿童心理咨询概论[M]. 天津：天津教育出版社，2007.
[15]孟繁玲．手语翻译的职业概况及社会作用[J]. 新闻爱好者月刊，2008(9).
[16]邵雪原，张小雷，朱晓洁．特殊儿童美术治疗个案研究：对一名特殊儿童治疗过程及绘画作品的分析[J]. 兰州教育学院学报，2018(9).
[17]沈晓明，卜行宽，吴皓，等．新生儿听力筛查[M]. 北京：人民卫生出版社，2014.
[18]孙喜斌．视觉强化测听法[J]. 中国听力语言康复科学杂志，2004(5).
[19]王珏．康复工程基础：辅助技术[M]. 西安：西安交通大学出版社，2008.
[20]王秋菊，孙喜斌，黄丽辉．新生儿听力及基因联合筛查 330 问[M]. 北京：人民军医出版社，2013.
[21]韦小满．当前我国特殊儿童心理评估存在的问题与对策[J]. 北京师范大学学报(社会科学版)，2006(1).
[22]奚从清．残疾人社会工作理论探讨[J]. 残疾人研究，2012(1).
[23]许莉娅．学校社会工作[M]. 北京：北京大学出版社，2009.

[24]杨广学．特殊儿童的心理治疗[M]. 北京：北京大学出版社，2011.
[25]张宁生．手语翻译概论[M]. 郑州：郑州大学出版社，2009.
[26]张琦．脑性瘫痪高危儿的早期物理治疗[J]. 中国康复理论与实践，2014(11).
[27]郑俭，钟经华．特殊儿童辅助技术[M]. 南京：南京师范大学出版社，2015.
[28]周沛．残疾人社会工作理论与实务研究[J]. 残疾人研究，2013(1).
[29]卓彩琴．残疾人社会工作理论[M]. 广州：华南理工大学出版社，2008.
[30]DETTMER P，KNACKENDOFFEL A，THURSTON P L. Collaboration，consultation，and teamwork for students with special needs[M]. Boston：Allyn and Bacon，2008.
[31]HILLIER S L，CIVETTA L，PRIDHAM L. A systematic review of collaborative models for health and education professionals working in school settings and implications for training[J]. Education for Health，2010，23(3).
[32]MITCHELL L YELL. Special education in the United States：legal history[M]. Amsterdam：Elsevier Inc.，2015.